Lutterbach/Manemann (Hg.)
Religion und Terror

Hubertus Lutterbach
Jürgen Manemann (Hg.)

RELIGION UND TERROR

Stimmen zum 11. September aus Christentum, Islam und Judentum

Aschendorff Münster

Druck: Druckhaus Aschendorff, Münster

ISBN 3-402-03425-5

Inhalt

III. Säkularisierung

IV. Gebet

V. Frieden

Vorwort

„Der 11. September" – so ermittelte die Gesellschaft für deutsche Sprache – sei das Wort des Jahres 2001. Drei weitere der insgesamt 12 Wörter, die für das vergangene Jahr nach Ansicht der Sprachforscher prägend waren, stammen ebenfalls aus dem Zusammenhang der Terrorangriffe und ihrer Folgen: „Anti-Terror-Krieg", „Milzbrandattacke" und „Schläfer". Im umfassenderen Sinne weist die Gesellschaft für deutsche Sprache darauf hin, daß der Satz „Seit dem 11. September ist nichts mehr, wie es war" sowie entsprechende Varianten im deutschen Sprachgebrauch mittlerweile einen festen Platz einnehmen.

Anhand von deutschsprachigen theologischen Stellungnahmen aus christlichen, muslimischen und jüdischen Perspektiven macht der vorliegende Band deutlich, daß die terroristischen Anschläge auf das World Trade Center und das Pentagon sowie die von dort ihren Ausgang nehmenden Gewaltaktionen auch das Nachdenken über Religionen und das religiöse Sprechen erschüttert haben; nicht zuletzt unterstreichen diese Beiträge die Ambivalenz in der Wiederkehr des Religiösen. Die hier vorgelegten Positionen sind in unterschiedlicher zeitlicher Nähe zu den Ereignissen erfolgt; bisweilen wirkt sich das auf deren emotionale Dichte sowie auf den Tiefengrad der theologischen Reflexion aus. Die hier gebündelten Stellungnahmen diskutieren sehr unterschiedliche Aspekte, bisweilen aus konträren Blickrichtungen.

Mit diesem Band verfolgen die Herausgeber das Anliegen, in der Öffentlichkeit vorgetragene theologische Äußerungen zugänglich zu machen: Leserbriefe, Essays, Interviews, Statements, Predigten etc.; es handelt sich hier nicht um eine Zusammenstellung von eigens für diesen Band konzipierten Aufsätzen. So sehr wir uns darum bemüht haben, eine möglichst große Anzahl von relevanten Stellungnahmen ausfindig zu machen und zu präsentieren – dies gilt insbesondere für muslimische und jüdische Stimmen –, erheben wir keinen Anspruch auf Vollständigkeit.

Mögen diese Beiträge, die den Stellenwert der Religion für die Ethik und die Politik angesichts der Globalisierung ins Wort heben, als Gesprächsimpulse unter den Religionen, mehr noch: im friedlichen Meinungsstreit aller gesellschaftlichen Kräfte, nicht zuletzt in gemeindlichen, schulischen und universitären Kontexten ihre Anregungen entfalten! Zudem könnte dieses Buch die Fachkolleginnen und Fachkollegen ermutigen, sich zukünftig angesichts gesamtgesellschaftlich relevanter Fragen mit ihrer theologischen Deutungskompetenz vernehmlicher einzumischen.

Wir bedanken uns sehr herzlich für wertvolle Hinweise bei: Prof. Andreas Holzem, Prof. Adel Theodor Khoury, Dr. Ina Praetorius, Dr. Caspar Söling, Prof. Thomas Sternberg und Prof. Hans Zirker.

Münster, im Januar 2002
Hubertus Lutterbach/Jürgen Manemann

I
Dialog

Ein Haus gegen den Tod*

Johann Baptist Metz

Schon in den 70er Jahren wurde ich gelegentlich gefragt, wie ich denn bei meinen Versuchen, den Schrecken von Auschwitz im Zentrum der christlichen Theologie zu verankern, zu Staat und Politik Israels stehe. Ich sprach (und schrieb) davon, daß für mich Israel – jenseits von Zionismus und Antizionismus – der Staat sei, der aus einer Katastrophe, der aus der Shoah geboren ist, sozusagen als „Haus gegen den Tod", gegen jenen Tod, den Nazideutschland für alle, ja für alle Juden in Europa vorgesehen und verordnet hatte, von Rhodos bis Narvik, von den Pyrenäen bis zum Ural, um das jüdische Volk auszulöschen und Europa zum Friedhof der Juden zu machen.

Israel – ein Staat als Haus gegen den Tod. Der Schrecken des 11. September hat diese ‚Definition' Israels in mir wieder wachgerufen. Dieser Terrorismus des 11. September zielt nicht nur auf die USA, er zielt, wie wir betonen, auf unsere gesamte westliche Zivilisation, er zielt, wie zu unterstreichen wäre, auch auf Israel – und zwar nicht, um endlich eine friedliche Nahostlösung zu erzwingen, eine friedliche Koexistenz zwischen Israel und den Palästinensern, nicht um neben Israel einen Staat als Haus für die Palästinenser zu errichten, sondern um Israel zu zerstören. So ähnlich sieht und sagt es auch der deutsche Außenminister.

Im Interesse am Lebensrecht des jüdischen Volkes, im Eintreten für das Existenzrecht des Staates Israel dürfen gerade wir Deutsche uns von niemandem übertreffen lassen. Diese Forderung bedeutet nicht kritiklose Affirmation der Politik Israels; pauschale Suspension von Kritik wäre hier eher eine Art Solidaritätsentzug und enthielte (wie so manch anderer vager Philosemitismus) schon wieder den Keim zu neuem antisemitischem Denken. Diese ‚besondere' Treue zu Israel verlangt keineswegs, daß wir das Leid der Palästinenser vergessen und daß wir uns ihrem Streben nach einem eigenen Staat von vornherein verschließen. Aber sie verlangt von

* Erschienen in: Themenheft 2002 des Deutschen KoordinierungsRates der Gesellschaften für Christlich-Jüdische Zusammenarbeit, Bad Nauheim 2001.

uns Verständnis und Unterstützung für das ‚besondere' Sicherheitsbedürfnis Israels in diesen Zeiten des Terrors, verlangt Verständnis und Unterstützung dafür, daß der Staat Israel, gebaut als Haus gegen den Tod aus Deutschland, nicht von einem zweiten Tod heimgesucht und zerstört werde. Und sie verlangt unsere Aufmerksamkeit für die Angst, die inzwischen unter den Juden in Israel umgeht. Während ich diesen kleinen Text skizziere, lese ich in einem *Israelitischen Tagebuch* des Jerusalemer Schriftstellers David Grossman unter dem 15. Oktober dieses Jahres: „Ich habe große Kritik an Israels Verhalten, aber in den letzten Wochen spüre ich, daß sich die Feindseligkeit in den Medien nicht nur aus dem Verhalten der Scharon-Regierung speist. Der Mensch spürt so was tief drinnen, subkutan. Ich empfinde es als leises Vibrieren, das bis in meine archaischsten Gedächtniszellen einsickert, bis in die Zeiten, in denen der Jude nicht als Mensch von Fleisch und Blut galt, sondern immer als Sinnbild für etwas anderes herhalten mußte, als Exempel oder haarsträubende Metapher. ‚Sie stellen also fest', sagte gestern der Moderator am Schluß eines BBC-Programms zu einem arabischen Interviewgast, ‚daß Israel der Grund für das Unheil ist, das die Welt heute vergiftet. Ich wünsche allen Zuschauern einen guten Abend.'"

Gedankenlosigkeit oder Zynismus des BBC-Moderators? Womöglich ein Beispiel dafür, wie todbringende alte Klischees sich wieder häufen? Wie immer, Angst erzeugen solche Erfahrungen allemal. Doch da ist auch eine befreiende Alternative zu dieser Angst: das Wagnis neuer Schritte zum Frieden. Nie waren sie wichtiger als heute. Ein neu in Gang gesetzter Friedensprozeß im Nahen Osten könnte zudem zur überzeugendsten Offensive gegenüber dem globalen Terror werden. Er verdient deshalb alle Aufmerksamkeit und Unterstützung, alle internationale Bereitschaft, die beiden Konfliktpartner nicht allein zu lassen, wenn sie in der Verzweiflung über die Möglichkeit des Friedens endgültig zu verhärten drohen.

Ich weiß für diese exemplarischen Schritte zum Frieden immer noch keinen anderen Weg als den, den Rabin und Arafat einschlagen wollten, als sie 1993 in Washington erstmals einander die Hand reichten und sich gegenseitig versicherten, daß sie künftig nicht nur auf die eigenen Leiden schauen wollten, auf die Leiden des eigenen Volkes, sondern daß sie bereit seien, auch die Leiden der anderen, die Leiden der bisherigen Feinde nicht zu vergessen und bei ihrem eigenen politischen Handeln in Betracht zu ziehen. Das spiegelt den Geist einer neuen Friedenspolitik in der globalisierten Welt. Dieser Geist rührt schließlich an ein urbiblisches Motiv, er verpflichtet auf jene Compassion, die allein alle elementaren Verfeindungszwänge bricht.

Dieser Geist der Compassion ist meines Erachtens von entscheidender Bedeutung in der neuen Situation seit dem 11. September, in der sich Kultur- und Sozialkämpfe weltweit überlagern. Er würde den Westen über die militärische Abwehr des Terrorismus hinaus dazu nötigen, sich nicht nur mit den eigenen Augen, sondern auch mit den Augen der anderen, mit den Augen der ‚übrigen' Welt zu sehen und zu schätzen; und er würde unser strikt säkulares Freiheitsdenken und unsere säkularisierte Art zu leben schließlich dazu zwingen, daß wir uns – wie vordem der Dialektik der Aufklärung – nun auch der inneren Dialektik dieser Säkularisierung stellen.

Kein „Krieg der Zivilisationen"

Was wird aus dem interreligiösen Dialog und dem Projekt Weltethos?

Fragen an den Ökumeniker Hans Küng*

Thomas Seiterich-Kreuzkamp/Florian Zollmann

Thomas Seiterich-Kreuzkamp: *Was bedeuten die Terroranschläge in den USA für den interreligiösen Dialog?*

Hans Küng: Sie zeigen allen, die bislang meinten, der interreligiöse Dialog sei nur ein Spiel für idealistische Philosophen, Theologen und Religionswissenschaftler, daß es sich hier um ganz und gar drängende Probleme der kleinen und der großen Weltpolitik handelt. Ohne Frieden zwischen den Religionen, ohne Frieden vor allem im Nahen Osten wird es auch keinen Frieden zwischen den Nationen, keinen Frieden zwischen diesen Fanatikern und den Vereinigten Staaten geben.

Thomas Seiterich-Kreuzkamp: *Wie beurteilen Sie aktuell die Lage zwischen den Religionen im Nahen Osten?*

Küng: Will man die Terrorangriffe auf die Zentren in den USA verstehen, so muß man auf deren drei Wurzeln zurückgehen.

- *Erstens:* Viele Araber hegen noch immer Ressentiments gegenüber dem Westen allgemein. In der Zeit des Kolonialismus und Imperialismus haben die europäischen Mächte, vor allem England, Frankreich und die Niederlande, den ganzen islamischen Gürtel, alle Länder von Marokko bis Indonesien unter Kontrolle gehabt. Vieles von der historischen Erfahrung, von Fremden beherrscht zu werden, ist in den muslimischen Staaten bis heute im Gedächtnis geblieben.
- *Zweitens:* Osama bin Laden war bis 1990, bis zum Golfkrieg, ein Verbündeter der USA. Er ist von den Vereinigten Staaten ja zum Teil militärisch ausgerüstet worden wie auch die Taliban insgesamt. Die Wende kam durch den Golfkrieg, als bin Laden und

* Das Interview, das Thomas Seiterich-Kreuzkamp führte, wurde veröffentlicht in: Publik-Forum. Zeitung kritischer Christen 18 (2001). Das Gespräch von Florian Zollman ist erschienen in: *Publik-Forum. Zeitung kritischer Christen.* PROVO-Ausgabe 5 (2001).

seine Genossen sahen, daß die Vereinigten Staaten gegen den islamischen Bruderstaat Irak vorgingen. Und dies vom ‚heiligen Boden' Arabiens aus, auf dem auch Mekka und Medina liegen, die kein Nichtmuslim betreten darf. Heute sehen diese Leute in der Präsenz der großen US-Militärverbände am Golf einen Ausdruck der amerikanischen Hegemonie und der Unterstützung undemokratischer arabischer Regime.

- *Drittens:* In der gesamten islamischen Welt gibt es die Abwehr gegen die Politik des Staates Israel. Zwar sind keineswegs alle Muslime gegen die Existenz Israels. Im Gegenteil, viele Muslime haben sich seit vielen Jahren wieder und wieder darum bemüht, daß es zu einer guten Lösung kommt, insbesondere das Königreich Jordanien und auch Ägypten. Es wird auch von amerikanischen Experten zugegeben, daß seit 50 Jahren die Politik der USA faktisch immer den Staat Israel geschützt hat. Für die meisten Muslime ist klar, daß die USA stets auf der Seite Israels standen und niemals ein unparteiischer Makler zwischen den Fronten waren.

Thomas Seiterich-Kreuzkamp: *Welchem Kalkül folgt die Parteilichkeit der US-Regierung für Israel?*

Küng: Am 12. September 2001, die Terroranschläge waren vor wenigen Stunden geschehen, konnte man auf den Leitartikelseiten der *International Herald Tribune* noch lesen – von einem jüdischen Redaktor der *New York Times*, was sicher noch vor den Attentaten geschrieben wurde: „Der Status quo ist für Präsident George W. Bush erträglich (tolerable) weil er, solange es keinen Friedensprozeß gibt, nicht Israel zu Kompromissen drängen muß. Das wäre das Letzte, was er tun will, da ihn dies unweigerlich zu einer Konfrontation mit den amerikanischen Juden zwingen würde, deren Stimmen und Spenden er braucht, um seine republikanische Mehrheit im Repräsentantenhaus zu schützen." Da ist mit einem gewissen Zynismus ausgesprochen, was die Muslime empfinden.

Thomas Seiterich-Kreuzkamp: Wie ist die Schmach und kulturelle Verletzung, die dem Islam seit den Zeiten des Kolonialismus und Imperialismus zugefügt wurde, zu heilen?

Küng: Es braucht mit Sicherheit auch eine Besinnung auf muslimischer Seite. Ich wäre der Letzte, der einseitig etwa nur den Westen, Amerika und den Staat Israel kritisieren würde. Nein, es ist einfach ein Faktum, daß sowohl das Christentum als auch in etwas geringerem Umfang das Judentum zwei Paradigmenwechsel durchgemacht haben, die der Islam nicht durchgemacht hat. Sowohl für den Islam wie auch für das Christentum war das Mittelalter die ‚große Zeit'. Anfangs waren die Muslime überlegen, später, im Hochmittelalter, die Christen. Die christlichen Staaten haben dann zum großen Teil die Reformation durchgemacht. Der Islam kennt eine solche religiöse Reformation nicht und ist infolgedessen noch weithin in der islamischen Theologie und Rechtsauffassung des Mittelalters verhaftet. Später dann hat das Christentum wie auch schon frühzeitig das Judentum als zweiten Paradigmenwechsel die Aufklärung durchgemacht. Christentum und Judentum haben sich konstruktiv mit der Moderne auseinandersetzen müssen. Das ist im Islam zwar zum Teil versucht worden und teils auch durchgeführt worden. Aber ohne die religiöse Reformation ist dies eben doch nur bedingt gelungen.

Thomas Seiterich-Kreuzkamp: *In Ägypten besteht theologisch und politisch die Situation, daß aufklärerische muslimische Theologen, die versuchten, den Koran linguistisch oder gar historisch-kritisch auszulegen, verfolgt, ja sogar ermordet wurden. Ist angesichts solcher Unterdrückung und Unfreiheit viel von der theologischen Diskussion zu erwarten?*

Küng: Sie haben Recht, die Situation ist für die islamischen Theologen nicht einfach. Ich erinnere mich beispielsweise an ein theologisches Gespräch 1971 in Afghanistan. Ich habe schon damals mit einem Professor der Universität von Kabul und Freunden eine Nacht lang über diese Fragen der Koran-Exegese gesprochen. Der muslimische Kollege hat zugestimmt, daß das Wort Allahs zugleich auch das Wort des Propheten ist und daß deshalb natürlich auch eine bestimmte geschichtliche Entwicklung und Bedingtheit akzeptiert werden muß. Ich fragte ihn, ob er das auch an der Universität vertreten würde. Darauf antwortete er: „Nein, das kann ich nicht, sonst müßte ich auswandern." Unterdessen ist er ausgewandert.

Es zeigt sich, daß im Islam Probleme unterdrückt wurden. Doch wir sollten als Christen nicht eingebildet sein. Denn in der katholischen Kirche ist die historisch-kritische Bibelauslegung bis weit ins 20. Jahrhundert ebenso unterdrückt worden. Es waren zwar keine Todesfälle zu beklagen, jedoch Opfer von Exegeten, die ihren Lehrstuhl verloren haben oder ihre Gesundheit. Noch bis zu der Enzyklika *Divino afflante spiritu* von Papst Pius XII. von 1943 hat sich die Spitze der katholischen Kirche gegen eine historisch-kritische Interpretation der Bibel gewehrt. Man sollte also nicht verzweifeln. Denn eine historisch-kritische Exegese des Korans wird sich auch im Islam durchsetzen. Ich sage dies so hart, weil die christlichen Theologen an diesem Punkt im Dialog kritische Anfragen an die muslimischen Theologen richten müssen.

Thomas Seiterich-Kreuzkamp: *Was bedeuten die Ereignisse vom 11. September 2001 für Ihr Projekt Weltethos?*

Küng: Für unser Projekt Weltethos bedeuten die neuesten Ereignisse eine so dramatische Bestätigung, wie man sie sich wahrlich nicht gewünscht hätte. Die Terrorangriffe zeigen die Wichtigkeit des Friedens zwischen den Religionen als Voraussetzung für den Frieden unter den Nationen. Sie zeigen auch, wie sehr es darauf ankommt, deutlich zu machen, daß es für alle Religionen gemeinsame ethische Standards gibt, die auf keinen Fall verletzt werden dürfen. Auch der Koran nimmt Stellung gegen das Hinmorden von Unschuldigen.

Thomas Seiterich-Kreuzkamp: *Gibt es überhaupt einen sinnvollen, ans Ziel führenden theologischen Dialog mit islamischen Fundamentalisten?*

Küng: Man muß unterscheiden. Es gibt Fundamentalisten, die zugleich fanatische Terroristen sind. Mit denen kann man keinen Dialog führen. Die muß man bekämpfen. Dann gibt es Fundamentalisten, die einfach die islamische Religion als Grundlage auch des Staates haben möchten. Es gibt Bestrebungen im Islam, die gar nicht so weit entfernt sind von dem, was die *Christlich-Demokratische Union* anstrebte, als diese Partei nach 1945 gegründet wurde. Sie möchten eine islamische Demokratie. Man darf nicht undifferenziert von Fundamentalisten reden. Nicht alle Muslime sind Fundamentalisten. Und nur ganz wenige Fundamentalisten sind Terroristen.

Thomas Seiterich-Kreuzkamp: *Worauf müssen die verantwortlichen Politiker des Westens nun besonders achten?*

Küng: Präsident Bush muß sehr aufpassen, daß er nicht gerade heraufbeschwört, was er vermeiden will: Daß sich die Muslime angegriffen fühlen, weil der US-Präsident groß zum ‚Krieg' aufruft. Die Vokabel Krieg ist gar nicht angebracht in einem Kampf, der nicht gegen eine Nation oder Religion geht, sondern nur gegen eine – sehr effiziente, jedoch sehr kleine – Terroristengruppe. Wenn der US-Präsident Erfolg haben will mit der weltweiten Allianz, muß er in erster Linie die arabischen Staaten einbinden. Inzwischen hat er ja auch deutlicher differenziert.

Thomas Seiterich-Kreuzkamp: *Kommt es zu dem von dem US-Politologen Samuel Huntington prognostizierten „Kampf der Kulturen"?*

Küng: Huntington hat mit seiner Formel vom *Clash of Civilizations* die falschen Kategorien geliefert. Es ist kein *Clash of Civilizations.* Es ist ein Konflikt mit einer Terroristengruppe, die nicht das Christentum und auch nicht die westliche Welt als solche angreifen will, sondern die Vereinigten Staaten, weil sie die USA als Hauptschuldigen an der Unterdrückung der Palästinenser und an der Erniedrigung der Muslime ansieht.

Florian Zollmann: *Ihr großes Motto lautet: Der Frieden in der Welt ist nur dann möglich, wenn die Religionen Frieden untereinander schließen. Ist nach diesem terroristischen Attentat dieser religiöse Weltfriede noch realistisch?*

Küng: Man hätte sich wohl keine eindrücklichere und zugleich grausamere Bestätigung unserer Grundthesen ausdenken können als diese furchtbare Katastrophe in einem Amerika, das sich weithin als unbesiegbar und unverwundbar ansah. Aber wie soll es denn Frieden unter den Nationen geben, wenn es keinen Frieden unter den Religionen gibt? Und wie soll es denn einen Frieden unter den Religionen geben, wenn es nicht einen Dialog zwischen den Religionen gibt? Gerade hier sind ja die Alternativen zum Dialog deutlich geworden: Wenn man nicht miteinander sprechen will, dann schießt man, wirft man Bomben, zerstört unter Umständen das Leben von Tausenden unschuldiger Menschen.

Florian Zollmann: *Also, kein „Clash of Civilizations", kein Krieg der Kulturen oder gar der Religionen?*

Küng: Nein. Es geht hier nicht um einen Krieg des Islams gegen das Christentum; es sind keine christlichen Symbolstätten angegriffen worden. Es geht auch nicht einfach um einen Angriff auf die westliche Zivilisation; es sind ganz präzise das militärische und das wirtschaftliche Nervenzentrum der Vereinigten Staaten angegriffen worden. Es war eindeutig ein politisch motivierter Angriff auf die westliche Vormacht, die sich in weiten Kreisen der Muslime durch ihre Nahost- und Israelpolitik verhaßt gemacht hat.

Florian Zollmann: *Nach diesem Attentat wird überall über die Gefahr durch den Islam gesprochen. Ist der Islam gefährlich? Oder wer oder was ist gefährlich?*

Küng: Jede Religion ist gefährlich, wenn sie fanatisiert wird. Was etwa die katholischen Kinder in Belfast zu erdulden hatten, war auch nicht gerade ungefährlich. Und die Toten an diesem einzigen Ort Europas, wo noch ein interkonfessioneller Krieg möglich ist, sind auch nicht gerade wenige. Auch fanatisierte jüdische Siedler können so gefährlich sein wie islamistische Freiheitskämpfer. Jede Religion hat leider auch ein Gewaltpotential. Heute käme alles darauf an, das Friedenspotential der Religionen zu aktivieren. Und dieses Friedenspotential gibt es im Islam wie im Judentum und Christentum.

Florian Zollmann: *Warum gibt es heutzutage so viele islamische Fundamentalisten?*

Küng: Weil in vielen islamischen Ländern die soziale und politische Situation so desolat ist und die Enttäuschung über den Westen so tief, daß viele Muslime meinen, man könne eine Lösung finden nur durch die Rückkehr zu den Ursprüngen, also zu einem möglichst wörtlich verstandenen Islam. So nehmen denn viele verzweifelte Menschen Zuflucht zu fundamentalistischen Bewegungen und einige wenige zum Terrorismus.

Florian Zollmann: *Warum ist im Orient Politik und Religion schwerer zu trennen als in anderen Ländern?*

Küng: Auch im Christentum waren seit Kaiser Konstantins Zeiten (4. Jahrhundert) Politik und Religion wahrhaftig lange genug total ineinander verwoben. Und gerade die römisch-katholische Kirche hat sich ja nun bis in allerneueste Zeit ständig massiv in die Politik eingemischt. Doch hat das Christentum zwei Paradigmenwechsel durchgemacht, die der Islam in dieser Weise nicht vollzogen hat, die aber beide zu einer gewissen Trennung von Religion und Politik geführt haben: den Paradigmenwechsel der religiösen Reformation und den Paradigmenwechsel der Aufklärung und der Moderne. Die katholische Kirche hat diese beiden Wechsel der Gesamtkonstellation erst mit dem Zweiten Vatikanischen Konzil (1962–1965) nachvollzogen. Im Grunde ist das Verhältnis von Politik und Religion in der katholischen Kirche erst durch das Zweite Vatikanum und seine Anerkennung der modernen Religionsfreiheit und der Menschenrechte geklärt worden. Es müßte nun darauf hingewirkt werden, daß auch im Islam die Kräfte die Oberhand gewinnen, die eine religiöse Reformation und eine Modernisierung des Islams anstreben und zum Teil bereits eingeleitet haben.

Florian Zollmann: *Islamische Fundamentalisten sehen im Westen die Wurzeln des Bösen. Was meinen sie bekämpfen zu müssen?*

Küng: Man kann drei verschiedene Wurzeln der antiwestlichen Stimmung in weiten Teilen des Islam ausmachen. Die erste: Die europäischen Kolonialmächte haben immerhin weit über hundert Jahre den gesamten ‚grünen Gürtel' der islamischen Völker von Marokko über Nordafrika, Ägypten, den Nahen Osten, Irak und Iran, Indien bis nach Indonesien unter ihrer politischen, wirtschaftlichen und militärischen Kontrolle gehabt. Vieles an diesen Wunden ist verheilt, aber wahrhaftig nicht alles. Und sobald es zu neuen Auseinandersetzungen kommt, brechen alte Wunden wieder auf.

Die zweite Wurzel: Seit dem Golfkrieg haben die Vereinigten Staaten anstelle der europäischen Mächte eine massive politische und militärische Präsenz im Nahen Osten und besonders am Persischen Golf aufgebaut. Der Extremist bin Laden war bekanntlich ursprünglich ein Schützling der Amerikaner, von ihnen mit Geld und Waffen ausgerüstet. Er hat sich in dem Moment gegen die USA gewendet, als die USA ein muslimisches Brudervolk, den Irak, angegriffen haben und sich nicht gescheut haben, dafür den urislamischen Boden Arabiens in Anspruch zu nehmen und ein Heerlager unmittelbar in der Nähe der heiligen Stätten Mekka und Medina aufzuschlagen, sich dort auf Dauer festzusetzen und zugleich undemokratische arabische Regime zu stützen.

Eine dritte Wurzel: Seit der Gründung des Staates Israel vor gut fünfzig Jahren ist es nicht gelungen, ein friedliches Zusammenleben zwischen dem Staat Israel und einem lebensfähigen Palästinenser-Staat aufzubauen. Alle Araber sind der Meinung, daß allein die Vereinigten Staaten fähig gewesen wären, den Staat Israel zu gewissen Kompromissen zu zwingen, ohne die ein palästinensischer Staat mit einem zusammenhängenden Staatsgebiet und auch einer gewissen Präsenz in Jerusalem nicht realisiert werden kann.

Auch Außenminister Shimon Peres hat vor kurzem verlauten lassen, daß die USA nun zweiundfünfzig Jahre lang alle Wünsche Israels erfüllt hätten; Israel sollte jetzt auch einmal einen Wunsch der Vereinigten Staaten erfüllen. Noch unter Clinton war die Stimmung in den Palästinensergebieten gegenüber den USA relativ hoffnungsvoll und freundlich. Ein totaler Umschlag erfolgte unter den Regierungen Sharon und Bush.

Florian Zollmann: *Ist es nach den Auslegungen des Islams überhaupt möglich, den als Urheber des Attentats verdächtigten bin Laden an ein westliches Land auszuliefern?*

Küng: Dem steht insbesondere die heilige Tradition der Afghanen entgegen, die Gastfreundschaft unter allen Umständen aufrechtzuerhalten. Nach dem Ehrenkodex der Paschtunen *(dem „Paschtunwali" des afghanischen Hauptvolkes)* bestehen praktisch nur zwei Möglichkeiten: Entweder der Gast verabschiedet sich freiwillig, was bin Laden von den Taliban nahegelegt wurde. Oder der verfolgte Gast muß auch gegenüber denen, die seine Auslieferung verlangen, geschützt werden.

Florian Zollmann: *Die Attentäter haben Tausende von Menschen und sich selbst in den Tod gerissen und verherrlichen diese Tat als ihren Märtyrertod, der ihnen den Zugang zum Paradies verschafft. Ist dies durch den Islam gedeckt?*

Küng: Auch der Koran verbietet die Ermordung unschuldiger Menschen. Aber die politischen Ziele, endlich etwas für die Verbesserung der muslimischen Länder und zur Lösung der Palästina-Frage zu tun, scheinen für extremistische Muslime alle Mittel zu rechtfertigen. Sie machen geltend, daß auch israelische Regierungsmitglieder wie Begin und Sharon früher ‚Terroristen' waren, als sie noch für ihre Freiheit kämpften. Diese Muslime betrachten sich selber als Freiheitskämpfer, die bereit sind, für ihre gute Sache ihr Leben hinzugeben. Solcher Radikalismus wird von der überwältigenden Mehrheit der Muslime nicht geteilt, seine Motive müssen aber verstanden werden, wenn man an die Wurzeln des gegenwärtigen Konfliktes vordringen will.

Florian Zollmann: *Die Attentäter wurden zum Teil als freundliche, an die westliche Welt angepaßte Studenten, die in Studentenwohnheimen lebten, identifiziert. Ich selbst wohne in einem Studentenwohnheim mit islamischen Studenten. Was können wir jetzt tun, um*

das Vertrauen zueinander nicht zu verlieren und um uns vor Vorurteilen zu schützen?
Küng: Jedenfalls das Vertrauen nicht aufkündigen, sondern erst recht Vertrauen suchen und neu aufbauen. Besser, als einfach zu kritisieren, ist schlicht mal nachzufragen, wie die muslimischen Studenten diese Fragen sehen, und ruhig zuzuhören. Dann kann man selbstverständlich auch kritische Rückfragen stellen. Aber gerade da kommt es darauf an, den Dialog zu suchen und nicht in einem Studentenwohnheim ungewollt einen *Clash of Civilizations* zu produzieren.
Florian Zollmann: *Was können wir als junge Menschen tun nach diesem Attentat, um die religiösen Gräben zu überwinden, die Angst vor der Zukunft zu verlieren und wieder mehr Vertrauen in unser Leben zu gewinnen?*
Küng: Religiöse Gräben kann man nur überwinden, wenn man wenigstens eine elementare Kenntnis der anderen Religionen und der Religiosität ihrer Anhänger hat. Darüber kann man einiges lesen, und auch unsere Stiftung Weltethos hat eine ganze Reihe von Hilfsmitteln bereitgestellt: Bücher, Videos, eine Ausstellung, Broschüren über die Religionen und ihre ethischen Imperative ... Darüber hinaus müßte man vor allem den lebendigen Kontakt mit den Menschen anderer Religionen suchen. Gerade in Studentenwohnheimen, aber auch bei anderen Gelegenheiten ist das nicht allzu schwierig. Man müßte sich nur davor hüten, die Muslime von vornherein in eine Verteidigungsposition zu drängen, aus der sie dann nicht mehr herausfinden.
Florian Zollmann: *Ist der „Krieg", von dem jetzt immer gesprochen wird, das richtige Wort und das richtige Mittel, um die Welt vom Terrorismus zu befreien?*
Küng: Es geht hier um den terroristischen Angriff Einzelner auf allerdings höchst wichtige Zentren der USA. Aber es geht zweifellos nicht um einen Krieg, in den man ziehen kann wie damals gegen Japan oder gegen den Irak. Glücklicherweise dämmert es ja auch in Washington langsam vielen, daß die Auseinandersetzung mit dem Terrorismus nicht gewonnen werden kann durch Flottenverbände und Flugzeuggeschwader. Selbstverständlich soll man die Verbrecher suchen und wenn möglich vor Gericht stellen. Vielleicht haben jetzt auch die Vereinigten Staaten und Israel ein Inter-

esse an einem Weltstrafgerichtshof, den sie bisher sabotiert haben. Aber im übrigen käme es vor allem darauf an, zur Besinnung zu kommen und ein neues Paradigma internationaler Beziehungen zu realisieren. Noch allzu sehr leben wir im alten Paradigma der Konfrontation, der Macht- und Prestigepolitik. Es käme darauf an, das Paradigma der Annäherung, Verständigung und Versöhnung, wie es in der Europäischen Union glücklicherweise nun realisiert wurde, auch in anderen Teilen der Welt, vor allem aber im Nahen Osten zu verwirklichen. Die Auseinandersetzung darf nicht in erster Linie mit militärischen Mitteln geschehen, es geht um eine politische, geistige, ethische Bewältigung der Probleme. Wir sollten uns bewußt werden, daß alle großen Religionen dieselben elementaren ethischen Prinzipien haben, Basis für ein gemeinsames Menschheitsethos, ein Weltethos. Schon die Beachtung der Goldenen Regel würde uns in der großen Politik wie im Alltag voranhelfen: „Was du nicht willst, das man dir tut, das füg' auch keinem andern zu!"

„Selbstmordattentate haben nichts mit dem Islam zu tun."

Gespräch mit dem Vorsitzenden des Islamrates für Deutschland Hasan Özdogan*

Detlef David Kauschke

Kauschke: *Sie haben die Terroranschläge in den USA als „barbarischen Akt der Unmenschlichkeit" verurteilt. Kein Muslim habe Verständnis für diesen Terrorismus, heißt es in einer Erklärung des Islamrats. Verurteilen Sie Anschläge muslimischer Terroristen gegen unschuldige Zivilisten in Israel mit der gleichen Schärfe?*
Özdogan: Gegen Zivilisten auf jeden Fall.
Kauschke: *Gilt dies auch für die Selbstmordattentate auf dem Bahnhof in Nahariya, der Kreuzung von Beit Lid oder der Pizzeria in Jerusalem?*
Özdogan: Das gilt für jeden Selbstmordanschlag. In der Universität El Azhar in Kairo haben islamische Gelehrte entschieden, daß sich ein Muslim auf diese Weise nicht selbst umbringen darf. Und er darf natürlich auch andere Menschen nicht durch einen solchen terroristischen Anschlag töten. Diese Taten verurteilen wir und sind damit auf gar keinen Fall einverstanden.
Kauschke: *Sie haben in ihrer Erklärung auch die Freudenkundgebungen von Palästinensern in Jerusalem und dem Westjordanland nach den Terroranschlägen in den USA verurteilt.*
Özdogan: Ja natürlich. Ein Muslim kann sich nicht über einen Terroranschlag, bei dem unschuldige Menschen umkommen, freuen. Auch wenn man in Palästina oder den benachbarten arabischen Ländern von den Leiden der Palästinenser gefühlsmäßig sehr stark betroffen ist, ist das immer noch keine Rechtfertigung dafür, daß man sich über ein anderes Unrecht freut. Es gibt ein Prinzip im Islam, nach dem Unrecht, egal von welcher Seite es kommt, verurteilt werden muß, auch wenn es von meinem muslimischen Bruder kommt.
Kauschke: *Wie beurteilen Sie die Tatsache, daß noch am 11. September, also dem Tag der Anschläge in den USA, in der offiziellen Zeitung der palästinensischen Autonomiebehörde „Al-Hajat al-*

* Erschienen in: *Allgemeine Jüdische Wochenzeitung* (26.09.01).

Dschedidah" zu lesen ist, daß Selbstmordattentäter „das Salz der Erde", die „Motoren der Geschichte" sind, und sie „als die ehrenwertesten Menschen unter uns" gelten?

Özdogan: Wir wissen, daß es einige arabische Muslime gibt, natürlich auch sehr stark auf der palästinensischen Seite, die so etwas gut finden. Aber ich sage ganz deutlich: Wir gehen von der wissenschaftlichen Auslegung des Islam aus. Und Islam bedeutet: „sich in Gottes Frieden zu geben". Und es gibt einen Vers im Koran: Wenn jemand ungerechterweise einen Menschen tötet, ist es so, als ob er die ganze Menschheit getötet hätte. Islam ist eine betont friedliche Religion. Islam ist für Verteidigungskriege, keinesfalls für Angriffskriege. Und diese Selbstmordattentate sind zweifelhafte Taten, die keinesfalls mit der islamischen Lehre zu decken sind.

Kauschke: *Wann rufen führende islamische Religionsführer zum Schluß des Terrors auf? Wann machen sie auch in den Moscheen deutlich, daß sich Selbstmordattentate gegen den Geist der Religion richten?*

Özdogan: Am vergangenen Freitag wurden in allen Moscheen zum Gebet auch Fürbitten für die Opfer der Terroranschläge gesprochen. Und die religiösen Führer in den Moscheen werden Terror verdammen und verurteilen. Ich kenne keine islamische Gemeinde in Deutschland und Europa, die zum Terror steht. Wenn Terroristen da sind, sind sie nicht in der Lage, in den Gemeinden Fuß zu fassen. Solche Leute werden in unseren Gemeinden keinen Platz haben, egal ob sie sich als Muslime bezeichnen oder aus einem anderen Umkreis kommen.

Kauschke: *Wie vereinbart sich das mit der Tatsache, daß die islamische Gemeinschaft Milli Görüs, die vom Verfassungsschutz als extremistisch bezeichnet wird, ein Mitgliedsverband des Islamrates ist und beste Kontakte zur Hamas unterhält?*

Özdogan: Milli Görüs ist bei uns Mitgliedsverband, das stimmt. Aber daß sie Kontakte zur Hamas unterhält, das ist mir neu. Die gibt es nicht, auf gar keinen Fall.

Kauschke: *Sie stellen den Islamrat in der Öffentlichkeit als demokratisch und weltoffen dar. Sie selbst waren jedoch stellvertretender Generalsekretär von Milli Görüs. Nach Angaben des Verfassungsschutzes handelt es sich dabei um eine Organisation, die sich in ihren Veröffentlichungen häufig eindeutig antisemitisch äußert*

und die gelegentlich auch offen zur Weltherrschaft auf der Basis des Korans aufruft. Wie paßt das Ihrer Meinung nach zusammen?
Özdogan: Das sind immer Übersetzungsfehler oder Fehlinterpretationen gewesen. Da kommen Leute aus der Türkei, die die Atmosphäre nicht kennen. Kann sein, daß sie negative Äußerungen gemacht haben, aber nicht in der Form, wie das in den Verfassungsschutzberichten erwähnt wurde. Ich würde sagen, das ist alles überzogen oder falsch dargestellt.

Der Turmbau zu Babel und das World Trade Center*

Egbert Ballhorn

Die Bilder des 11. September, wie ein Flugzeug in das World Trade Center fliegt, in einer gewaltigen Lichtwolke explodiert und anschließend das gesamte Bürogebäude Stockwerk um Stockwerk in sich zusammenstürzt, werden wohl niemals aus dem bildlichen Gedächtnis der Menschheit verschwinden. Jenes Bild steht für das gesamte Ereignis des Terroranschlags, für die Entführung der Flugzeuge, den Anschlag auf das Pentagon, aber auch die islamistischen Hintergründe des Terrorismus und für das Leid der Opfer und ihrer Angehörigen sowie das Entsetzen und die Sprachlosigkeit, die das Attentat hervorgerufen hat. Seither hat sich unsere Wahrnehmung der Welt verwandelt, und überall ringt man damit, mit den Ereignissen umzugehen, Konsequenzen zu ziehen, zukünftige Anschläge zu verhindern, aber auch Hintergründe offen zu legen und das Ereignis zu deuten. Eine Parallele wird in den Medien immer wieder erwähnt, denn sie drängt sich von ihrer Bildhaftigkeit geradezu auf. Es ist die Geschichte vom Turmbau zu Babel. Sie gehört zu den Grunderzählungen im kollektiven Gedächtnis der Menschheit. Mit dem Verweis auf Babel ist aber nicht nur eine bildliche Parallele gemeint, sondern wird auch eine entsprechende Wertung verbunden, die anscheinend beide Ereignisse miteinander verbindet, daß die menschliche Hybris an eine Grenze gekommen und die Zerstörung als Strafe dafür aufzufassen sei. Wer aber straft? Und warum? Und welche Konsequenzen sind daraus zu ziehen? Es ist lohnend, die Geschichte vom Turmbau zu Babel neu durchzuschauen und sie wieder einmal zu entschlüsseln und auf ihre Gegenwartsbedeutung zu befragen.

„Genesis 11,1 Und es war: die ganze Erde eine Sprache und einerlei Wörter. 2 Und es war: in ihrem Aufbrechen von Osten – und sie fanden eine Ebene im Land Schinar, und sie ließen sich dort nieder. 3 Und sie sagten einer zum anderen: Wohlan, laßt uns Ziegel streichen und brennen zum Brand! Und es war ihnen: Ziegel als Stein, und der Asphalt war ihnen als Mörtel. 4 Und sie sprachen:

* Der Artikel erscheint im *Pastoralblatt* 2002.

Wohlan, bauen wir uns eine Stadt und einen Turm, und seine Spitze bis an den Himmel und machen wir uns einen Namen, damit wir uns nicht über die ganze Fläche der Erde zerstreuen! 5 Und es fuhr herab der HERR, zu sehen die Stadt und den Turm, welche(n) bauen die Menschenkinder. 6 Und der HERR sprach: Siehe, ein Volk sind sie, und eine Sprache für sie alle, und dies ist [erst] der Anfang ihres Tuns. Und jetzt: nichts wird ihnen unmöglich sein, was sie ersinnen zu tun. 7 Wohlan, laßt uns herabfahren und vermischen dort ihre Sprache, daß sie nicht hören einer die Sprache des anderen. 8 Und es zerstreute sie der HERR von dort über die ganze Fläche der Erde; und sie hörten auf, die Stadt zu bauen. 9 Darum rief man ihren Namen Babel; denn dort vermischte der HERR die Sprache der ganzen Erde, und von dort zerstreute sie der HERR über die Fläche der ganzen Erde."

Wenn man die Erzählung in Gen 11,1-9 aufmerksam liest, fallen Aspekte ins Auge, die anscheinend nicht in ihre jahrtausendelange Rezeptionsgeschichte eingegangen sind. Es gibt gar nicht nur ein Bauprojekt, nämlich das des Turms, sondern deren zwei. Die Menschen wollen einen Turm und eine Stadt bauen. Die Bildhaftigkeit eines himmelreichenden Turmes ist jedoch so groß, daß sie das Stadtbauprojekt in der Wahrnehmung verdrängt hat. Ebenso verhält es sich mit der merkwürdigen, aber selten wahrgenommenen Tatsache, daß der Turm und die Stadt am Ende gar nicht zerstört werden, sondern das Bauvorhaben von den Menschen unspektakulär abgebrochen wird, und daß beispielsweise nicht einfach Feuer und Schwefel vom Himmel fallen wie bei der Zerstörung der sündigen Städte Sodom und Gomorrha wenige Kapitel später. Überhaupt ist an der Babelgeschichte auffällig, daß auf sie die Opposition Gut/Böse, die seit dem 11. September zur alles bestimmenden Grundunterscheidung geworden ist, nicht anzuwenden ist. Die Rollenzuweisung und das Herstellen von Parallelen kann daher nicht ohne weiteres gelingen. Aber schon auf dieser ersten Analyseebene ergeben sich interessante Denkanstöße.

Die binäre Opposition von Gut und Böse, wie sie derzeit vorherrscht, beinhaltet als grundsätzliche Verstehenskategorie eine umfangreiche Reihe von Konsequenzen. Wer das Opfer eines solchen Anschlages von grausamer Kälte ist, muß notwendigerweise unschuldig sein. Eine so große Schuld kann es gar nicht geben, als daß eine solche Kollektivstrafe angemessen wäre. Daraus hat sich vergleichsweise unreflektiert die Konsequenz ergeben, daß die gesamte Nation, die das Ziel des Anschlages war, nicht nur auf die Seite der Unschuldigen, sondern auch der ‚Guten' zu rechnen sei und jede ihrer resultierenden Handlungen ebenso fraglos in die Kategorie ‚gut' fällt, während alle, die sich dem widersetzen, auf die Seite der ‚Bösen' gehören. Paradoxerweise gibt es auf der Seite der Terroristen das identische Schema, nur mit umgekehrten Vorzeichen. Weil sie sich selbst auf der Seite Gottes wähnen, ist alles, was sie tun ‚gut' und ruft nicht den Schatten eines Zweifels hervor. Hinter der einfach zu handhabenden binären Unterscheidung von Gut und Böse stehen jedoch wesentlich komplexere Zusammenhänge, die es erst mühsam zu entschlüsseln gilt. Ähnliches gilt für die Turmbaugeschichte, die eben jene Unterscheidung von Gut und Böse gar nicht enthält, sondern vielmehr die Opposition Mensch/Gott, parallel ausgedrückt in der räumlichen Unterscheidung Unten/Oben. Wenn die Menschen einen Turm errichten, dann bedeutet dies, daß sie den Himmel erreichen wollen, sein wollen wie Gott. Das wird von Gott verhindert, nicht jedoch bestraft. – Indem nun die Terroristen das World Trade Center zerstört und dreitausend Menschen das Leben genommen haben, haben sie sich an die Stelle Gottes gesetzt, um statt seiner über die Menschheit zu richten. Daher ist paradoxerweise eine Parallele zu ziehen zwischen dem Turm*bau* zu Babel einerseits und der Turm*zerstörung* in New York andererseits. Beide Male handelt es sich um einen Versuch, an die Stelle Gottes treten zu wollen. Wer immer den Platz Gottes einnehmen will, tritt auf diese und keine andere Weise in die Unterscheidungskategorie der Babelerzählung ein.

Mit einer solchen Überlegung ist aber der mögliche Sinngehalt der Turmbauerzählung noch nicht erschöpft, und es lohnt sich, der Textstruktur von Gen 11,1-9 weiter nachzugehen. Bei genauem Lesen erscheint die Geschichte vieldeutig und unscharf zu sein, denn mit der Verdoppelung des Bauprojektes ist die Zahl ihrer ‚Zwiespältigkeiten' noch nicht erschöpft. Der zweifache Wunsch der Menschen, einen Turm und eine Stadt zu bauen, dient auch zwei Zielen, einerseits nämlich will man sich „einen Namen machen", zusätzlich aber will man sich nicht über die ganze Fläche der Erde zerstreuen (v.4). Des weiteren entspricht dem doppelten

Vorhaben der Menschen eine doppelte Reaktion von seiten Gottes, der nicht nur die Menschen über die ganze Fläche der Erde zerstreut (v.8), sondern auch ihre Sprache vermischt (v.7). Diese Verdoppelung aller wichtigen Aussagen hat höchst wahrscheinlich dazu geführt, daß die Motive der Geschichte so selektiv rezipiert wurden. Seit der Kommentierung durch den Exegeten Hermann Gunkel 1910 wird die Meinung vertreten, daß letztlich zwei selbständige Erzählungen, eine von einem Turmbau und eine von einem Stadtbau, ineinander gefügt worden sind. Auch wenn sich die Exegese seither nicht auf eine einheitliche Position der literarkritischen Schichtung – so der Fachausdruck – einigen konnte, bleiben Grundbeobachtungen unstrittig. Insbesondere fällt die Vielzahl gedoppelter Motive und ihre teilweise Widersprüchlichkeit ins Auge. Dazu gehört, daß die Erzählung gleich zweimal, noch dazu mit derselben Formel „Und es war..." beginnt (v.1 und v.2). Die erste Einleitung ist eine allgemeine, die zweite eine sehr konkrete. Auch die Aussage über das Baumaterial Ziegel ist geradezu pleonastisch gegenüber der sonstigen Knappheit der Darstellung. Das doppelte Bauprojekt und die zweifache Motivation sind bereits erwähnt. Zudem fährt Gott zweimal herab. Zuerst wird berichtet, wie Gott herabfährt, um die Bauwerke der Menschen anzusehen (v.5), aber erst in der daran anschließenden Rede äußert er seine Absicht „laßt uns herabfahren" (v.7). Die Ausführung erfolgt vor der Absichtsäußerung. Und schließlich gibt es eine doppelte Reaktion Gottes auf das Tun der Menschen. Zum einen äußert er die Absicht „laßt uns ihre Sprache vermischen" (v.7), zum anderen wird dann aber in der Ausführungsschilderung gesagt „und es zerstreute sie der HERR von dort über die ganze Fläche der Erde". All diese Widersprüche lassen sich auf derselben Textebene nicht auflösen. Vielmehr liegt der Schluß nahe, daß in die vorliegende Geschichte verschiedene Elemente und Motive integriert wurden, die wahrscheinlich aus zwei ursprünglich selbständigen Erzählungen stammen.

Die Turmbauerzählung hat zwei Motive miteinander verbunden: Zum Turmbau kam das Motiv der ursprünglichen Einheit der Sprache hinzu. Mit der Herstellung und dem Brennen von Ziegelsteinen, einer Kulturtechnik, die nicht in Palästina, sondern in der mesopotamischen Tiefebene beheimatet ist, beginnen die organisierte Bautätigkeit des Menschen und damit Kultur und Zivilisation. Der Ziegelstein steht für die Bautechnik der Israel umgebenden Metropolen und signalisiert eine erzählerische Auseinandersetzung mit deren Kulturen. Mit dem Turmbau will sich der Mensch „einen Namen schaffen“, was bedeutet, daß man Ruhm gegenüber der Umwelt und der Nachwelt erringen will. Ob hierin eine Anspielung auf das „wir wollen sein wie Gott“ aus der Paradiesesgeschichte gesehen werden kann? Auf jeden Fall will der Mensch hoch hinaus. Eigenartigerweise wird jede religiöse Konnotation ausgespart, dem Turm keine kultische oder sonstige Bedeutung beigegeben; nur implizit klingt sie an, indem die Menschen mit der Spitze des Turms den Himmel, den traditionellen Göttersitz, erreichen wollen. Es geht anscheinend nicht um Religion, sondern um Macht. In diese Situation greift Gott ein, indem er auf das zweifache „wohlan, laßt uns...“ der Menschen (v.3f.) nunmehr mit seinem eigenen „wohlan, laßt uns herabfahren und ihre Sprache vermischen“ (v.7) antwortet. Um die Nichtigkeit des menschlichen Tuns schon von Anfang an zu betonen, setzt der Erzählstrang das Mittel der Ironie ein, die sich auch darin ausdrückt, daß die Menschen einen Turm „bis an den Himmel“ errichten wollen und Gott darauf antwortet: „Laßt uns herabfahren.“ Auch wenn die Menschen hoch hinauswollen, für Gott ist es ein Unten.

Mit der Verwirrung der Sprache ist die Verständigung der Menschen untereinander abgebrochen und die zivilisatorische Leistung des Gemeinschaftsprojektes Turmbau verunmöglicht. Es ist also keineswegs so, daß Gott den Turm zerstört, das ist nicht nötig, er zerstört nur die Voraussetzungen dieses Tuns. In allen Aspekten der Erzählung geht es um sprachliches Geschehen: die Menschen, die miteinander reden und den Plan des Bauens fassen, um sich einen „Namen“ zu machen, Gott, der ebenfalls redet, in die Sprache eingreift, wobei am Ende der Name des Ortes steht.

Erst zum Schluß wird überraschend das Ziel enthüllt: Es geht um die Ortsätiologie, eine Entstehungserklärung des Stadtnamens Babel, der mit dem Vorhandensein vieler Sprachen zusammengebracht wird. Erst damit ist die Erzählung ‚verortet‘, die sich nicht mit menschlicher Kultur allgemein auseinandersetzt, sondern das Ziel ihrer Auseinandersetzung beim Namen nennt: Babel kommt von Hebräisch *balal*, was soviel wie „vermengen, vermischen“

heißt. Im Deutschen ließe sich das durch das Wortspiel „Babel kommt von Gebabbel“ annähernd wiedergeben.

Nicht die zivilisatorische Gemeinschaftsleistung an sich steht bei der Turmbauerzählung im Zentrum der Kritik, sondern das Ziel, den Himmel zu erreichen. In der Erzählung vom nie beendeten Turmbau steckt eine implizite Zivilisationskritik der Autoren: Bauprojekte dieses Ausmaßes sind ein kultureller Akt, der aber dann problematisch wird, wenn das Ziel in die falsche Richtung (nach ‚oben’) gelenkt wird, denn darin äußert sich eine verborgene Gotteswiderständigkeit des Menschen. Die Israeliten erlebten die quirlige, bunte Hauptstadt Babyloniens mit ihrer Vielfalt an dorthin verschleppten Kulturen und Sprachen und ihren verständlicherweise vielfältigen Kommunikationsproblemen als außergewöhnlich anstrengend. Sie deuteten dies als von Gott gewirkte Erschwernis des menschlichen Lebens, als göttliche Reaktion auf das Tun der Menschen, durch eine koordinierte Gemeinschaftsleistung den Himmel stürmen zu wollen. So nicht! werden sie gedacht haben. Diese Wertung hat sich in der Geschichte vom Turmbau niedergeschlagen, die damit nicht nur eine Lehrerzählung ist, sondern zugleich die Auseinandersetzung der Israeliten mit ihrer eigenen sie umgebenden Wirklichkeit spiegelt. In dem verarbeiteten Motiv der Sprachenvielfalt ist also vermutlich auch eine Pluralismuskritik mitgegeben, denn mit der Zivilisationskritik wird eine Pluralismusätiologie verbunden, wenn die Vielfalt von Sprachen als eine Reaktion Gottes auf das Tun der Menschen dargestellt wird. Wenn schon keine Strafe, dann doch ein Unmöglichmachen weiterer Turmbauprojekte.

Was wollten die Turmbauer? Sich einen Namen machen. Was blieb übrig? Allein der Name der Stadt: Babel – Vermischung.

Anders sieht es in der Erzählung vom Stadtbau aus. Hier sind zwei andere Motive miteinander verknüpft: das Stadtbaumotiv mit jenem des Schutzes vor der Zerstreuung. Die Menschen dieser Erzählung ‚sündigen‘ erst recht nicht. Sie erbauen die Stadt, weil sie Angst vor Zerstreuung haben. Nicht den Himmel wollen sie erreichen, sondern nur auf der Erde zusammenbleiben, vor deren Weite sie Angst zu haben scheinen. Damit handeln sie gegen den Willen Gottes. Die Zerstreuung der Menschheit über die Erde war eine selbstverständliche Folge der Vermehrung, also auch Erfüllung des schon bei der Schöpfung ausgesprochenen und nach der Flut wiederholten göttlichen Segens: seid fruchtbar und vermehret euch und füllt die ganze Erde (Gen 1,28; 9,1.7). Der Bau der Einheitsstadt ist ein aus Furcht geborener Versuch, dem göttlichen Segen zu begegnen.

Die Bibel hat in vielen ihrer Traditionen städtekritische Aussagen. Von den großen Städten, den Machtzentren der umgebenden Kulturen, ist für die Menschen Israels selten Gutes ausgegangen. Implizit ist in diesem Erzählstrang eine pluralismusfreundliche Tendenz enthalten. Nicht die Stadt als solche ist Ziel der kritischen Erzählung, sondern die Fraglosigkeit des einzigen Existenzortes. Es ist nicht der Wille Gottes, daß alle Menschen in einer Einheitsstadt, in einer Einheitskultur leben. Zusammen mit dem Mehrungssegen hat Gott den Menschen die Vielfalt der Kulturen und Orte als Auftrag mitgegeben, so zumindest die Aussage des kompositionellen Zusammenhangs von Gen 11 in seiner biblischen Umgebung. Darin spiegeln sich die vielfältigen Erfahrungen, die Israel mit erobernden Fremdmächten gemacht hat, mit Fremdmächten, die gewaltsam in von ihnen eroberte Kulturen eingreifen, Bevölkerungen verschieben und eigene Wirtschafts- und Wertesysteme unter Zerstörung des Vorgefundenen implantieren. Dem setzt die Bibel die Geschichte vom mißglückten Stadtbau entgegen. Daher gibt es auch keinen Grund, in der Zerstreuung über die Erde eine Strafe zu sehen, zumal ja auch an keiner Stelle von einem strafenden Tun Gottes die Rede ist. Indem Gott die Menschen über die Erdoberfläche zerstreut, stellt er vielmehr den von ihm von Anfang an gewünschten Zustand des auf der Erde vielfältig wimmelnden Lebens wieder her.

Stellt man nun diese beiden Erzählstränge nebeneinander, dann wird deutlich, warum die Rezeption der Gesamtgeschichte so mäandrierend verlaufen ist. Die Uneinheitlichkeit der biblischen Erzählung läßt eine einheitliche Wirkungsgeschichte gar nicht erst entstehen. Aber gerade solche Aspekte machen Gen 11,1-9 für die Auseinandersetzung mit heutigen Fragen um so fruchtbarer. Schon auf der Ebene der Erzählung selbst geht es um die Auseinandersetzung mit pluralistischen Elementen menschlicher Kultur, und es wird keine einheitliche Antwort auf diese Fragen gefunden. Der Widerstreit der Aspekte ist voll in die Gesamtkomposition eingegangen. Und noch interessanter: Die Erzählung bildet in sich das ab, wovon sie spricht. Inhaltlich geht es um das Thema von Vielfalt der Sprachen und Siedlungsorte auf der Erde; wir würden es heute Pluralismus der Kulturen nennen. Aber dieses Pluralismusproblem wird auf der Textebene gar nicht aufgelöst, sondern wiederum pluralistisch behandelt, indem verschiedene Erzählstränge und Deutungsmuster nebeneinander bestehen bleiben. Nachdem die Geschichte den Namen der Stadt Babel erklärt und die Zerstreuung der Menschen über die ganze Erdoberfläche begründet hat, ist sie erzählerisch an ihr Ende gelangt. Alles Weitere bleibt Leserinnen und Lesern überlassen, die sich eines solchen Textes in der Schwebe stellen müssen. Von hier aus kann man neu in den Deutehorizont einsteigen und beispielsweise zum World Trade Center zurückkehren. Die Errichtung des Zwillingsturmes hatte fraglos etwas mit dem Stolz der Menschen auf die eigene, himmelstürmende Leistung zu tun; insofern sind Parallelen sicherlich angemessen. Auch die Tatsache, daß es sich bei diesem Bau um ein wirtschaftliches Zentrum handelt, ist nicht ohne symbolischen Wert. Dann aber sind die Parallelen erschöpft. Während der Turmbau zu Babel das Zeichen einer einheitlichen Menschheit war, die sich gemeinschaftlich zu göttlicher Höhe emporarbeitete, tritt mit der Errichtung des World Trade Centers eine Opposition hinzu, die unterschlagen wird, wenn man vorschnell Ähnlichkeiten erkennen will, die aber bedeutsam ist, will man die gegenwärtige Situation auf dem Hintergrund biblischer Texte angemessen interpretieren: Die Errichtung des Weltwirtschaftssystems, für das das World Trade Center steht, ist keine einhellige Zivilisationsleistung aller Menschen, sondern ein Tun, bei dem es Sieger und Verlierer gibt. Gerade hierin scheint eine der vielfältigen Wurzeln für den späteren Anschlag zu liegen. Aber auch die Gottesfrage muß neu und anders eingebracht werden. Erstaunlich bleibt nach wie vor, daß in der Turm- und Stadtbauerzählung Gott erst einmal außen vor bleibt. Gar nicht zur Disposition steht überdies eine Entscheidung zwischen wahrer und falscher Religion, was ja in einer Auseinandersetzung mit dem Phänomen Babel am naheliegendsten wäre und auch die heutige Lage nach dem 11. September implizit und explizit mitbestimmt. Gott kommt in der Turmbauerzählung erst dann ins Spiel, wenn die Menschen seine Rolle einnehmen und damit in die grundsätzliche Opposition Gott/Mensch eingreifen wollen. Dies wäre nicht nur das Ende Gottes, sondern auch jeder Unterscheidung und damit auch das Ende des Menschen und seiner Zivilisation.

Insgesamt weigert die Turm- und Stadtbaugeschichte sich, eindeutige Antworten zu geben. Der Zustand der vielen Sprachen und Kulturen auf der Erde ist Plage und Segen zugleich, steht aber außerhalb der Diskussion. Da kann es keine globalen Antworten geben, erst recht nicht eine binäre Verteilung von Gut und Böse. Aber erneut stellt sich im weiten Handlungsspielraum des Menschen die Frage, wie Wertungen verteilt werden und was verantwortliches Handeln heißt. Es geht um die Basisfrage, welche Grundunterscheidung, welche binäre Opposition die Leitkategorie menschlichen Handelns darstellt, wer diese Unterscheidung definiert und welche Menschen damit auf die unterlegene Seite abgedrängt werden. In der Handhabung dieser Frage zeigt sich die Macht und vielleicht auch die Hybris der Menschen.

In der jüdischen Deutung der Turmbauerzählung gibt es den Midrasch, daß der Turm zu Babel schließlich so hoch wurde, daß die Menschen über jeden beim Bauvorgang mühsam hochgetragenen und dann heruntergefallenen Ziegelstein weinten; wenn dagegen ein Mensch zu Tode kam, achtete man nicht darauf. Dies sei für Gott das Signal zum Eingreifen gewesen, die Sprache der Menschen zu verwirren.[1]

1 Die Deutung von Genesis 11 in zwei Handlungssträngen findet sich bei H. Gunkel (Göttinger Handkommentar zum Alten Testament, Genesis, Göttingen [5]1964, 92-101). Die neueste exegetische Monographie zum Thema stammt von C. Uehlinger (Weltreich und „eine Rede", Orbis Biblicus et Orientalis 101, Freiburg/Schweiz 1990). Eine philosophische Deutung hat J. Derrida vorgelegt (Babylonische Türme. Wege, Umwege, Abwege, in: H. Hirsch [Hg.], Übersetzung und Dekonstruktion, Frankfurt/M. 1997, 119-165).

Gottes heiligen Namen aufrichten!*

Hans-Jochen Jaschke

Schlimm, zutiefst böse und menschenverachtend ist, was uns die Bilder der Zerstörung in Amerika zeigen. Und mich packen Empörung und Wut noch mehr, wenn im Kreis der Täter von Gott geredet wird. Damit schänden sie Gottes heiligen Namen. Sie mißbrauchen ihn für ihre perverse Gesinnung. Sie verführen unwissende Menschen und bringen unsägliches Leid über Unschuldige. Wir dürfen es nicht zulassen, daß Verbrecher ihr Tun im Namen Gottes rechtfertigen, zum Heiligen Krieg aufrufen und den Verblendeten eine Belohnung durch Gott versprechen. Um Gottes Willen, nein!

Fanatismus muß zu den Grundübeln der Menschheit zählen. Religiöser Fanatismus verdient den Abscheu eines jeden aufrechten Menschen. Als Christ und Kirchenmann weiß ich auch um blinde Flecken der biblischen und christlichen Geschichte. Menschen haben den Namen unseres Gottes geschändet, zum Deckmantel für Überlegenheitsansprüche und Terror, für Aberglauben und Ideologien gemacht. Das darf nicht sein. Das steht in tiefem Widerspruch zu Gott, der immer ein Gott der Menschen sein will.

Keiner sage, solche Verirrungen würden im Wesen der Religion liegen. Nein, sie kommen von Menschen, die dem Bösen verfallen. Du sollst den Namen Gottes nicht mißbrauchen, nicht verunehren, heißt das zweite Gebot der Bibel. Solcher Mißbrauch geschieht, wo Gott für Unrecht und menschliche Interessen herhalten soll. Vor Gott muß jedes Menschenleben heilig und unverletzlich sein. Jesus, Gottes Sohn, zeigt uns, wie Gott jeden einzelnen liebt und ihn zur Liebe befähigen will. Wo ein Mensch verletzt wird, wird Gottes Heiligkeit besudelt.

Keiner darf Gott ins Zwielicht ziehen. Er muß immer der unendlich Heilige für uns bleiben. Aber das Böse schafft sich viele Verkleidungen: Machthaber und Systeme, Gulags und Vernichtungsmaschinerien, Schreibtischtäter und Handlanger, auch mit ‚frommen' Masken. Gott bleibt immer stärker. Er weckt zu jeder Zeit Menschen, die seinem Namen Ehre machen. Diese gute Kraft

* Erschienen in: *Hamburger Abendblatt* (15.09.01).

der Religion ist unzerstörbar. Ich freue mich über aufrechte Muslime, die die Untat mit Abscheu verurteilen.

Wir müssen den Namen Gottes aufrichten in einer Stunde großer Sorge, hat der Jude Martin Buber einst gesagt. Blicken wir zu Ihm auf, nehmen wir uns an die Hand! Das Gute muß stärker bleiben als Verblendung und Chaos.

Nachwort (26.11.01): Der Terror des 11. September stellt eine zivilisierte Menschheit vor neue Herausforderungen. Menschen mit intellektueller Unterscheidungsgabe, mit einem wachen Gewissen für Ethos und Moral müssen ihr entsprechen. Christen unter der Zusage und dem Anspruch von Gottes Frieden auf Erden werden mit besonderer Leidenschaft und Klugheit um das rechte Wort und das angemessene Handeln ringen müssen. Wir erfahren in der biblischen und christlichen Glaubensgeschichte, wie Gott selber uns unter dem Zeichen der Gewaltlosigkeit zur Überwindung des Bösen einlädt. Aber wir erleben ebenso eine reale Geschichte von Gewalt und Bedrohung, die ein menschliches Leben unmöglich machen.

‚Gewalt' hat verschiedene Aspekte, die oft miteinander vermischt sind. Sie kann verbrecherische und menschenverachtende Gewalt bedeuten, aber auch den Einsatz von ordnender Macht, die das Chaos eindämmt.

Ich sehe angesichts des 11. September den Notfall von angemessener, begrenzter, legitimierter Gewalt gegeben. Sie kann Voraussetzungen dafür schaffen, daß Menschen sich vernünftig einigen. Eine weltweite Zivilisation der Liebe hat nur dann eine Chance, wenn sie nicht vom Terror bedroht wird.

Ich verwahre mich strikt dagegen, eine Antwort der zivilisierten Welt auf die Terroranschläge auf eine Stufe mit dem Terror zu stellen. Bei der Antwort kann es nicht um Rache oder Vergeltung gehen. Sie muß bemessen erfolgen und stellt gerade so eine Kulturleistung der Zivilisation dar.

Besonders kritisch stehe ich zu antiamerikanischen Befindlichkeiten in der deutschen Gesellschaft. Den Terror zu ästhetisieren und intellektuell herunterzuspielen, halte ich für verwerflich.

Die konkrete Lage in Afghanistan zu beurteilen, ist für einen Laien sehr schwer. Die Frage der Angemessenheit bleibt immer aktuell. Eine ‚westliche Welt' muß sich immer wieder kritisch prüfen. Militärische und wirtschaftliche Macht sowie westliche Überlegenheitsgefühle können großen Schaden anrichten. Die ‚arabisch-islamische' Welt darf sich nicht gedemütigt fühlen.

Ich sehe zur Zeit keine deutliche Alternative. Mit Menschen, die ganz genau wissen, was in dieser Situation gut und richtig ist, läßt sich kein Dialog führen.

Muslime in Deutschland.
Die ‚liberalen' Reformkräfte sind in der Minderheit*

M. Salim Abdullah

Die Stimmung unter den Muslimen schlägt um. Nicht etwa, daß der Terrorist bin Laden Anhänger unter den in der Bundesrepublik Deutschland lebenden 3,2 Millionen Bekennern des Islam fände. Vielmehr wird der Sinn der Militärschläge angezweifelt, zumal auch die Zivilbevölkerung darunter zu leiden hat.

Die Befürchtung, daß die USA es nicht ehrlich mit der Bekämpfung des Terrorismus meinen könnten, sondern trotz aller gegenteiligen Beteuerungen einen Krieg gegen die islamische Weltgemeinschaft begonnen haben, wird immer häufiger ausgesprochen, auch unter türkischen Muslimen, deren Verhaltensweise zunächst durch Besonnenheit und breite Zustimmung zu den Militärschlägen gekennzeichnet war.

Besondere Betroffenheit herrscht unter den in der Bundesrepublik lebenden arabischen Muslimen, die bisher immer der Meinung gewesen waren, ihre Integrationsfähigkeit in besonderer Weise unterstreichen zu müssen. Jetzt meinen sie, daß sie gerade dadurch verdächtig geworden sind, möglicherweise Anhänger der Terroristen zu sein. Zahlreiche arabische Muslime haben in den letzten Tagen ihre Mitgliedschaft in religiösen Vereinigungen aufgegeben, da sie diesen Vereinigungen „nicht schaden möchten". Studenten äußerten, daß sie möglicherweise ihr Studium abbrechen werden, da sie sich in Deutschland nicht mehr sicher fühlten.

Falsch verstanden

Ein Hodscha beschreibt diese Stimmung als ein „Konglomerat aus Angst, Verunsicherung, Hilflosigkeit und einem Gefühl, etwas tun zu müssen, aber nichts tun zu können". Man könne ja nicht einmal mehr die demokratischen Rechte wahrnehmen und gegen die Bombardierung der Zivilbevölkerung in Afghanistan demonstrieren, sagt er: „Wir würden doch bei der gegenwärtigen Stimmungslage sofort der Unterstützung von bin Laden und seiner Verbrecher

* Erschienen in: *Rheinischer Merkur* (19.10.2001).

beschuldigt.“ Zahlreiche Moscheen haben beschlossen, den Medien keine Interviews mehr zu geben. Moscheeleitungen scheuen sich, öffentlich ihre Meinung zu bekunden: „Wir könnten mißverstanden werden, unsere Absichten könnten falsch interpretiert werden.“ Selbst in den Moscheen und beim Gebet fühlten sich viele Muslime in den letzten Tagen „beobachtet und überwacht“. Mißtrauen auch in eigenen Reihen macht sich breit. Die Folge: Viele Familien ziehen sich zurück in ein abgeschottetes Nischendasein. Besorgnis herrscht bei vielen Muslimen auch darüber, daß ihre Moschee geschlossen werden könnte. Immerhin sind die Gotteshäuser unter großen persönlichen Opfern erbaut worden, finanziert durch Spenden und private Darlehen, deren Rückzahlung für die einzelnen Familien noch längst nicht abgeschlossen ist. Das Angebot einer islamischen Dachorganisation an den Staat, diese Moscheen zu übernehmen, wird überwiegend als zynisch aufgefaßt, vor allem vor dem Hintergrund fortlaufender Schuldentilgung.

Fromme Muslime scheuen sich, über ihren Glauben zu sprechen, um ja nicht in den Verdacht zu geraten, ein ‚Fundamentalist‘ zu sein. Und immer wieder wird auf die „Angst einflößende Sprache“ der Politiker verwiesen, die jeden aufrichtigen Muslim beleidigen müsse: „islamische“ oder „islamistische Terroristen“, „Gotteskrieger“, „Dschihadisten“, „muslimische Extremisten“. Die Versicherung, daß die „überwiegende Mehrheit der Muslime friedlich“ sei und der Islam „eigentlich eine Religion des Friedens“, macht die Sache nur noch schlimmer.

Ein Hodscha, der sich in seiner Stadt um den Brückenschlag zwischen Muslimen und Christen bemüht: „Hoffentlich wird es keine Ausschreitungen geben wie in Hoyerswerda, Rostock, Hünxe, Mölln und Solingen“. Damit kein Zweifel aufkommt, für diese Muslime sind Terroristen Verbrecher, die sich außerhalb der menschlichen Gesellschaft gestellt haben und denen sie das Recht absprechen, „sich Muslime zu nennen und sich auf den Islam zu berufen“. Die Muslime glauben zu spüren, daß ihr Bemühen, sich in die deutsche Gesellschaft zu integrieren, ihnen zum Verhängnis werden könnte und daß sie keine Hilfe von den demokratischen Parteien oder deren Wortführern erwarten können.

Wenige Auffälligkeiten werden von der Ahmadiyya-Muslim-Gemeinschaft gemeldet. Nach kleineren Schwierigkeiten sei die allgemeine Stimmung eher in Sympathie umgeschlagen. Ein Bild, das zu den wenigen Ausnahmen zu gehören scheint, jedenfalls nach den Beobachtungen der Stiftung Islam-Archiv-Deutschland. Auch dort sind viele Schreiben mit der Aufforderung eingegangen, den seit vierzig Jahren beschrittenen dialogischen Weg unbedingt weiterzugehen. Gleichwohl berichten Mitarbeiter, daß sie in öffentlichen Versammlungen oft das Gefühl hätten, sich für den Terror verantworten zu müssen.

Treue zum Glauben

Wer den Terrorismus glaubhaft bekämpfen will, muß neue Wege des Dialogs suchen, und es müssen verbindliche Wege sein. Dabei muß bedacht werden, daß ein solcher Weg Vertrauen und Treue zum je eigenen Glauben und zu den unveräußerlichen Werten der Gesellschaft voraussetzt, Freundschaft und Spontaneität. In diesen Dialog müssen die Vertreter aller islamischen Verbände eingebunden werden, will er gesellschaftspolitisch und sicherheitspolitisch sinnvoll sein und Erfolg zeitigen.

Der Islam ist eine nicht verfaßte Religion, ein Glaube ohne Sakramente und folglich ohne Priesterschaft. Muslimische Religionsgelehrte können keine alle Muslime bindenden Lehrsätze verkünden. Sie bewegen sich stets in den Grenzen von Analogieschlüssen mit Empfehlungscharakter. Selbst die ehrwürdige Al-Azhar-Universität – die „Lehrkanzel des Islam" – muß immer wieder darauf hoffen, daß ihren Empfehlungen ein besonders hoher Verbindlichkeitsgrad beigemessen wird. Das muß Berlin berücksichtigen, wenn der Islam und seine Anhänger wirklich integriert werden sollen.

Das geht allerdings nicht über eine Selektion der Partner, nicht mit oder durch ‚Islamexperten', die außerhalb des Islam angesiedelt sind, ohne deren Fachwissen anzuzweifeln. Dringend notwendig ist ein Runder Tisch, an dem die Vertreter aller islamischen Gemeinschaften Platz finden, so wie es der ehemalige Bundespräsident Roman Herzog vorgemacht hat. In dieser Frage könnte die Politik zudem von den Kirchen lernen. Bei den deutschen Bischöfen hat sich scheinbar die Erkenntnis durchgesetzt, daß weder der Zentralrat der Muslime noch der Islamrat als offizielle Vertreter der 3,2 Millionen Muslime in Deutschland angesehen werden können. In einem Bericht zur letzten Bischofskonferenz wird zudem darauf verwiesen, daß der Zentralrat außerdem durch den Austritt des einflußreichen Verbandes der Islamischen Kulturzentren erheblich geschwächt sei. Beide Dachverbände hätten sich bisher den Kirchen für Gespräche angeboten. Als repräsentative Dialogpartner müßten sie jedoch ausscheiden. Der Runde Tisch bietet sich also förmlich an.

Ein Beispiel aus Bremen: Dort sitzen neuerdings die Vertreter aller islamischen Gemeinschaften gemeinsam mit dem Polizeipräsidenten an einem Tisch, um in regelmäßigen Abständen die aktuelle Lage zu beraten, nach Lösungen bei Problemen zu suchen und Sicherheitsaspekte zu erörtern. Für die ausländischen Muslime wurde eigens eine Hotline geschaltet. Mit der Zusammensetzung wurde die Stiftung Islam-Archiv beauftragt. Die Mitgliederstruktur der islamischen Dachverbände in der Bundesrepublik ist keinesfalls homogen. Viele Verbände weisen recht unterschiedliche Flügel auf, die untereinander konkurrieren, oft auch gegeneinander stehen. Derzeit macht sich zudem der erste spürbare Generationenwechsel in den Führungsetagen bemerkbar und damit eine Abnabelung von der Einwanderungsgeneration. Das bedeutet jedoch nicht, daß mit dem Wechsel automatisch eine Reform verbunden wäre. Gleichwohl wird man der Entwicklung nicht gerecht, wenn man sie undifferenziert betrachtet.

Es wäre falsch, schon heute von einem Sieg der ‚liberalen Kräfte‘ in den einzelnen Verbänden zu reden. Das hat das Ausscheiden des Verbandes Islamischer Kulturzentren aus dem Zentralrat der Muslime verdeutlicht. Außerdem sind die Reformkräfte immer noch eine Minderheit, wenngleich sie zwischenzeitlich bei den einfachen Muslimen und in der Jugend auf wachsende Sympathien verweisen können. Daher wäre es ebenso falsch, wollte man die ‚liberalen Flügel‘ in den Verbänden einfach ignorieren oder ihre Existenz leugnen.

Ein schwerer Schritt

Wir müssen im Interesse unserer Gesellschaft den jungen Funktionsträgern eine Chance geben, ihre Integrationsfähigkeit und -bereitschaft unter Beweis zu stellen. Die Bejahung der Vereinbarkeit von Islam und Säkularismus dürfte in diesem Bereich die schwierigste Frage sein, die auf die organisierten Muslime zukommt.

Einen integrierten Islam wird es aller Voraussicht nach erst dann geben, wenn sich die Verbände und ihre Mitgliedsorganisationen von ihren organisatorischen Wurzeln in den jeweiligen Herkunftsländern gelöst haben und ihre Arbeit ausschließlich auf ihre Wahlheimat gerichtet ist. Dieser Schritt wird sehr schwer sein, er wird Verletzungen hervorrufen und eine lange Heilungszeit benötigen, die sich auf mehrere Generationen belaufen könnte. Im Interesse unserer Gesamtgesellschaft sind diese Schritte jedoch unabdingbar und unverzichtbar. Nochmals: Die Dachverbände vereinigen Muslime unterschiedlicher Rechtsschulen, unterschiedlicher Kulturen und Herkunft, unterschiedlichen Islamverständnisses. Sie leisten damit einen erheblichen Beitrag zu einer möglichen Integration, ohne dafür Zuschüsse zu erhalten. Festzuhalten ist, daß unter dem Begriff des ‚unterschiedlichen Islamverständnisses' auch Organisationen zu sehen sind, die vom Verfassungsschutz beobachtet werden. Das trifft nach Auffassung des Bundesinnenministeriums nicht nur auf Mitglieder des Islamrates zu, sondern auch auf den Zentralrat der Muslime. Das jedenfalls übermittelte die Staatssekretärin im Bundesinnenministerium, Cornelia Sonntag-Wolgast, aus Anlaß der Eröffnung des diesjährigen „Tages der offenen Moschee".

Hier bleibt also viel Erklärungsbedarf unter den Muslimen selbst.

Gibt es eine weibliche Bedeutung von Terror und Krieg?*

Antje Schrupp

Ich bedanke mich sehr für die Einladung zu dieser Veranstaltung und hoffe, daß meine Denkanregungen Sie bei Ihrem politischen Engagement weiterbringen und dafür hilfreich sind. Es sind allerdings möglicherweise ungewohnte Gedanken, die ich Ihnen hier anbieten möchte. Aber ich glaube, die Situation, mit der wir es zu tun haben – nicht erst seit dem 11. September, nicht erst seit dem Krieg in Afghanistan – ist so ernst, daß wir nicht weiterkommen, wenn immer wieder die gleichen, alten Glaubensbekenntnisse wiederholt werden, sondern daß tatsächlich ein neues Denken gefordert ist.

Ich selbst bin keine Antikriegsaktivistin oder Frauenrechtlerin, sondern Politikwissenschaftlerin, evangelische Theologin und Journalistin, und das weibliche Denken ist sozusagen mein ‚Spezialgebiet': Ich untersuche die weibliche Philosophie und Ideengeschichte. Die Frage, was Frauen im Bezug auf Politik zu sagen haben, ist derzeit ja allgegenwärtig, gerade wenn wir uns Afghanistan anschauen, wo Frauen per Gesetz jedes öffentliche Auftreten verboten wurde. Wir haben uns hier im Westen nach den Erfolgen der Frauenbewegung daran gewöhnt, eine gewisse Präsenz von Frauen in der Öffentlichkeit zu haben, so daß uns diese Männergruppen, die da im Fernsehen oder in Politikerrunden und Konferenzen zu sehen sind, zunehmend absurd vorkommen. Mir geht es jedenfalls so. Das alles könnten wir großmütig tolerieren – so wie wir ja auch die Männerspielwiese Fußball tolerieren – wenn diese Männer nicht so viel Leid verursachen würden. Wenn sie nicht so unfähig wären, die Probleme der Welt zu lösen, eine Aufgabe, die sie für sich allein in Anspruch nehmen, ohne die Frauen um Hilfe zu bitten. Wenn sie nicht darauf bestehen würden, das alles untereinander regeln zu können.

Das gilt aber nicht nur für Länder wie Afghanistan oder Saudi-Arabien, sondern auch für den Westen. Wir haben uns hier als

* Beitrag zu einer Podiumsdiskussion am 7. Dezember 2001 in Frankfurt am Main.

Frauen zwar den Zugang zu allen Orten erkämpft, auch zu den Parlamenten und Medien, aber die Voraussetzung für diesen Zugang ist noch immer allzu oft, daß wir uns an die männlichen Spielregeln halten müssen, daß wir von unserem Geschlecht sozusagen absehen – ein Beispiel dafür ist etwa Angela Merkel, die immer betont, daß sie nicht als Frau Parteivorsitzende der CDU ist, sondern als Mensch, als geschlechtsneutrales Wesen sozusagen.

Die Themen, um die es in der offiziellen Politik geht, sind Männerthemen. Das ist nicht unbedingt als Vorwurf gemeint und ich will damit nicht sagen, daß Frauenthemen besser wären, als Männerthemen. Es ist einfach eine Feststellung. Die Regeln, Riten, Abläufe der offiziellen Politik, all das ist aus einer männlichen Kultur heraus entstanden, zu der Frauen erst seit relativ kurzer Zeit Zugang haben. Es ist keine weibliche Kultur, und das ist eine historische Tatsache. Das erklärt meiner Meinung nach auch, warum Frauen häufig unsicher und ambivalent sind, wenn sie an diesen Orten tätig sind oder sich zu den dort diskutierten Themen eine Meinung bilden sollen. Mir jedenfalls geht es so. Ich muß mich zum Beispiel zwingen, die Nachrichten zu schauen oder den politischen Teil der Zeitung zu lesen, weil mich dabei immer das Gefühl beschleicht, das alles gehe mich irgendwie nichts an. Es interessiert mich nicht, es ist langweilig, was da geschieht und diskutiert wird.

Viele Frauen haben aber das dringende Bedürfnis, sich in diesen Themen kundig zu machen und in dieser ‚offiziellen Politik' mitzureden. Angesichts der großen Probleme der Welt und ihres desolaten Zustands ist das auch nur zu verständlich. Allerdings stellt sich damit die schwierige Frage, was wir, was eine Frau hier sinnvollerweise tun kann. Es handelt sich bei all den politischen Themen und Kontroversen nämlich gar nicht um einen Konflikt oder ein Themenfeld, das zwischen Männern und Frauen verhandelt wird (denn das würde voraussetzen, daß Frauen als ernstzunehmende Verhandlungspartnerinnen gesehen würden), sondern dort verhandeln Männer untereinander. Wenn wir uns als Frauen in diese Konflikte einmischen, besteht immer die Gefahr, daß wir uns in Schein-Diskussionen verstricken, die die Männer uns aufzwingen. Und zwar aus folgendem Grund:

Ereignisse haben immer eine symbolische und eine materielle Seite. Gerade am Beispiel der Terroranschläge in New York und der Reaktionen darauf kann man das sehr deutlich sehen. Es geht bei politischen Diskussionen niemals nur darum, was passiert oder passiert ist, sondern vor allem auch darum, welche Bedeutung ein Ereignis für uns haben soll, wie es interpretiert wird. Was die Weltpolitik angeht, so wird sogar immer deutlicher, daß die symbolische Seite eigentlich die wichtigere ist. Bis in die öffentliche Wahrnehmung hinein wurde ja immer wieder betont, daß es bei den Terroranschlägen in New York um einen Angriff auf die Symbole der westlichen Welt gegangen sei. Auch der anschließende Kriegsverlauf – Bomben auf ein bereits zerstörtes Land, die kritiklose Solidaritätserklärung der deutschen Regierung an die USA – hat gezeigt, daß es hier vor allem darum geht, Symbole zu besetzen. Deutsche Soldaten waren in Afghanistan keineswegs aus militärischer Sicht vonnöten. Es ging um die symbolische Geste.

Diese symbolische Interpretation der Ereignisse folgt, so wie sie in der offiziellen Politik und in den Medien geschieht, aber einer patriarchalen Logik. Wenn wir über die Terroranschläge und den Krieg in Afghanistan diskutieren, dann geht es gar nicht um die Ereignisse als solche, sondern um die symbolische Bedeutung, die ihnen bereits gegeben wurde. Wenn ich mich nicht in der Symbolik des Patriarchats bewegen will, muss ich mir daher erst einmal die Frage stellen: Was ist überhaupt passiert? Welche Bedeutung haben die Ereignisse für mich, eine Frau oder für dich, eine Frau?

Es gibt kein Ereignis ohne Interpretation. Manche politischen Argumente versuchen, diese Interpretationen sozusagen ‚abzuschälen' und die Fakten dahinter hervorzuholen. Sie sagen zum Beispiel: In New York sind 3000 Menschen gestorben, aber in Afrika sterben täglich noch viel mehr Menschen und es regt auch niemanden auf. Aber selbst wenn das stimmt – es ist kein Argument. Denn im politischen Diskurs ist die symbolische Seite immer die wichtigere. 3000 Tote für sich genommen haben überhaupt keine ‚objektive' Bedeutung. Sie werden nur zusammen mit einer Bedeutung, die wir ihnen geben, Wirklichkeit. Wir müssen uns also auf diese symbolische Debatte einlassen, wenn wir politisch handeln und argumentieren wollen.

Anders gesagt: Die Aufgabe einer weiblichen Politik ist es, eine eigene, eine weibliche symbolische Bedeutung für Ereignisse zu finden. Es geht um die Frage, ob es eine weibliche Bedeutung für

Terror und Krieg gibt. Wenn wir diese Frage beantworten möchten, geraten wir jedoch schnell in die Versuchung, von einem ‚Wir' der Frauen, von ‚den Frauen', zu sprechen. Einige Frauen machen sich dann zu Repräsentantinnen aller Frauen, beanspruchen, im Namen der Frauen zu sprechen. Es ist dann zum Beispiel von Solidarität und Fraueninteressen die Rede. Dahinter steht die Hoffnung, daß Frauen, die mit einer Stimme sprechen, vielleicht eher gehört werden. Das ist aber nicht so. Denn, und diese These ist für einige von Ihnen vielleicht ungewohnt, aber sie ist mir sehr wichtig: Frauen haben keine gemeinsamen Interessen. Das Zusammenbinden ‚der Frauen' ist eine Sichtweise des Patriarchats, das die Frauen nur deshalb als Gruppe wahrnimmt, weil es sie immer sofort mit den Männern vergleicht. Es geht aber nicht um das Verhältnis der Frauen zu den Männern, sondern es geht um das Verhältnis der Frauen zur Welt.

Ich habe gesagt, die Aufgabe einer weiblichen Politik ist es, eine freie, weibliche Bedeutung für Ereignisse zu finden. Dabei hilft uns aber gerade nicht die weibliche ‚Solidarität' oder die Suche nach ‚Fraueninteressen', sondern im Gegenteil gerade die Unterschiedlichkeit der Frauen. Diese Unterschiedlichkeit ist ein Reichtum. Wenn wir uns austauschen oder auch streiten über unsere unterschiedlichen Erlebnisse, Meinungen, Perspektiven, dann erst bekommen die Ereignissen eine Bedeutung, die auf weiblichen Erfahrungen und Urteilen beruht und nicht eine Reaktion auf die Symbole ist, die das Patriarchat an die Stelle der Ereignisse gesetzt hat.

Das heißt: Ich kann mir gegenwärtig zu der Frage, was jetzt in Afghanistan nötig ist, gar kein Urteil bilden, weil ich noch nicht gehört habe, welche unterschiedlichen Positionen Frauen in Afghanistan einnehmen. Was ich höre, sind entweder die Probleme der Männer, oder ich höre etwas von den angeblichen Interessen und Wünschen ‚der' Frauen. Aber erst, wenn ich die Auseinandersetzungen und Unterschiede zwischen Frauen kenne, weiß ich, worum es überhaupt geht, was das Problem ist. Ich möchte also wissen, worüber sich muslimische und nichtreligiöse Frauen streiten, welche unterschiedlichen Einschätzungen und Meinungen Städterinnen und Nomadinnen haben, alte und junge Frauen, konservative und fortschrittliche Frauen, Mütter und Alleinstehende. Erst wenn ich diese Kontroversen kenne, kann ich mir auch meine eigene Meinung als Frau bilden, im breiten Konzert der vielen weiblichen Meinungen.

Worüber ich aber etwas weiß und wozu ich deshalb auch eine Meinung habe, das ist die westliche Geschichte, denn hier kenne ich schon unterschiedliche Frauenpositionen. Ich weiß, was Frauen hier zu Lande tun und worüber sie sich streiten. Deshalb kann ich auch Position beziehen dazu, wie das Thema ‚Terror und Krieg' derzeit hier im öffentlichen Diskurs symbolisch gedeutet wird. Und ich weiß, daß diese Interpretation keine ist, die mit den Themen der Frauen etwas zu tun hat. Ein paar Beispiele:

Bei den Terroranschlägen am 11. September sahen wir entsetzt die Bilder von den einstürzenden Wolkenkratzern im Fernsehen, und es war spontan allen klar, was passiert. Das Ereignis war so einmalig und unerwartet, daß noch nicht sofort mediale symbolische Bedeutungen darüber gegossen werden konnten. Und ganz spontan breitete sich ein Gefühl und eine Einsicht aus, die eigentlich eine weibliche ist, in diesem Moment aber allen Menschen verständlich war: Ohnmacht. Die Erkenntnis, daß wir als Menschen in einer hochtechnisierten Welt mit hohem aggressiven Potential solchen Gefahren ausgeliefert sind. Wir können uns nicht hundertprozentig dagegen schützen, sondern wir müssen wohl mit diesen Gefahren leben und versuchen, sie möglichst gering zu halten. Dies war die unmittelbare Bedeutung, die die Menschen – Frauen wie Männer – diesem Ereignis im September gaben.

Ohnmacht, Schutzlosigkeit – das sind Erfahrungen, mit denen Frauen durch die Jahrhunderte hinweg gelernt haben, umzugehen, und auf die sie auch Antworten gefunden haben. Ohnmacht auszuhalten und sich einzugestehen, um Hilfe bitten zu müssen, nicht alles unter Kontrolle zu haben, auf gute Beziehungen mit anderen (und mit Gott) angewiesen zu sein – das ist zum Beispiel ein zentrales Thema der christlichen Mystikerinnen gewesen, und auch in der sogenannten Frauenliteratur des 19. Jahrhunderts finden Sie viele gute Ideen dazu. Am ersten Tag nach den Terroranschlägen war diese weibliche Erfahrung allgemein, aber es wurde leider nicht die weibliche Kompetenz im Umgang mit dieser Erfahrung abgefragt – was ich damals, vielleicht etwas naiv, erwartet hatte. Ich dachte: Jetzt können sie doch nicht mehr so weitermachen wie bisher, jetzt müssen sie doch einsehen, daß das Zurückschlagen nichts bringt, weil man dieser Gefahr so nicht begegnen kann. Aber ich habe mich leider geirrt. Schnell, innerhalb von ein bis zwei Tagen, schob sich über diese weibliche Bedeutung der Anschläge – wir sind schutzlos – die gegenteilige, männliche Parole: Wir sind nicht ohnmächtig, wir sind die Stärkeren, wir lassen uns nicht unterkriegen, wir schlagen zurück. Die Terroranschläge vom 11. September haben die Welt leider nicht verändert, auch wenn das manchmal immer noch behauptet wird, sondern es geht so weiter, wie bisher.

Ein anderer zentraler Begriff der weiblichen Kultur ist Zivilisation. Nach männlicher Interpretation ist Zivilisation offenbar eine in sich homogene Gesellschaft, die zivilisiert ist, weil sie gewisse Gesetze, Regeln, Bekenntnisse hat, die irgendwo niedergeschrieben sind und von offiziell anerkannten Gremien hochgehalten werden. Die Basis für Zivilisationen ist jedoch das, was im Alltagsleben geschieht, die Tatsache, daß Menschen lernen, miteinander umzugehen, daß ihnen beigebracht wird, Konflikte offen auszutragen und nach guten Lösungen im Sinne des Wohles aller Beteiligten zu suchen. Das geschieht nicht in Parlamenten (die geben eigentlich dauernd Beispiele für das Gegenteil), sondern in Schulen, in Familien, in Kindergärten, in Büros, beim Einkaufen, im konkreten Zusammenleben, überall da eben, wo Menschen mit unterschiedlichen Interessen miteinander leben. Und an diesem Zivilisierungsprozeß sind Frauen ganz maßgeblich beteiligt, es sind mütterliche Tätigkeiten.

Auch in Afghanistan ist das natürlich so, auch da gibt es Zivilisation, auch da gibt es Familien, auch da werden Kinder erzogen, und Konflikte werden gelöst. Daher ist es falsch, wenn in Flugblättern anprangert wird, die Männerherrschaft der Taliban hätte die Frauen in Afghanistan ausgeschaltet. Das stimmt nicht, sie haben es vielleicht versucht, aber es ist ihnen nicht gelungen, denn das gelingt ihnen nie. Keine Gesellschaft funktioniert ohne die Frauen. Das ist es, was wir lautstark betonen müssen und worauf wir aufbauen können. Es ist ein symbolisch falscher Weg, die Hilflosigkeit von Frauen hervorzuheben, in der trügerischen Hoffnunh, die Herren von der UNO oder irgend einer Regierung würden dann besser für uns sorgen. Wenn ich in einer Charta zur Verteidigung der Frauen in Afghanistan lese, daß während der Taliban-Herrschaft „jede Spur von Zivilisation in diesem Land vernichtet“ wurde, dann ärgere ich mich: Denn das ist falsch. Die Befreiung Kabuls und das fast umgehende Wiedererwachen des öffentlichen Lebens, die Radios, die Schminke, das Tanzen – all das ist offensichtlich auch durch die Jahre der Gewaltherrschaft bewahrt worden, ein Werk der Mütter und der Frauen. Selbst wenn sie versklavt sind, leisten Frauen dieses Werk der Zivilisation. Es ist wichtig die Bedeutung dieser Tatsache immer wieder hervorzuheben.

Es gibt nicht zivilisierte und nicht-zivilisierte Gesellschaften, sondern es gibt in jeder Gesellschaft zivilisierte Anteile und unzivilisierte Anteile, und die zivilisierten Anteile spielen sich normalerweise nicht auf der politischen Bühne ab, sondern im Alltag, dort, wo Frauen aktiv sind und wo sie einen großen Anteil daran haben, dieser Zivilisation eine Grundlage zu geben. Auf dieses weibliche Werk der Zivilisierung bezieht sich übrigens auch ein FrauenKirchenManifest zur aktuellen Lage der Welt. Es ist auf einer Mailingliste entstanden, die seit einiger Zeit schon an dieser neuen, weiblichen symbolischen Ordnung arbeitet. Ich möchte Ihnen dieses Manifest ans Herz legen.[1]

Ein dritter Punkt, der mir einfällt, ist Effektivität. Wenn es so ist, daß Gruppen von unberechenbaren jungen Männern die Möglichkeit haben, Zerstörung in einem solchen Ausmaß wie in New York anzurichten, dann muss etwas dagegen unternommen werden. Das Bedürfnis nach Schutz ist eines, das viele Frauen haben, auch, weil sie Verantwortung für Kinder und andere Menschen tragen. Ihr Kriterium dafür ist jedoch das der Effektivität, nicht das von Ehre und Männlichkeitsgehabe. Sie sind sich dabei nicht zu schade, andere davon zu überzeugen, Dinge umzusetzen, die sie selbst erreichen wollen. Dies zu tun ist für Frauen kein Gesichtsverlust. Frauen fragen: Wie kann ich die Dinge zum besseren verändern? Und sie sind sich da nicht zu schade, wenn es darauf ankommt, sich selbst als Persönlichkeit zurückzunehmen, um der Sache willen. Auch dies ist ein Wissen, von dem Politiker in einer solchen Situation hätten lernen können.

[1] Das FrauenKirchenManifest findet sich im Anhang dieses Bandes (Anmerkung der Herausgeber).

Es gibt vermutlich noch viel mehr Punkte, an denen ein freies, weibliches Denken ganz andere Bedeutungen für Ereignisse wie Terror und Krieg findet. Feministische Philosophinnen nennen das: Die Arbeit an einer weiblichen symbolischen Ordnung, an der wir uns orientieren können, wenn wir uns nicht mehr an den symbolischen Ordnungen des Patriarchats orientieren wollen, die eher Unordnungen sind. Daran sollten wir alle uns aktiv und laut und engagiert beteiligen.

Lassen Sie mich zum Schluß noch einmal zusammenfassen: Es ist keineswegs so, daß es eine einheitliche weibliche Meinung zu bestimmten politischen Fragen gibt, etwa zur Frage nach dem Krieg, zur Frage, wie der Wiederaufbau in Afghanistan vonstatten gehen soll, wie wir im Westen auf die neue Situation reagieren sollen. Wir sollten deshalb auch keine entsprechenden Stellungnahmen verfassen und Forderungen im Namen ‚der Frauen' erheben.

Worauf es ankommt ist, daß sich möglichst viele Frauen an der Arbeit an einer neuen symbolischen Ordnung beteiligen, daran mitarbeiten, dafür öffentlich und laut eintreten, indem sie von sich selbst ausgehen und als Frau daran mitwirken, die Ereignisse ernst zu nehmen, ihnen eine Bedeutung zu geben, ein Urteil zu fällen, gerade auch in der Auseinandersetzung mit anderen Frauen. Dies ist wichtig – nicht im Interesse der Frauen, sondern im Interesse der Welt! Ich vermute, daß mir gerade in diesem Punkt viele Afghaninnen recht geben würden, denn in der westlichen Geschichte, in der ich mich auskenne, war es zumindest immer so, daß Frauen in Kriegs- und Krisenzeiten weniger an sich selbst dachten, als daran, eine gute Lösung für die anstehenden Probleme zu finden. Die Männer machen das natürlich anders, es war ja schon fast ekelhaft, wie schnell die einzelnen Interessensgruppen versucht haben, aus den schrecklichen Ereignissen den größtmöglichen Profit für sich selber zu schlagen. Daran sollten wir uns wahrlich kein Beispiel nehmen.

Darüber, was für die Welt gut ist und wie wir die anstehenden Probleme lösen können, darüber müssen wir Frauen untereinander streiten – nicht mit den Männern. Christinnen und Musliminnen, konservative und liberale Frauen, Pazifistinnen und Befürworterinnen eines Kriegseinsatze, Mütter und Töchter, Familienfrauen und

Frauen, die in Frauengruppen aktiv sind. Das, was wir überhaupt nicht brauchen, ist weibliche Solidarität. Wir brauchen kein einheitliches Auftreten der Frauen. Denn wenn wir versuchen, einen gemeinsamen Nenner zu finden, dann werden wir unsere Unterschiede verwischen, wir verlieren unsere Themen, unsere Stellungnahmen werden banal und vorhersehbar, und wir verlieren die wirklichen Probleme der Menschen und der Welt aus den Augen. Wir werden zu einem Spielball männlicher Interessen, werden instrumentalisiert und vor allem: Wir werden keinen Erfolg haben. Unsere Forderungen und Erklärungen werden dazu dienen, die eine oder andere Seite zu schmücken, aber sie werden nichts zur weiblichen Freiheit beitragen.

Was wir brauchen, ist die freie Auseinandersetzung unter Frauen darüber, was ihnen wichtig ist, was sie wollen, was sie glauben, was sie tun. Wir sollten nicht versuchen, etwas auf einen gemeinsamen Nenner zu bringen, wofür es keinen gemeinsamen Nenner gibt: Die Vielfalt der weiblichen Perspektiven, die Fülle unserer Erfahrungen, den Reichtum unserer Unterschiedlichkeit. Diesen Reichtum müssen wir sichtbar machen. Sprechen wir in erster Person von unseren Erfahrungen und Erlebnissen, und hören wir anderen zu, die anderes zu sagen haben. Lassen wir uns nicht vom patriarchalen Denken in die Solidaritätsfalle locken, damit sie uns dann wieder alle über einen Kamm scheren und für ihre Interessen vereinnahmen können. Sprechen wir nicht *für* die Frauen, sondern *als* Frauen, und zwar wo immer wie können, jede an dem Ort, an dem sie aktiv und engagiert ist. Und setzen wir uns dafür ein, daß immer mehr Frauen überall auf der Welt nicht nur im Verborgenen handeln, aufräumen, helfen und die Dinge in Ordnung bringen, sondern daß sie das selbstbewußt als Frauen und öffentlich tun. Setzen wir uns dafür ein, daß Frauen als Frauen sprechen – und hören wir hin, was sie zu sagen haben, auch wenn wir anderer Meinung sind.

Nicht nur wir, die Frauen, brauchen das, sondern die Welt. Denn es ist inzwischen ziemlich klar, daß die alten Männerregeln und Clans die Probleme dieser Welt nicht lösen können.

II
Opfer

Die Religion und der Terror
Fragen an Jozef Niewiadomski*

Hans Baumgartner

Baumgartner: *Seit Monaten halten Selbstmordattentäter Israel in Atem. Nun haben sie die ganze Welt erschüttert. Wieweit sind für diesen Terror auch religiöse Motive mitverantwortlich?*
Niewiadomski: Wenn man sich diese Attentate anschaut, dann wird klar, daß viele Menschen mitgetan haben mußten, damit das ‚gelingt' – und zwar Menschen von einer durchaus hohen (technischen) Intelligenz – und daß dafür eine lange Vorbereitung nötig war. Für mich ist eine derartige Anstrengung und eine solche Gruppensolidarität, daß der Plan nicht nach außen durchsickert, nur denkbar, wenn dieses Tun auch von einer ‚spirituellen' Haltung getragen wird. Das heißt, wenn diese Gruppe ihr Handeln nicht nur als ein Unternehmen begreift, für das man Lohn oder auch Ruhm erwartet, sondern wenn man dies auch als ein religiöses Unternehmen begreift. Von da her würde ich schon sagen, daß durch diese Anschläge eine Art von Religiosität sichtbar wird, die wir bisher in unserem Denken verdrängt hatten.
Baumgartner: *Aber ist das wirklich Religiosität oder nicht vielmehr die Perversion von Religion – auch des Islams?*
Niewiadomski: Wir haben heute in der Welt eine Reihe von sozialen, ethnischen und politischen Konflikten, in denen religiöse Aspekte auch eine Rolle spielen. Vielfach wird das auch von den verantwortlichen Religionsführern als Mißbrauch verurteilt. Anders sehe ich das im Zusammenhang mit dem Islam – auch wenn man immer wieder hört, das hätte nichts mit dem Islam als Religion zu tun. Meiner Meinung nach lebt der Islam als Großreligion heute in einem doppelten Konflikt. Zum einen leben zahlreiche islamische Staaten – und durch die enge Verknüpfung von Glaube und Politik in diesen Ländern auch der Islam als Religion – in einem Konflikt mit dem Westen. Dieser Konflikt ist vorwiegend wirtschaftlich, politisch und kulturell motiviert. Der Islam lebt

* Hans Baumgartner („Die Kirche") interviewt Jozef Niewiadomski (22.9.2001); erschienen in: *Kirche. Sonntagszeitung für die Diözese Innsbruck* 42 (2001).

aber auch – und das wird bei uns kaum beachtet – im Konflikt mit sich selbst, wenn es darum geht, was zur authentischen islamischen Tradition gehört. Und so gibt es bis heute die Tradition eines doppeldeutigen Martyriums. Das heißt, Menschen, die als Selbstmordattentäter im Kampf gegen die Ungläubigen sterben, gelten als Märtyrer und kommen direkt in den Himmel. Aus dieser Tradition, die in manchen Gruppen von Kindesbeinen an vermittelt wird, schöpfen Hisbollah oder Osama bin Laden ihre zerstörerische Kraft. Natürlich ist dieser Glaube nicht der Inbegriff des Islam, aber er gehört dazu.

Einen ähnlichen Konflikt gab es im Christentum Anfang des 5. Jahrhunderts. Es war die Auseinandersetzung des hl. Augustinus mit den Donatisten. Das waren die damaligen religiösen Terroristen, die gesagt haben, wenn wir verfolgt werden und sterben, dann sind wir Heilige – und von da her auch bewußt den Tod im Kampf gegen Ungläubige gesucht haben. Denen trat Augustinus mit aller Entschiedenheit gegenüber: Nicht das Getötetwerden macht den Märtyrer aus, sondern die Gesinnung, sein Einstehen für den Glauben an einen liebenden Gott – auch um den Preis des Lebens. Seit dieser Zeit gibt es im Christentum eine theologische Ächtung des religiösen Selbstmordes, die sich bis in die Gegenwart durchzieht. Jegliche Todes- und Opfersehnsucht bei einem potentiellen Märtyrer – etwa bei den Verfolgten der Nazis – gilt als Infragestellung des Martyriums. Genau diese Auseinandersetzung ist im Islam nicht entschieden. Und das hat der Westen bis heute nicht wahrhaben wollen: Er hat Selbstmordattentäter als skurrile Fanatiker betrachtet, aber übersehen, daß die Lehre vom Selbstmordmartyrium eine enorme spirituelle Kraft für Kleingruppen sein kann. Es handelt sich dabei um ein Phänomen, dem der moderne demokratische Staat mit seinen Gewaltmitteln nicht beikommen kann, denn der Täter nimmt die schlimmste denkbare Strafe, den Tod, schon vorweg.

Baumgartner: *Wie kann die demokratische Welt auf diese Bedrohung dann überhaupt antworten?*

Niewiadomski: Natürlich muß die demokratische Welt auf den religiösen Terror auch politisch antworten. Eindrücklich möchte ich aber davor warnen, diese Auseinandersetzung als ‚Kampf zwischen Gut und Böse', der alle Mittel rechtfertigt, zu führen. Denn dann begibt sich der Westen in Gefahr, unter umgekehrten Vorzeichen einen quasi-religiösen Kampf zu führen, was die Terroristen und ihre Mitläufer in ihrem ‚Glauben' nur bestätigt. Ich denke, daß wir in der Antwort auf diese Anschläge tiefer gehen müssen. Wir brauchen eine kritische ethische Hinterfragung der ‚Selbstgerechtigkeit' unseres wirtschaftlichen und politischen Systems. Und wir müssen uns ernsthaft fragen, welche Kräfte unser Sein und Handeln wirklich bestimmen, nachdem die Religion im öffentlichen Leben und in unserer Erlebnisgesellschaft zu einem Privathobby degradiert wurde. In der Auseinandersetzung mit anderen Kulturen ist es zu wenig, unser Wohlstands-Erfolgsrezept zu verkaufen. Diese Katastrophe fordert uns meines Erachtens zu einer Rückbesinnung auf die positiven Kräfte der Religion geradezu heraus. Gewaltminderung, Gewaltverzicht, Solidarität, soziale Gerechtigkeit, Menschenrechte, Achtung vor dem Leben – diese Grundwerte unserer Zivilisation bauen letztlich auf den Glauben an einen liebenden Gott. Wenn es stimmt, daß diese Terroranschläge sich gegen die westliche Zivilisation richten, dann kann die eigentliche Antwort darauf nur darin liegen, diese Zivilisation als eine ‚Kultur der Liebe' zu vertiefen und sie als Antithese zu Haß und Gewalt auch erfahrbar zu machen.

„An die, die mir die Augen schließen."
Gestern wurde das Testament des Attentäters Atta entdeckt. Eine Exegese*

Klaus Berger

Das FBI hat im fehlgeleiteten Gepäck des Terrorpiloten Mohammed Atta nicht nur den Befehl zum Anschlag auf das World Trade Center entdeckt, sondern auch Attas dreiseitiges Testament. Es stammt vom 2. April 1996.

Das Testament ist in 18 Punkte aufgeteilt. Es enthält zunächst ein grundsätzliches Bekenntnis zum Islam und besonders zur Auferstehung: „Zu meinem Angedenken sollen sie sich verhalten nach dem Vorbild Abraham, der seinem Sohn auftrug, als gute Muslim zu sterben." Es folgen Anweisungen in der Reihenfolge des üblichen Prozesses zwischen Tod und Begräbnis (Aufbahrung und Totenwache, Waschung und Einkleidung, Begräbnis). Erst ganz zum Schluß verfügt Atta, der am 11. September ein Flugzeug in das World Trade Center lenkte, über seinen Besitz. Seinem Wortlaut nach ist das Testament ein nicht unübliches Dokument strengen islamischen Glaubens. Von einem geplanten Attentat oder gar einem Selbstmordattentat ist mit keinem Wort die Rede.

So fehlt auch die bei den ‚Märtyrern' übliche Erwartung, direkt nach dem Tod ins Paradies zu gelangen. Es ist erst recht nicht anzunehmen, wie zu hören war, daß sich Atta zuvor einer ‚Gehirnwäsche' unterzogen habe. Alle Angaben, die Westeuropäern besonders merkwürdig vorkommen, finden sich zumindest ansatzweise schon in mittelalterlichen islamischen Dokumenten, auf deutsch leicht nachzulesen in der Sammlung *Das Totenbuch des Islams* des Iman Abd ar-Rahmin ibn Ahmad al-Quadi (Scherz-Verlag, 1981). So ist die Anweisung, *schwangere* Frauen und *unreine* Personen dürften nicht Abschied nehmen, bezogen auf die Angst vor Verunreinigung, der der Tote besonders intensiv ausgesetzt ist, da er sich nicht wehren kann. Denn er soll ja von den Engeln Gottes aufgenommen werden oder seine Seele soll in Gottes reinen Himmel aufsteigen. Aus Reinheitsgründen sollen auch

* Erschienen in: *Frankfurter Allgemeine Sonntagszeitung* (30. September 2001).

schon die Menschen, die den Toten aufbahren, gute Muslime sein.

Im übrigen ist der Wunsch nach der Abwesenheit Schwangerer nicht ‚gegen Frauen' gerichtet, vielmehr ist die Unreinheit, von der hier gesprochen wird, am besten verständlich, wenn man eine schwangere Frau als überaus schützenswert und gefährdet und daher als ‚tabu' ansieht. Mit einer Abwertung der Frau hat das nichts zu tun. Daß der, der die Genitalien wäscht, Handschuhe tragen soll, entspricht der ausgeprägten Furcht vor Berührung der Leichen, die schon im Mittelalter ausgeprägt war.

Daß Frauen bei der Beerdigung nicht dabei sein sollen, hat einen anderen Grund als die oben genannte Frauenregel. Schon im Mittelalter weiß man: „Der Fluch Allahs ... liegt auf Klagefrauen", und entsprechend werden ungute Geschichten über Frauen erzählt, die am Grab weinten. Der Islam wendet sich vor allem gegen ausufernde Klagen, also ausschweifende, laute Wehklagen und Gesänge. Dieser Deutung entspricht auch die direkte Fortsetzung in §12 des Testaments: „Die Beerdigung soll leise vonstatten gehen ...". Interessant ist in §17 das Verbot vom „Herumtragen von Sprüchen auf Papier". Hier geht es um das Verbot von Abwehrzauber (gegen Totengeister) – Zaubern ist im Islam wie im frühen Christentum verboten. Denn Gott und seine Barmherzigkeit sind zuständig und eben nicht Zauberei. Die Rede vom Tieropfer ist auch ein Topos in den orientalischen christlichen Totenliturgien. Die letzteren ersetzen das – wohl in älterer Zeit an dieser Stelle übliche – Tieropfer durch ein Weihrauchopfer; daher rührt im übrigen der extensive Weihrauchgebrauch bei katholischen Beerdigungen. Das Opfer ist in jedem Fall Zeichen der intensiven Zuwendung zu Gott. Übrigens hätte man in der jetzt vorliegenden deutschen Fassung statt „ich bin nicht verantwortlich für" übersetzen müssen: „... ich komme nicht auf für ..."

Zahlreich sind im übrigen die Übereinstimmungen des Testaments mit älteren christlichen Sterberiten und Begräbnisgewohnheiten: Dazu gehört das Beten für den Verstorbenen, besonders die Bitte um Vergebung (ausgeprägt auch in jüdischen Begräbnisri-[illegible] die Einkleidung des Toten in hell leuchtendes (Leinen-)Gewand. [illegible]uch nach christlicher Auffassung soll der Tote ja nach seinem Hinscheiden in Gemeinschaft reiner Engel sein, und dazu muß er nicht nur von Unreinheit frei sein, sondern auch ein leuchtendes

Himmelsgewand tragen. In der Anweisung, seiner „nicht nach 40 Tagen oder jährlich" zu gedenken, wendet sich der Verfasser des Testaments implizit, aber deutlich genug gegen den christlichen Brauch, der bei uns im (katholischen) Westen als ‚Sechswochenamt' nach 40 Tagen oder ‚Jahresamt' bekannt ist.

Aus alledem ist deutlich: Es hat keinen Sinn, bereits in diesem Testament aus dem Jahre 1996 irgendwelche abartigen Züge entdecken zu wollen. Wer das tut, kennt weder den Islam noch die eigene christliche Tradition, die mit dem Islam so vieles teilt, besonders auch den Glauben an die Auferstehung der Toten.

Zu den Todesfreiwilligen im Konflikt zwischen Israelis und Palästinensern und bei anderen Terroranschlägen*

Adel Theodor Khoury

Man nennt sie im deutschsprachigen Raum „Selbstmordattentäter", sie verstehen sich selbst als aufopferungsbereite Kämpfer des „Heiligen Krieges" (*djihad*), und ihre Gruppen bezeichnen sie als Märtyrer des Djihad. Was weckt bei ihnen diese extreme Bereitschaft, alles hinzugeben, damit ihr Volk seinen Zielen näher kommen kann?

Es geht in diesem Beitrag nicht darum, die tatsächlich vertretene Lehre der Djihad-Gruppen, aus deren Reihen sich die Todeskandidaten rekrutieren, darzustellen. Es geht auch nicht um die Rechtfertigung ihrer Aktionen im Hinblick auf die Lehre des Islams und auf die reellen Folgen für ihre Ziele. Es geht um die Darlegung der Grundsätze und Angaben der islamistischen Deutung der traditionellen Lehre des Islams, welche vielleicht benutzt werden, um ein solches Verhalten, wenigstens in den eigenen Reihen, zu rechtfertigen. Es sei auch gesagt, daß es hier nicht um die rein politische, sondern um die religiöse Seite des Phänomens geht.

Die Militanten unter den Islamisten berufen sich auf die Anweisungen des Korans im Hinblick auf die Pflicht zum Kampf gegen die Feinde des Islams. Der Koran nimmt ja gegenüber den Widersachern, die die Muslime mit ihrer Feindseligkeit verfolgten, ihnen den Zugang zu der heiligen Stätte zu Mekka verwehrten und sonst keine Abmachungen mit ihnen respektierten, eine härtere Haltung ein. Nach einer Zeit, in der der Koran nur einen bedingten Defensivkrieg gegen die Feinde vorschrieb, erklärte er dann doch den totalen Krieg gegen die unerbittlichen Gegner der islamischen Gemeinde. Die Muslime, so der Koran, sollen in den Kampf ziehen und für ihr Leben (vgl. Koran 8,30), für ihren Glauben (61,8) und für die Einheit ihrer Gemeinschaft (2,217) streiten. Denjeni-

* Erschienen in: *Freiburger Rundbrief* (1/2002).

gen, die durch ihre Beteiligung am Kampf ihre Glaubenstreue und ihren Gehorsam unter Beweis gestellt haben, wird der Lohn bei Gott verheißen, ob sie „getötet werden oder siegen" (4,74), ob sie „töten oder getötet werden" (9,111). Auf diese Weise werden die Muslime die ihnen von ihren Feinden angetane Gewalt zurückschlagen. So erfüllen sie ihre Pflicht, sich für die Rechte Gottes und für die Sicherung der Vorherrschaft des Islams einzusetzen. Endziel ist, daß der Islam allein die Oberherrschaft über alle übrigen Religionen und Gemeinschaften erlangt (vgl. Koran 9,33; 61,9; 48,28).

Auf diesen koranischen Bestimmungen und Zielsetzungen beruhen die Angaben des islamischen Rechtssystems in der klassischen Zeit. Nach diesem Rechtssystem haben die Muslime die Pflicht, ihr eigenes Gebiet gegen die Angriffe der Feinde zu verteidigen; denn kein islamisches Land darf an die Nicht-Muslime verloren gehen. Darüber hinaus sollen die Muslime sich aktiv einsetzen, um auch im Gebiet der Nicht-Muslime dem Gesetz Gottes zum Sieg zu verhelfen und die Rechte Gottes zur Geltung zu bringen.

Wenn das islamische Gebiet sich gegen einen massiven Angriff verteidigen muß, um seine Existenz zu sichern, dann sind alle Muslime gerufen, zum Schutz ihres Gebiets zu kämpfen und sich so für die Sache Gottes einzusetzen. In weniger dramatischen Situationen geht man davon aus, daß die Pflicht zum Heiligen Krieg nicht den einzelnen, sondern dem Staat und der Gemeinschaft als solcher obliegt und daß dieser Pflicht Genüge getan wird, wenn an einem Ort, irgendwo in der Welt, Bemühungen um die Ausbreitung des Machtbereichs des Islams unternommen werden.

Zur konkreten Kriegsführung gibt der Koran einige Anweisungen, deren Zweck es ist, die grundsätzliche Bereitschaft des Islams zum Frieden unter Beweis zu stellen. So wird den muslimischen Kämpfern deutlich gemacht, daß sie nur dann einen Heiligen Krieg führen, wenn sie „auf dem Weg Gottes" kämpfen, d.h. im Sinne Gottes, um Gottes willen, nicht um Beute zu machen oder irdische Interessen bzw. rein politische Ziele zu verfolgen (vgl. 4,94: Sie sollen nicht handeln „im Trachten nach den Gütern des diesseitigen Lebens"). Es gehört zu den Bemühungen des Korans und der

Tradition des Propheten Muhammad, eine Humanisierung des Gesetzes zu erreichen. So wird den Kämpfern des Krieges eingeschärft, sie sollen „nicht maßlos im Töten" sein (Koran 17,33). Nichtbeteiligte an den Kampfhandlungen, wie ältere Menschen, Frauen und Kinder, dürfen niemals Ziel von Angriffen sein, so die Vorschriften des religiösen Gesetzes.

Dies soll verdeutlichen, daß es gilt, auch inmitten der bewaffneten Auseinandersetzung bereit zur Versöhnung zu sein, sobald die Feinde mit ihrem feindseligen Treiben aufhören: „Wenn sie aufhören, dann darf es keine Übertretung geben, es sei denn gegen die, die Unrecht tun" (2,193). Der Koran macht nämlich deutlich, daß ihm der Friede als das eigentliche Ziel des Einsatzes für die Sache Gottes und seiner Religion gilt. Er befiehlt, nur die zu bekämpfen, die nicht bereit sind zum Frieden. Diejenigen aber, die bereit sind, den Kampf zu beenden und Frieden zu schließen, sollen auch mit friedvollem Verhalten von seiten der Muslime behandelt werden: „Wenn sie sich von euch fernhalten und nicht gegen euch kämpfen und euch Frieden anbieten, dann erlaubt euch Gott nicht, gegen sie vorzugehen" (4,90; vgl. 4,94; auch 8,61).

Wenn man sich diese Angaben aus dem Koran und dem traditionellen Rechtssystem des Islams vergegenwärtigt, so kann man sich einige Aspekte der Geisteshaltung des todeswilligen Kämpfers im Konflikt zwischen Palästinensern und Israelis vorstellen. Angesichts der bedrohlichen Bedrängnis der Palästinenser, wie sie von ihnen empfunden und erlebt wird, wollen sie für die Sache ihres Volkes kämpfen. Sie verleihen dieser Situation eine besondere Brisanz, indem sie sie zur Existenzfrage der islamischen Gemeinschaft machen, und sie verleihen ihrem Einsatz eine besondere religiöse Weihe, indem sie ihren Kampf als Einsatz für die Sache Gottes und als Kampf für die Sache des Islams deklarieren. Daher sind sie bereit zum Martyrium, zum Opfer ihres Lebens für die heilige Sache.

Das traditionelle Rechtssystem spricht auch vom *Frieden* zwischen den Muslimen und ihren Feinden. Danach ist der Friede der zu erreichende Endzustand der Auseinandersetzung zwischen dem islamischen Staat und den nicht-muslimischen Gemeinschaften. Der Friede wird erst erreicht und gilt erst als endgültig, wenn das Gebiet des Islams außer Gefahr ist und seinen Herrschaftsbereich bis an die Grenzen der Erde ausgedehnt hat. In der Zwischenzeit bleiben die Beziehungen des islamischen Staates zu den anderen Ländern im Grundsatz der legalen Auseinandersetzung. Dies bedeutet jedoch nicht, daß der Islam sich in ständigem aktiven Kampf gegen die Nicht-Muslime befindet oder einen Dauerkrieg gegen die fremden Völker führen muß. Dies bedeutet auch nicht, daß der islamische Staat keine Beziehungen irgendwelcher Art mit den anderen unterhalten darf. Verträge und Abkommen dürfen geschlossen, Vereinbarungen getroffen und kulturelle und wirtschaftliche Beziehungen aufgenommen werden. Aber diese Kontakte und Beziehungen beinhalten in der Einschätzung des klassischen Rechtssystems des Islams keineswegs die Anerkennung der Legitimität der fremden Staaten. Mit der Aufnahme solcher Beziehungen wird lediglich der Tatsache Rechnung getragen, daß auch in den nicht-islamischen Staaten, solange sie bestehen, eine gewisse Autorität und eine gewisse soziale und politische Ordnung vorhanden sein müssen. So ist man bereit, die bestehende Ordnung zur Kenntnis zu nehmen und mit der jeweiligen Regierung im Interesse der Muslime in Kontakt zu treten und vorübergehend friedliche Beziehungen zu vereinbaren. Die Zulässigkeit ausgehandelter Verträge und vereinbarter Friedenszeiten bedeutet nicht die Gleichstellung nicht-islamischer Länder mit dem islamischen Staat. Vorübergehende und befristete Friedenszeiten sind nur eine Pause auf dem Weg zur Festigung der völligen Herrschaft des Islams in der Welt. Dieses Ziel ist zwar schwer zu erreichen und man muß davon ausgehen, daß im Normalfall der Einsatz für die Sache des Islams in seinem aktiven Ausdruck nur zu einer ruhenden, nicht aktiv betriebenen Pflicht wird. Die Alternative zum aktiven Kampf wäre in diesem Fall die Suche nach einem stabilen Frieden.

Ausgehend von dieser pragmatischen Haltung und in Anbetracht mancher Akzente in der Argumentation der islamischen Rechtsgelehrten betonen zeitgenössische Denker in der islamischen Welt die Priorität des Friedens nicht nur als Endzustand, sondern als Normalzustand der Beziehungen der Menschen und der Gemeinschaften zueinander. Sie verweisen gerne auf die Umdeutung der Pflicht zum Kampf, der bereits im Mittelalter stattgefunden hat. Theologen, geistliche Lehrer und sogar Rechtsgelehrte bezeichneten damals den Krieg als den „kleinen Einsatz“. Der „große Einsatz“ sei geistlicher Natur und bestehe in einer dreifachen Anstrengung: im Einsatz des Herzens, d.h. in der täglichen Bemühung um einen aufrichtigen Glauben und einen treuen Gehorsam, im Einsatz der Zunge, d.h. in der Ermunterung der Guten und Zurechtweisung der Bösen, endlich im Einsatz der Hand, d.h. im sozialen Dienst und in der sozialen Wohltätigkeit. Schließlich sei die friedliche Verkündigungs- und Missionstätigkeit ein vorzügliches Mittel, den Islam in der Welt zu verbreiten.

Aber auch die Theorie des Krieges selbst – wie bereits oben erwähnt – enthält Momente, die die Priorität des Friedens betonen. Denn der Friede sei die Chance der Nicht-Muslime und die Chance der Muslime selbst, die Botschaft des Islams zu Gehör zu bringen. Er diene in höchstem Maße den Interessen der islamischen Gemeinschaft.

Welche Rechtfertigung für ihr Verhalten die Mitglieder der militanten Djihad-Gruppen auch präsentieren, sie genießen nicht – wie die Medien zu berichten wissen – ohne weiteres die Bejahung und Unterstützung anderer palästinensischer Gruppen, welche auch ihrerseits die politischen Ziele ihres Volkes zu erreichen suchen.

Vom religiösen Standpunkt der militanten Muslime selbst her, stellt sich die Frage, ob bei ihnen die Grenze zwischen den rein politischen Zielen und den religiösen Motiven nicht allzu leicht überschritten wird, so daß sie ohne überzeugende Berechtigung ihre Politik und ihre politischen Vorstellungen einfach mit der religiösen Autorität und Verbindlichkeit versehen. Auch und vor allem Unbeteiligte an Kampfhandlungen werden oft bei diesen spektakulären Aktionen getroffen. Die Frage ist hier, ob Bombenlegen in dieser Form wirklich den Bestimmungen des religiösen Gesetzes im Islam noch entspricht?

Und wie steht es mit der Vorschrift des Korans, nicht maßlos im Töten zu sein? Ist das, was mit solchen Bomben geschieht, eine angemessene Antwort auf die Gewaltanwendung der gegnerischen Seite, oder wird hier nicht die Grenze zur Maßlosigkeit überschritten?

Eine letzte Frage beschäftigt die Menschen in der Welt, die die Leiden der beiden Seiten teilen: Wie kann man den Weg zu einem gerechten Frieden ebnen? Wenn der Koran den Frieden als das eigentliche Ziel der Handlungen der Kämpfer des Islams bezeichnet, dann müssen auch die Muslime sich bemühen, den Weg des Friedens, auch wenn er dornig ist, zu gehen. Helfen solche Todesaktionen, welche Fluten von Haß und Vergeltungsdrang auslösen, wirklich zur Beruhigung der Atmosphäre, zur Förderung der Vernunft und der Bereitschaft zur Versöhnung?

Die Antwort auf die aufkommenden Fragen könnte vielleicht und hoffentlich dem Frieden im Nahen Osten eine kleine Tür öffnen, damit endlich die Spirale der Gewalt von beiden Seiten durchbrochen werden kann, der Wille zur Versöhnung von beiden Seiten deutlich und der Weg zu einem gerechten Frieden beschritten wird.

In beeindruckender Weise hat einmal der in der islamischen Welt wie in den westlichen Ländern angesehene Gelehrte des Islams, der frühere Dekan der Theologischen Fakultät der Azhar-Universität und jetzige Minister für Religiöse Stiftungen in Kairo, Prof. Mahmoud Zakzouk, seine Überzeugung ausgedrückt: „Der Islam will den Frieden. Und der Weg zum Frieden ist auch der Friede.“

Selbstopfer*

Arnold Angenendt

Seltsam genug: Wir Menschen sind mächtiger zum Tod als zum Leben, denn niemand vermag sich selbst ins Leben zu bringen, wohl aber sich selbst zu töten. Wenn aber jemand sich gar aus religiösen Motiven ‚opfert', also sich zum Märtyrer macht, dann – so der Züricher Religionshistoriker Walter Burkert – bewirkt das einen ungeheuren Effekt. Einen solchen Effekt erleben wir zur Zeit. Unser Erschaudern resultiert aus der Entschlossenheit zu der doch unumkehrbaren Selbsttötung. Wer solches tut, ist eben zu allem und sogar zum letzten fähig. Eine unausschöpfliche Quelle nutzbarer Energie erschließt sich hier, und diese Quelle ist in der Vergangenheit genutzt worden und wird weiter genutzt werden. Als Zehnjähriger habe ich deutsche Soldaten erlebt, die für Führer, Volk und Vaterland bis zur letzten Patrone schossen, bis sie dann selbst zerfetzt dalagen. Wir sprechen im Nachhinein von ideologischer Verirrung, und schwören: Nie wieder! Jahre später lernte ich jenen alliierten Offizier kennen, der damals meinen Herkunftsort eroberte. Der inzwischen zum Oxford-Professor Aufgestiegene war von Hause her Jude aus Düsseldorf, der im Kampf gegen Hitler sein Leben zu opfern riskiert hatte. Darum als erstes Fazit: Das Selbstopfer kann menschliche Verblendung sein – das Selbstopfer kann notwendiger Heroismus sein. Es ist doppeldeutig und bedarf darum eines Kriteriums.

Dieses Kriterium liegt allerdings nicht von vornherein auf der Hand. Biogenetisch kann heute gesagt werden, daß uns Menschen „das Oper des kleinen Verlustes", erbracht um das Ganze zu retten, angeboren sei, vergleichbar dem Fuchs, der sich in der Falle die gefangene Pfote abbeißt. So auch opfere der Menschenkörper einzelne Glieder zugunsten des Ganzen. Wir kennen das aus der Bibel: Es ist besser, daß einer für das Volk stirbt, als daß das ganze Volk zugrunde geht. Darf man nun, soll man gar oder muß man einen einzelnen Schurkenstaat-Diktator oder Terroristen-Anführer

* Der Text basiert auf einem Beitrag, der im *Tagesspiegel* (11.11.01) veröffentlicht wurde.

beseitigen, um das Ganze der Welt zu retten? Das klingt plausibel.

Nur: Haben nicht umgekehrt die Selbstmord-Piloten dasselbe gewollt, nämlich zur Rettung der Welt einen religiös-moralischen Fäulnisherd auszumerzen! Von Mohammed Atta, der das Flugzeug in den Nordtower des World Trade Centers gesteuert hat, sind persönliche Aufzeichnungen aufgetaucht, darunter Anweisungen für die letzte Nacht: „Du sollst beten und fasten", heißt es in dem Text, „du sollst Gott um Hilfe und Geleit bitten, rezitiere den Koran, reinige dein Herz und säubere es von allen irdischen Dingen, die Zeit des Vergnügens und der Verschwendung ist vorbei, der Augenblick des Gerichtes ist gekommen, wir müssen diese wenigen Stunden nutzen, um Gott um Vergebung zu bitten, du mußt davon überzeugt sein, daß dir nur noch wenige Stunden bleiben" und „von da an wirst du ein glückliches Leben beginnen, das unendliche Paradies". Wo also liegen die Kriterien? Stammen die falschen aus Fanatismus, ob nun für Religion oder Ideologie? Tatsächlich dürfte das Bewußtsein, im Namen des höchsten Gottes oder unfehlbarer Lehren die Welt vor ihrem Verderben zu erretten, von überwältigender Erhabenheit sein, demgegenüber das eigene Leben geradezu nichtig erscheint. Also weiter die Frage, wo die Kriterien zu finden sind. Emil Durkheim, in Frankreich der Begründer der Religionssoziologie, postulierte „Aufopferung des einzelnen für die anderen", etwa bei der wissenschaftlichen Forschung. Tatsächlich hat sich zum Beispiel W.C. Roentgen beim Experimentieren mit den von ihm entdeckten Strahlen den Tod geholt. Also Selbstopfer zum Segen der Menschheit! Doch wäre ebenso ein aufopferungsbereites Experimentieren mit Vernichtungswaffen denkbar, etwa mit solchen von raffiniert heimtückischer Wirkung wie bei biologisch-chemischen Kampfmitteln. Das Sichaufopfern für pure Wissenschaft kann es somit auch nicht sein.

Vielmehr sind entscheidend die Ethik-Motive: aus welchem Antrieb und mit welchen absehbaren Folgen gehandelt wird. Der Bielefelder Soziologe Niklas Luhmann hat einmal gesagt, beim Menschen gebe es sogenannte „zuerst einfallende Denk- und Handlungsweisen". Damit meint er ein reaktives Verhalten, spontan und instinktiv: Mich stößt, übervorteilt, demütigt einer, dann ‚reagiere' ich. Dazu braucht man nicht nachzudenken, braucht man keinen Vorsatz. Die ‚Reaktion‘ erfolgt quasi automatisch. Rache ist in diesem Sinne der Rückschlag auf uns Angetanes, beim Menschen wohlüberlegt, möglichst im günstigen Augenblick und spiegelbildlich: Wie er mir, so ich ihm. Haß steigert sich noch weiter bis zur Vernichtung: Der andere ist gänzlich verdammenswert, muß darum vernichtet werden. Unglücklicherweise belohnt unsere ‚reaktive‘ Natur Rache und Haß auch noch emotional: „Dem habe ich es gegeben" – das ist die gesättigte Lust daran, daß man den anderen gepackt hat. Dieses reaktive Verhalten von Rache und Haß kann zusätzlich kombiniert werden mit dem religiösen Selbstopfer und der Erwartung einer höchsten Belohnung durch Gott. Dann aber entsteht ein Sprengstoff, der die Welt in die Luft zu jagen vermag. Darum der Einwand: Es dürfe eben keine Religion solche Opfer verlangen. Aber gerade die drei abrahamitischen Hochreligionen, nämlich Judentum, Christentum und Islam, verträten einen Alleinanspruch auf Wahrheit und Richtigkeit, derentwegen man sich opfern müsse; notwendigerweise führe das zu Intoleranz, ja zu Gewalt gegen angebliche Gottesfeinde. Jan Assmann bezeichnet die von Moses veranlaßte Tötung der Anbeter des Goldenen Kalbes als „Urszene religiöser Gewalt". Im Namen des Alleingottes zu töten muß aber keineswegs aus Rache oder Haß geschehen. Doch wie immer – ein Lob sei auf den Polytheismus anzustimmen, so der Gießener Philosoph Odo Marquard: statt Monomythie vielmehr die Gewaltenteilung auch in der Religion. Möglicherweise hat sich Atta von göttlich legitimierter Gewalt leiten lassen wollen. Ist aber nun angesichts seines Attentats das religiöse Selbstopfer ein für allemal abqualifiziert?

Tatsächlich gibt es auch das andere Selbstopfer. Im Neuen Testament sagt Jesus: „Mein Leben – hingegeben für Euch". Die Bergpredigt erweist sich mehr denn je als welthistorischer Text: Stifte Frieden, laß dir den Schlag gefallen, halte auch noch die andere Backe hin! Gefordert wird die Bereitschaft, sich teilweise oder sogar ganz zu opfern – aber für Frieden und Gerechtigkeit, geboren aus der Liebe. Schon alltägliche Beispiele zeigen die Notwendigkeit: Menschen kümmern sich um andere – die Eltern um die Kinder, die Lehrer um die Schüler, der Arzt um seine Patienten. Viel stärker noch gilt dieser Selbsteinsatz in Extremsituationen, wo es um Leben und Menschenwürde geht: zur Hitlerzeit einen Juden verstecken, inhumane Befehle verweigern oder sich gar für andere erschießen lassen, wie eine französische Nonne im KZ Ravensbrück noch wenige Wochen vor Kriegsende oder wie derzeit die Shelter-Now-Mitarbeiter in Afghanistan ihr Leben riskiert haben. Es gibt sie also, die Selbstaufopferung, notwendigerweise schon im Alltag. Irgendwo auf einem Bahnhof terrorisieren Halbwüchsige einen kleinen Dunkelhäutigen; eine Frau mischt sich ein und erhält von einem Mann ein Kompliment ob solcher Courage. Wir beschwören diese Zivilcourage als notwendiges Element einer demokratisch-humanen Kultur. Für unser Zusammenleben tut sich hier eine unersetzliche Dimension auf: Auf dem Feld der Pädagogik, des Sozialen, der Politik und wo sonst noch immer ist ohne ein mehr oder weniger großes Maß an Aufopferung nicht auszukommen. Jede Stadt unterhält ein Büro zur Förderung von Ehrenamtlichkeit, also von Tätigkeiten, die nichts einbringen und unter Umständen viel abverlangen. Es bedarf des Engagements, des Mehr über Routine und Üblichkeit hinaus, und das kostet immer auch ein Stück eigenes Leben. So aber sagen es auch die Religionshistoriker: Opfer ist Übertragung von Leben, denn eigenes Leben kommt aus der Lebenshingabe anderer.

Als Richtmaß haben wir die Menschenrechte, für deren Einhaltung wir das Selbstopfer sogar einklagen. Den KZ-Wächtern und Mauerschützen verlangen wir ab, daß sie der Humanität wegen Befehlsverweigerung hätten leisten müssen, selbst auch bei persönlichen Nachteilen, ja bei Lebensbedrohung. Rudolf Höss, der Kommandant von Auschwitz, klagte sich nach seinem Prozeß selbst an, zum Ausstieg nicht fähig gewesen zu sein. Insofern verlangen die Menschenrechte durchaus Opfer, bis hin zum Lebenseinsatz, sogar auch bei NATO-Einsätzen. Denn den mit der Waffe Kämpfenden, sofern es für Recht und Menschlichkeit geschieht, gehört doch auch Respekt gezollt. Wir begreifen neu, daß man sie nicht pauschal ‚potentielle Mörder' nennen kann.

Die biblische Tradition begründet nochmals anders: Das Selbstopfer geschehe aus Liebe. Nun kann bekanntlich auch Liebe blind machen. Den Gesamtrahmen gibt die Humanität, oder biblisch: die Ausrichtung auf Gott, der ein Gott des Lebens ist und nicht den Tod des Sünders will. Die ‚Unvernunft' der Liebe eröffnet Chancen sogar, wie sie von der Humanität her nicht unbedingt zu erwarten sind. Denn bei völlig Heruntergekommenen, ob nun Einzelne oder ganze Gruppen, stellt sich ‚vernünftigerweise' das Bedenken ein, ob es sich mit solchen noch lohne. Mutter Theresa hat in Kalkutta faktisch nicht allzu viel verändert, und sie hätte sich das vernünftigerweise auch schon vorher ausrechnen können. In sozusagen blinder Liebe hat sie dennoch gehandelt. Auch die Menschenrechte verlangen im Letzten solche Liebe, denn sie wollen doch gerade den am schlimmsten Erniedrigten wieder aufhelfen.

Haß oder Liebe – das sind evidente Unterschiede, und doch liegen in der Religion beide Seiten immer gefährlich nahe beieinander. Auch das Christentum kannte den Ruf: „Schlagt die Heiden tot." Dem aber baut das Neue Testament zwei Sperren vor: Einmal das Gleichnis vom Unkraut im Weizen: „Laßt beides wachsen" (Mt 13,30), zum anderen die Bergpredigt: „Liebe deine Feinde" (Mt 5,44). Also: Atta lieben? Die altchristliche Auslegung machte hier die wichtige Unterscheidung: Ja, liebe Atta, aber verabscheue sein Attentat. Im Grunde ist damit vorformuliert, was die heutigen Menschenrechte verlangen: Grundrechte für jeden, auch gegenüber den größten Verbrechern. Insofern ist klar, was den Großmördern des 20. Jahrhunderts, Hitler, Stalin und Mao, hätte angetan werden müssen: ein gerechter Prozeß. Aber zuvor hätte man sie fassen müssen, und das wäre ja nur mit Gewalt möglich gewesen. Und hier eben zeigt sich auch das Problem des „Laßt beides wachsen", nämlich das Wachsenlassen nicht nur des Guten, sondern auch des Bösen. Nur: Ist dabei hinreichend die Unverfrorenheit krimineller, diktatorischer und terroristischer Energien realisiert? Der frühchristliche Radikalpazifismus ist bekanntlich aufgegeben worden zugunsten der Lehre vom gerechten Verteidigungskrieg, womit der Krieg dann doch wieder legitimiert war. Dennoch, hinzuarbeiten ist auf den Frieden und insofern gilt: „Nie wieder Krieg". In diesem Sinne ist und bleibt die Bergpredigt mehr denn je ein welthistorisch-aktuelles Ethikpostulat. An der Alternative, ob Haß oder Liebe, an der Fähigkeit, andere zu ertragen und doch auch Böses abzuwehren, entscheidet sich die Existenz unserer Welt.

Die Gärten der Märtyrer*

Navid Kermani

Am Morgen des 3. Oktobers 680 stand in der Ebene von Kerbela, im heutigen Irak, Hussein ibn Ali einem mehrere tausend Mann starken Heer des omaijadischen Kalifen Yazid gegenüber. Die Bewohner der aufsässigen Stadt Kufa hatten Hussein, den Enkel des Propheten und dritten Imam der Schiiten, der bis dahin ein zurückgezogenes Leben in Medina geführt hatte, zu Hilfe gerufen gegen den Kalifen, den sie als Tyrannen und Verräter an der Botschaft des Propheten verachteten. Die Muslime waren damals noch nicht formal in Sunniten und Schiiten geteilt. Erst der Konflikt zwischen Hussein und Yazid, dem Imam und dem Kalifen, hat dieses Schisma besiegelt.

Am 2. Oktober 680, nach islamischer Zeitrechnung dem 2. Muharram des Jahres 61, lagert Hussein nicht unweit vom Euphrat, wo ihn jedoch das omaijadische Heer aufspürt und ihm den Zugang zum Wasser versperrt. Als die Schlacht unvermeidlich geworden ist, entläßt Hussein – im sicheren Wissen um den Ausgang des bevorstehenden Kampfes und vom Durst bereits stark geschwächt – seine Gefährten aus dem Treueschwur und fordert sie auf, dem bevorstehenden Massaker zu entfliehen: Hussein will sie überreden, nicht den Märtyrertod zu sterben. Die 72 übriggebliebenen Gefährten weigern sich jedoch, Hussein allein der feindlichen Armee zu überlassen, und so ziehen sie am Morgen des 10. Muharram gemeinsam in eine Schlacht, die keiner von ihnen überlebt.

Es gibt kein historisches Ereignis, das die Schiiten stärker bewegt hätte als jene Schlacht von Kerbela. Symbolisiert Husseins Person das Gute, das Gerechte, das Unschuldige schlechthin, so steht sein Widerstand für jegliches Aufbegehren gegen Unterdrükkung und Tyrannei. Kein historisches Ereignis der schiitischen Geschichte – schon gar nicht die iranische Revolution von 1979,

* Gekürzte Fassung eines Vortrags, gehalten in der Berliner Volksbühne. Über die Wirkung des schiitischen Märtyrerkultes in der heutigen Politik hat Navid Kermani auch in seinem letzten Buch „Iran – Die Revolution der Kinder" (C. H. Beck) geschrieben. Erschienen in: *taz* (20.11.01).

die sich als ein Aufbegehren gegen den Yazid jener Zeit verstand – ist ohne den Hintergrund der Schlacht von Kerbela zu begreifen.

Noch der Alltag ist durchsetzt von der Symbolik jener Ereignisse. Wer im Sommer durch iranische Städte reist, wird überall große, eisgekühlte Bottiche finden und Einheimische, die Wasser anbieten. Die beinahe religiöse Verehrung des Wassers erklärt sich mit dem Durst, den Hussein in Kerbela gelitten hat. Wer auf Persisch einen Brief an Freunde und Verwandte unterzeichnet, schreibt nicht „Herzliche Grüße" oder „Alles Liebe", sondern „Qorbanat" – „Dein Opfer". Die Passion Husseins wurde zum Gründungsmythos im kulturellen Gedächtnis der Schiiten. Der Verrat an allem, für das der Prophet gestanden hatte, an seiner egalitären Botschaft und seinen direkten Erben ist für die Schiiten das Urereignis, aufgrund dessen sie die gesamte nachfolgende, mißratene und von den Sunniten usurpierte Geschichte deuten – ein Sündenfall der Menschheit als historisches Geschehen.

Im Laufe der Jahrhunderte bildeten sich bei den Schiiten rituelle Trauerzeremonien heraus, die jedes Jahr im Muharram begangen wurden. Nachdem 1502 mit den Safawiden zum ersten Mal eine schiitische Dynastie die Macht im Iran übernommen hatte, erhielten das Leiden und die Trauer, die unter sunnitischer Herrschaft eher eine Angelegenheit der privaten, häufig sogar verborgenen Glaubenssphäre waren, einen pathetischen und öffentlichen Charakter. Erst jetzt weiteten sich die Rituale zu spektakulären Prozessionen aus. Verbunden waren sie mit Selbstgeißelungen und Trauerrezitationen semiprofessioneller Sänger, später auch mit kunstvoll inszenierten Passionsspielen.

Die Safawiden haben die Trauerfeiern für Hussein nicht zuletzt aus machtpolitischen Gründen gefördert und ausgeweitet. Sie wollten die damals noch sunnitische Mehrheit der iranischen Bevölkerung an die Schia binden und den Haß auf den Islam der Sunniten schüren, der mit den Arabern und Osmanen identifiziert wurde. Der Schmerzenskult um Hussein war hierfür das geeignetste Mittel, denn die Passion und der Märtyrertod von Helden spielten schon in der vorislamischen Zeit in altiranischen Legenden sowie zoroastrischen Zeremonien und Trauergesängen eine große Rolle. Das Schicksal Husseins wurde in der safawidischen Ideologie zum Schicksal Irans.

Schuld und Bußritual

Die schiitischen Rituale der Trauer um Husseins Tod dienen aber auch der Buße über das Urversagen der Gemeinde, den Imam bei Kerbela im Stich gelassen zu haben. Das bringt etwas von einer vererbten, wohlgemerkt aber nachkoranischen Schuld in den Islam, der die Erbsünde an sich nicht kennt. Dem Koran zufolge wird der Mensch gut geboren, daher läßt sich aus dem Koran selbst auch keine Theologie der Erlösung entwickeln. Dagegen ist in der schiitischen Volksfrömmigkeit die Vorstellung verankert, daß jeder Schiit Schuld am Tode der Märtyrer trage, man jedoch durch die rechte Gesinnung der Buße, vor allem aber durch die Fürsprache eines Imams, eines Märtyrers also, Erlösung finden könne – und natürlich durch das Martyrium selbst.

Mag es heute beinahe vergessen sein, so hat das Christentum neben der Schia die ausgeprägteste Märtyrertheologie entwickelt. Unzählig sind die Legenden, die vom unerschrockenen frühen Christen künden, der in der Auseinandersetzung mit den Repräsentanten des römischen Imperiums lachend immer neue Folterqualen auf sich nahm. Im Mittelalter haben sich die Büßerrituale in Süd- und Westeuropa zu Massenphänomenen entwickelt, und wer heute Bilder aus der Prozessionswoche in Guatemala oder der Osterprozession in Sezze Romano mit denen der schiitischen Muharram-Rituale vergleicht, wird über die Ähnlichkeit staunen. Daß sich der Ablauf der Prozessionen und Passionsspiele und sogar einzelne Symbole wie der mitgeführte Stuhl und die Standarte gleichen, hat manche Forscher zu der These geführt, daß der Leidenskult im 16. Jahrhundert direkt aus Europa eingeführt worden sei. Für einen unmittelbaren Einfluß des Katholizismus auf die Schia gibt es dennoch wenig Anhaltspunkte, geschweige denn historische Belege. Eben weil sie bis heute nicht hinreichend erklärt ist, bleibt die Nähe der beiden Konfessionen, an deren Ausgang jeweils ein Martyrium steht, irritierend.

Im Unterschied zum Christentum aber hat der Gedanke einer erblichen Schuld für Schiiten seinen Ursprung auf Erden, nicht im himmlischen Uranfang der Menschen. Da der ‚Sündenfall' aus schiitischer Sicht in der Geschichte geschehen ist, nicht bereits im Himmel, wurde Erlösung von einer Minderheit auch revolutionär gedacht, als mögliche und anzustrebende Wendung gesellschaftlicher Zustände. Wo immer man in der schiitischen Welt des 20. Jahrhunderts gegen die Unterdrückung aufbegehrt hat, wurden Ritual und Symbolik der Aschura zum mächtigen politischen Faktor. Denn wer das Martyrium als Erlösung aus einem irdischen Jammertal betrachtet, für den verliert der Tod seinen Schrecken – damit konnte und kann politische Herrschaft nicht umgehen, ist doch ihr äußerstes Mittel, um sich zu behaupten, Folter und Tod.

Vom Martyrium Husseins und dem schiitischen Trauerritual führt noch kein direkter Weg zum Selbstmordattentat, aber beides bereitet den Boden, auf dem eine Sekte wie die Assassinen entstehen konnte. Als schiitisch-esoterischer Sonderkult haben sie im 11. Jahrhundert das Phänomen des Terroristen, der sich mitsamt seinem Opfer in den Tod reißt, in die islamische Welt eingeführt. Im ersten Golfkrieg hat der schiitische Märtyrerkult iranische Soldaten, darunter Kinder und Jugendliche, in die Minen der Irakis laufen lassen, den Ruf „Ya Hussein" auf den Lippen. Er hat dazu geführt, daß sich 1983 erstmals ein Mitglied der libanesischen Hisbullah zum Selbstmordattentat bereitfand. Sein Anschlag auf ihr Marine-Corps bewog die Vereinigten Staaten zum Abzug aus Beirut.

In Iran erfaßt die Mentalität des religiösen Selbstopfers aber auch säkulare, ja areligiöse Akteure. Sie treibt gerade heute im Iran viele Theologen, aber ebenso ganz und gar laizistische Intellektuelle und Studenten dazu, sich gegen alle Widerstände, trotz Drohungen, Verhaftungen und Ermordungen für Demokratie und Meinungsfreiheit, ja für einen säkularen Staat einzusetzen. Im Alltag äußert sie sich häufig als ausgeprägter Altruismus, der gerade europäische Reisende beeindruckt.

Aber wenn auch der Kamikazetäter eine, wenngleich marginale, gegen den Konsens der Gelehrten stehende Ausformung des allgemeinen schiitischen Märtyrerkultes ist, führt von dort aus eine direkte Linie zum 11. September? Manche Artikel im deutschen Feuilleton, die Parallelen zwischen den Assassinen und den Attentätern von New York und Washington zogen, legten das nahe. Allein, der Kette fehlt ein entscheidendes Glied.

Kette ohne Glied

Der Märtyrerkult ist ein dezidiert schiitisches Phänomen, er hat sich in der Opposition zur muslimischen Mehrheit überhaupt erst herausgebildet; viele seiner geistigen und rituellen Elemente sind dem sunnitischen Islam wesensfremd, so die Idee der Erlösung, der Buße, der Imitatio Husseins. Die Ideologie der Terroristen, was immer wir darüber wissen, ist hingegen dezidiert sunnitisch. Aus westlicher Perspektive mag der Unterschied geringfügig erscheinen, innerhalb des Islams könnte er größer kaum sein. Die Schiiten gelten sunnitischen Extremisten als Ketzer, und es ist kein Zufall, daß die Taliban, mit denen sich die Anführer von al-Qaida verbündet haben, vor drei Jahren Tausende von Hazara-Schiiten massakriert haben. Direkt kann die Linie, die von Hussein über die Assassinen zum Flug auf das World Trade Center führt, jedenfalls nicht sein.

Die Taliban und vor ihnen bereits die afghanischen Mudschaheddin haben selbst im Kampf stets auf die Vermeidung eigener Verluste geachtet. Die Idee des anzustrebenden Martyriums wurde von arabischen Freischärlern in den afghanischen Krieg gegen die Sowjetunion hineingetragen, äußerte sich seinerzeit aber nicht einmal bei ihnen im bewußt herbeigeführten Opfertod. Man weiß, daß Vertreter der Mudschaheddin in den Achtzigerjahren bei den Tamil Tigers nachgefragt haben, ob diese gegen Geld Selbstmordattentäter zur Verfügung stellen würden. Die Afghanen selbst kämpften tapfer, aber nicht mit Todesverachtung. Ein Indiz dafür, wie fern der schiitische Märtyrerkult ihnen ist, lieferte kürzlich ein Vertrauter des ermordeten Schah Massoud im Gespräch mit der *Frankfurter Allgemeinen Zeitung*. Auf die Frage, warum der Anschlag auf den ärgsten Widersacher der Taliban nicht zu verhindern gewesen sei, antwortete er, daß sie mit allem gerechnet hätten, nur nicht mit einem Selbstmordattentat. Die Begründung war verblüffend: Selbstmord und Selbstmordattentate widersprächen dem afghanischen Ehrenkodex und seien nicht einmal den verhaßten Taliban zugetraut worden.

In der Moderne sind Selbstmordattentate lange Zeit nur aus anderen als der islamischen Kultur bekannt gewesen, vor allem aus Japan natürlich, das dem Phänomen einen Namen gegeben hat. Deutlich mehr Selbstmordattentate wurden von Tamilen im Befreiungskampf auf Sri Lanka begangen. Noch häufiger ist das Phänomen nur noch in Kolumbien aufgetreten, wo meist Drogenbarone den Auftrag geben. Ideologische Motive finden sich dort kaum:

Indem der Auftragsmörder den eigenen Tod in Kauf nimmt, sichert er seiner bitterarmen Familie für viele Jahre den Lebensunterhalt.

In den muslimischen Ländern hätte bis vor zwei, drei Jahrzehnten kaum jemand etwas mit dem Begriff des Selbstmordattentäters anzufangen gewußt – schon gar nicht in der sunnitischen Welt, die dem schiitischen Märtyrerkult ohnehin distanziert gegenübersteht. Aber auch in der iranischen Revolution war das Selbstmordattentat praktisch ohne Bedeutung – im Gegensatz zur Idee des Martyriums als solcher, der Bereitschaft, ohne Waffen den Soldaten des Schahs entgegenzutreten. Der Märtyrerkult konnte in der religiösen Verblendung zu den Minengängern im iranisch-irakischen Krieg führen, aber er führte nicht zum Selbstmordattentat – zumindest bis in die Achtzigerjahre.

Selbst im libanesischen Befreiungskampf aber haben die schiitische Amal-Fraktion und die Hisbullah weniger Selbstmordattentate begangen als etwa kommunistische Gruppierungen. Der erste arabische Selbstmordanschlag im Konflikt mit Israel, der damals immerhin schon viele Jahrzehnte währte, fand Anfang der Achtzigerjahre statt und wurde von der Syrischen Nationalistischen Partei begangen, die zu einem großen Teil aus arabischen Christen bestand. Als aus den Reihen der Hisbullah einige Zeit später erstmals ein schiitischer Attentäter amerikanische Soldaten in die Luft sprengte, stieß er bei beinah allen schiitischen Autoritäten des Landes auf Ablehnung, nicht zuletzt mit Hinweis auf das Verbot des Korans, sich selbst umzubringen. In der sunnitischen Welt hatte es da bereits einen spektakulären Selbstmordattentat gegeben, ausgeführt allerdings nicht von Sunniten: 1972 eröffneten drei Mitglieder der Japanischen Roten Armee im Flughafen von Tel Aviv das Feuer und töteten zwanzig Menschen und verletzten achtzig weitere, bevor sie selbst erschossen wurden. Der libysche Staatschef Muammar Gaddafi mokierte sich später darüber, daß Ausländer für die arabische Sache kämpften, während die Araber selbst untätig blieben.

Historisch also war es gerade nicht die islamische Kultur, in der sich das Phänomen der Selbstmordattentate entwickelt hat. Heute jedoch verbindet man vor allem den Islam damit, und zwar keineswegs aus Böswilligkeit. In Israel, in Kaschmir, womöglich in Tschetschenien, inzwischen auch in Afghanistan – in all diesen

Ländern haben Muslime ihr Leben geopfert, nur um möglichst viele Gegner zu töten. Und obwohl es mindestens in Israel, ähnlich wie in Kolumbien, häufig die ausweglose ökonomische Situation und die fürstliche Belohnung für die eigenen Hinterbliebenen ist, deretwegen sich vorzugsweise arme Palästinenser selbst in die Luft sprengen, ist doch das Religiöse keineswegs eine bloße Maskerade – schon gar nicht bei den Führern und Kämpfern von al-Qaida, die fast durchweg aus begüterten Kreisen stammen.

Die Idee des religiösen Martyriums bestimmt schon seit Jahren ihr Denken und Handeln. Die Schriften Abdullah Azzams etwa, des Mentors von Ussama bin Laden, verherrlichen Märtyrer auf widerwärtige Weise und erwecken den Eindruck, als sei es der eigentliche Lebenszweck, sich von Ungläubigen zerfetzen zu lassen, um somit der 72 paradiesischen Jungfrauen habhaft zu werden. Der rechte Arm Azzams war lange Zeit ein Mann namens Tamim al-Adnani, auch er ein Freund bin Ladens. In den Achtzigerjahren reiste er, wie der Islamwissenschaftler Khalid Duran beschreibt, durch die Vereinigten Staaten, um mit Vorträgen Freiwillige für den Afghanistankrieg zu gewinnen. Adnani selbst fand allerdings keinen Weg in die Gärten der Märtyrer: Er starb 1990 in Orlando an einem Herzschlag, ausgerechnet beim Besuch von Disney World.

Die Szene könnte bezeichnender nicht sein: Ausgerechnet der Mann, der wie kaum ein anderer dafür verantwortlich ist, den religiösen Märtyrerkult unter sunnitischen Muslimen verbreitet zu haben, starb in Disney World. Auch die Führer von al-Qaida, einer Organisation, deren Struktur deutliche Züge einer religiösen Sekte aufweist, sind keine Hinterwäldler, keine ungelernten Dörfler wie die Taliban, bei denen sie Zuflucht gefunden haben. Sie haben durchweg moderne Biographien aus säkularen, dem westlichen Lebensstil zugeneigten Mittel- und Oberschichten, die durch Bekehrungserlebnisse gezeichnet sind. So soll bin Laden, nachdem er die gleiche Schule besucht hatte wie zuvor Omar Scharif, zunächst durch das Nachtleben von Beirut und Kairo gezogen sein, bevor er Ende der Siebzigerjahre die religiöse Initiation erfuhr und in den afghanischen Widerstand pilgerte. Auch die mutmaßlichen Attentäter des 11. September kamen durchweg aus verwestlichten Mittel- und Oberschichten. Viele von ihnen gingen am Wochenende in die Disco, hatten Freundinnen, tranken Alkohol. Ihr Alltag, ihre Berufe, ihre Vorlieben und Kenntnisse hatten sehr viel mehr gemein mit einem bürgerlichen Leben in Athen, Buenos Aires oder Kuala Lumpur als mit dem Leben in palästinensischen Flüchtlingslagern, ägyptischen Slums oder jemenitischen Stämmen. Doch die Gedankenwelt der Terroristen scheint rückwärts gewandt, gar archaisch zu sein, und denkt man an den schiitischen Märtyrerkult, scheinen tatsächlich gewisse Aspekte der islamischen Tradition in sie eingeflossen zu sein – aber nur als eines von mehreren Motiven innerhalb einer zutiefst synkretistischen Weltanschauung.

Terror ohne Bekenntnis

Der 11. September läßt sich vielleicht nicht ohne die Geschichte Husseins erklären. Aber um zu verstehen, warum Menschen dazu bereit sind, sich in lebende Raketen zu verwandeln, muß man auch eine andere Geschichte erzählen, eine moderne Geschichte oder, um es pathetisch zu formulieren, eine Geschichte der Moderne. In der *Frankfurter Rundschau* schrieb Friedrich Brake, daß man den 11. September am besten mit Nietzsche verstehen könne. Er und tiefgründiger noch der tunesische Wissenschaftler Abdelwahhab Meddeb im Gespräch mit Lettre International dachten an die Theorie des Ressentiments aus der ersten Abhandlung der Genealogie der Moral, die in der Tat zur Psychologie der Anschläge beitragen mag. Ich meine aber, daß Nietzsche in einem noch fundamentaleren Sinne für Denkweisen steht, die sich am 11. September als Handlung geäußert haben, und zwar denke ich an eben jenen seiner Kerngedanken, der auch im Faschismus aufgegriffen worden ist: den aktiven Nihilismus.

Es gehört zu den bis jetzt nicht hinreichend reflektierten Umständen des 11. September, daß er völlig ohne ein Bekenntnis ausgekommen ist. Sogar bin Laden selbst hat es geradezu auffallend vermieden, die Verantwortung für die Anschläge zu übernehmen. Vielmehr versuchte er den Eindruck zu erwecken, als seien Flugzeuge, die in amerikanische Wolkenkratzer fliegen, so etwas wie eine Naturerscheinung der amerikanischen Außenpolitik. Die eklatante, durch dieses und weitere Videos gerade nicht aufgelöste Unbestimmtheit der Beweggründe steht im Widerspruch zu der nie zuvor erlebten Präzision der Anschläge. Wenn in der Vergangenheit die Rote Armee Fraktion, die PKK, die tamilischen Befreiungstiger, der ägyptische Dschihad, radikale Palästinenser oder jüdische Siedler Anschläge begingen, haben sie sich nicht nur voller Stolz dazu bekannt, sie verfolgten vor allem mit der Gewalt konkrete und identifizierbare politische Ziele. Aber hier? Man beeilte sich, von einer „Kriegserklärung" zu sprechen, und weiß bis heute nicht einmal, wer genau am 11. September den Krieg erklärt hat – und wem. Den Vereinigten Staaten als Staat? Dem Westen oder gar dem Christentum? Dem Kapitalismus?

Auch wenn Beweise weiterhin ausstehen, spricht viel dafür, daß tatsächlich eine Zelle innerhalb des Netzwerkes al-Qaida die Anschläge von New York und Washington verübt hat. Und man kann sich inzwischen kaum noch vorstellen, daß die Motivation der materiell gut situierten Attentäter nicht eine religiöse war. Doch meine ich hier, in der äußersten Radikalisierung des Glaubens, just eine Spielart des Nihilismus zu erkennen. „Es fehlt die Antwort auf das Warum", heißt es bei Nietzsche, aber die Antwort fehlt nicht nur, sie wird im vollen Bewußtsein nicht gegeben. Nietzsches Nihilismus ist der „Wille zum Nichts". Er ist „nicht bloß der Glauben, daß alles wert ist, zugrunde zu gehen", vielmehr legt man selbst Hand an, man richtet sich und andere, weniger Hellsichtige zugrunde. Erst dort sei der Nihilismus von keines Gedanken Blässe mehr angekränkelt, wo ein „Dynamit des Geistes, vielleicht ein neu entdecktes Nihilin" zur Verfügung stünde – bis hin zur „grauenhaften Ethik des Völkermordes". Die völlige Vernichtung des anderen wie sich selbst, die in der Logik des alttestamentlichen und auch koranischen Lobes der Schöpfung das Furchtbarste ist, avanciert in Nietzsches Denken zum Heil. Es sei gerade ein Privileg der Menschen, daß sie „sich selbst durchstreichen können wie einen mißrathenen Satz".

Gedanken wie diese, aus ihrem Kontext gerissen, haben im Ersten Weltkrieg Studenten und Intellektuelle für die Front begeistert und im Dritten Reich noch giftigere Blüten getrieben. Ihre Relevanz geht aber über die unmittelbare Leserschaft hinaus, denn sie stehen nicht für Lehren, die man befolgt oder ablehnt. Man muß nicht Nietzsche gelesen haben, um in seinen Strukturen zu denken. Seine Philosophie ist der prophetische und noch immer genaueste

Ausdruck einer gleichzeitigen Selbsterhöhung und Selbstverleugnung, die mit der Moderne einherzugehen scheint. In anderen Gesellschaften und politischen Situationen sucht sie sich andere Terminologien, Begründungsmuster und Handlungsweisen.

Eine solche Denkstruktur ist selbst dann spezifisch modern, wenn die Bilder, in denen sie sich vermittelt, aus der Tradition stammen oder aus deren Behauptung. Nicht grundlegend anders, als der Faschismus auf das Konstrukt einer arisch-deutschen Urgeschichte zurückgegriffen hat, fügen sich die Terroristen in die Annahme einer religiösen Tradition. Sie hat mit der realen Geschichte der sunnitisch-arabischen Welt kaum mehr zu tun als die Walhalla-Mythologie der Nazis mit der real erinnerten deutschen Geschichte.

Die Assassinen wurden nach dem 11. September immer wieder als die Vorfahren und Vorläufer der Selbstmordattentäter von New York und Washington herangezogen. Historisch ist das nicht haltbar, handelt es sich bei ihnen doch um persische Schiiten, noch dazu Vertreter einer esoterischen Sekte, genauer gesagt septimanische Neu-Ismaeliten. Von ihnen ist keine Linie nachweisbar, die zu irgendeinem anderen Phänomen innerhalb der islamischen Geschichte führen würde. Trotzdem suchten viele Beiträge im Feuilleton nachzuweisen, warum mit bin Laden der Alte vom Berge wiedergekehrt sei. Aufschlußreich war vor allem ein ganzseitiger Essay in der *Süddeutschen Zeitung*, in dem die Autorin ihre Analogien nicht nur mit Zitaten aus einem Büchlein des angesehenen Essayisten Bernard Lewis belegte, sondern auch mit Zitaten aus modernen westlichen Romanen über die Assassinen. Dadurch bekam ihr Aufsatz plötzlich und unbeabsichtigt etwas sehr Wahres. Die Assassinen mögen eine reale historische Erscheinung gewesen sein, aber sie sind kein Bestandteil eines historischen Gedächtnisses, nicht einmal im schiitischen Iran selbst. Als realer Ort ist der Berg, den Raoul Schrott eigens besuchte, um etwas über den 11. September zu erfahren, heute völlig vergessen, eine ganz normale Kleinstadt. Kein Wallfahrtsort, und die einzigen Pilger dürften derzeit westliche Intellektuelle und Journalisten sein, die dort eine Erklärung für den 11. September suchen. Die einzigen Assassinen, zu denen sich Analogien herstellen lassen, sind die Assassinen des historischen Romans und aus Hollywood.

Ein giftiges Amalgam

Unzweifelhaft spielt die Tradition eine wichtige Rolle im Denken der Terroisten. Versatzstücke aus ihrem Archiv, die in dieser Konstellation ohne Vorläufer sind, mögen sich mit fremden, spezifisch schiitischen, vielleicht sogar ursprünglich christlichen Motiven sowie modernen Elementen, Bildern, Denkstrukturen verbunden haben und eingeflossen sein in ein Amalgam aus Kapitalismuskritik, Märtyrerkult, Drittweltrhetorik, totalitärer Ideologie und Science Fiction. Vergleiche drängen sich auf zum Una-Bomber, zur Aum-Sekte und vor allem zu Timothy McVeigh, die ebenfalls ohne Bekennerschreiben auskamen. Vor allem Letzterer schien geradezu davon besessen gewesen zu sein, sich in einem medialen Großereignis zu vernichten. Statt zu versuchen, seine Hinrichtung zu verhindern oder wenigstens aufzuschieben, setzte er alles daran, eine öffentliche Übertragung seines Todes zu ermöglichen. All diese Terrorakte zeugen von einem allgemeinen pathologischen Haß, der, anders als bei den Anschlägen der RAF, der ETA oder der palästinensischen Hamas, nicht mehr mit einem konkreten, identifizierbaren Motiv einhergeht. Der bekenntnislose Terror richtet sich gegen einen Feind, der zur Abstraktion geronnen ist, gegen eine schon metaphysisch zu nennende Übermacht.

Fast folgerichtig ist es da, daß die Attentate als ein Medienereignis für ein Milliardenpublikum inszeniert worden sind, einschließlich der zehnminütigen Pause, innerhalb derer die Kameras aufgestellt werden konnten. So etwas haben sich nicht afghanische Stammeskrieger ausgedacht, sondern Menschen, die in eben jener Gegenwart stehen, die sie bekämpfen. Selbst das prophetische Setting und die altertümlich wirkende Rhetorik, mit Hilfe derer sich Ussama bin Laden nachträglich inszeniert hat, ist hierfür noch ein Zeugnis. Zwar evozierte er das sprachliche Bild einer Tradition, doch sprechen die tatsächlichen Erben der theologischen Tradition ganz anders. Analog gilt dies für seine Ideologie, soweit sich Reste davon überhaupt entziffern lassen. Die Einheit von Staat und Religion, die ihm wahrscheinlich vorschwebt, wird als Seinszustand des Islams ausgegeben, hat sich als Idee jedoch erst im Zuge der Nationalstaatsbildung im 19. Jahrhundert herausgebildet. Ebensowenig ist der Drang zur Selbstvernichtung, der sich durch die Vorstellung der eigenen oder totalen Erlösung definiert und legitimiert, aus dem Mittelalter vertraut. Der Amoktäter ist ein moderner Mensch. Durch eine einzige Tat gewinnt er ein Surrogat für das, was einer modernen Gesellschaft beinah per definitionem fehlt: ein umfassender Sinnzusammenhang, der dem Individuum seinen Platz zuweist. Aus diesem Leerraum erschießt oder erbombt er sich Bedeutung herbei, er wird für ein paar Sekunden zum totalen Handelnden, zum Rächer eines überstark empfundenen Unrechtes. Aus der Nichtigkeit schwingt er sich auf zum Gott. Wie sinnlos auch immer sein Handeln von außen erscheint, so gewinnt er doch gerade durch die Zerstörung ein Ultimum von Sinn. Um wieviel größer muß der Kitzel sein, wenn das Unrecht, das sie durch eine einzige symbolische Tat zu bestrafen meinen, nicht bloß individuell erlitten ist, sondern sich als die Unterdrückung eines Milliardenkollektivs darstellt, dessen Passivität sie aufheben, aus dessen Anonymität sie eben durch die Selbstvernichtung treten.

Wer die Ursprünge des 11. September im Koran oder im Mittelalter sucht, verharmlost, ja führt in die Irre. Er steht für einen Terrorismus, der überall in einer modernen Gesellschaft nachwachsen kann. Gewiß bedarf er der Elenden, als deren Agent er sich fühlt und ausgibt, aber diese Elenden sind austauschbar. Dennoch muß man auch nach den politischen und ökonomischen Hintergründen der Anschläge fragen. So hybride das Phänomen des global agierenden islamistischen Terrors ist, so braucht es doch einen sozialen und politischen Boden, um derart gefährlich zu werden, es braucht gesellschaftliche Bewegungen, die es unterstützen, Länder, die es schützen. Daß es über all dies verfügt, unterscheidet das Netzwerk von al-Qaida von allen anderen bekannten Varianten eines nihilistischen Terrors. Hier kommen jene afghanischen Flüchtlingskinder ins Spiel, aus denen der pakistanische und der amerikanische Geheimdienst mit Geldern Saudi-Arabiens in Koranschulen Pakistans die Taliban gezüchtet haben, um sie gegen die zuvor unterstützten, seit ihrem Sieg aber nicht mehr kontrollierbaren Mudschaheddin in den Kampf ziehen zu lassen.

So sympathisch sich die Taliban und die al-Qaida, die Koranschüler aus der paschtunischen Provinz und die Wohlstandsterroristen aus den arabischen Metropolen einander in ihren Zielen auch sein mögen, so ähnlich sie auch inzwischen leben und sich kleiden, so stammen sie doch aus gänzlich unterschiedlichen Welten, gehören sie unterschiedlichen Gegenwarten an. Die explosive Gleichzeitigkeit des Ungleichzeitigen aber, die den islamistischen Terrorismus ausmacht, wird in dieser Allianz aus ungebildeten paschtunischen Dörflern und reichen arabischen Städtern exemplarisch sichtbar.

III
Säkularisierung

Nach dem 11. September: Fundamentalismus – Phantom oder Phänomen?*

Gottfried Küenzlen

I.

Ist der religiöse Fundamentalismus ein modernes Phantom oder ein Phänomen der Moderne? Diese Frage läßt sich *nach* dem 11. September nicht mehr bloß in herkömmlich akademisch-distanziertem Zugriff und in rein modernisierungstheoretischer Perspektive abhandeln.

Was ist, was wir gegenwärtig erleben? Eine gängige Parole der veröffentlichten Meinung lautet: Seit dem 11. September hat sich die Welt verändert. Das ist aber so nicht wirklich zutreffend. Genauer müßten wir sagen: Unser Bewußtsein von der Welt, in der wir leben, hat sich verändert. Wir leben unsicherer in unserer Welt, deren politische, ökonomische, kulturelle, also zivilisatorische Grundlagen wir nun als schwankend, verletzlich oder gar brüchig erleben. Wie immer wir die Ereignisse im einzelnen bewerten mögen, eines ist sicher: Der Ernstfall – den wir freilich längst schon hätten ahnen können – hat uns nun sichtbar eingeholt, d.h. die offenen und liberalen Gesellschaften des Westens und der sie

* Der folgende Beitrag ist der im wesentlichen unveränderte Text eines Vortrags, den ich im Oktober 2001 bei der EV. Akademie, Bad Herrenalb, gehalten habe. Er beruht in seinen vor dem 11. September verfaßten Teilen auf meinem Aufsatz: Der Fundamentalismus und die Krise der säkularen Kultur der Moderne (in: *WeltTrends. Zeitschrift für internationale Politik und vergleichende Studien*, Potsdam/Poznan, Nr. 30, 2001, 93-101). Des weiteren beziehe ich mich auf Ergebnisse und Thesen meiner bisherigen Veröffentlichungen zum Thema; siehe insbes.: G. Küenzlen: Fundamentalismus und die säkulare Kultur der Moderne, in: H. Hemminger (Hg.): Fundamentalismus in der verweltlichten Kultur, Stuttgart 1991, 196-221; ders.: Feste Burgen: Protestantischer Fundamentalismus und die säkulare Kultur der Moderne, in: *Aus Politik und Zeitgeschichte* 33 (1992), 3-10; ders.: Fundamentalismus: Moderner Antimodernismus. Kultursoziologische Überlegungen, in: *Theologia Practica* 1 (1994), 43-56; ders.: Religiöser Fundamentalismus – Aufstand gegen die Moderne? in: H.-J. Höhn (Hg.): Krise der Immanenz. Religion an den Grenzen der Moderne, Frankfurt/M. 1996, 50-72.

tragende westlich-liberale Verfassungsstaat sind herausgefordert – vergleichbar fast nur mit den Herausforderungen und Bedrohungen durch die totalitären Regime des 20. Jahrhunderts.

Worin aber besteht der Ernstfall genauer?

a) Ist es ein Kampf der Kulturen? – wie ihn der amerikanische Politikwissenschaftler Samuel Huntington Mitte der 90er Jahre kulturdiagnostisch und -prognostisch beschrieb mit seiner These: Nach dem Ende des Ost-West-Konfliktes stünden neue, an den Grenzen von Zivilisationen entlanglaufende und zwischen ihnen auszutragende Konflikte an.

b) Ist das, was wir erleben, der Gegenschlag der nichtwestlichen Armen und Ausgebeuteten gegen die reichen Länder des Westens? Handelt es sich also im Kern um ein weltökonomisches Verteilungsproblem, das, bliebe es ungelöst, immer nur neue Terrorakte hervorrufen würde?

c) Oder geht es um eine zu unserem Thema hinführende Frage (die die anderen Fragen ja nicht ausschließen muß): Sind die Energien, die den Terror und die Antriebe seiner Akteure speisen, genuiner Ausdruck authentischer Religion oder pervertierter Religion, oder schlußendlich gar nicht religiös, insofern Religion nur instrumentalistisch gebraucht wird als Retouche für schlichtes kriminelles Handeln im Weltmaßstab?

Wie wir der Herausforderung begegnen, wie wir also den Ernstfall bestehen, hängt *auch* davon ab, welche Antworten wir auf solche Fragen finden.

a) Wenn es um einen Kampf der Kulturen geht, werden wir ihn nur führen können unter Vergewisserung, ja Neuvergewisserung und offensiver Verteidigung unserer eigenen geistig-kulturellen Grundlagen. Welche aber sind diese?

b) Wenn das Kernproblem ein politisch-ökonomisches ist, muß es um eine grundlegende Neuformierung der Weltwirtschaftsordnung gehen. Aber wird das friedlich noch möglich sein?

c) Wenn die entscheidende Frage eine Frage der Religionen, in welchem Gewande auch immer, ist, wird es darum gehen, ob und wie wir in den säkular-westlichen Gesellschaften, insbesondere Europas, in denen wir uns angewöhnt haben, in Religion – wenn überhaupt noch – nur eine Frage privater Lebensführung zu sehen, mit dem Faktor Religion als öffentlicher Kraft umgehen und umgehen können.

Mit dieser Überlegung aber sind wir schon zum Kern des Themas ‚Fundamentalismus' vorgestoßen.

Arnold Gehlen hat 1970 in einem Vortrag zur Lage der Religion formuliert: „Daß es mit der Religion wieder ernst wird, würde man am Aufbrechen religiös bestimmter kampfbereiter Fronten merken."[1]

Was Gehlen noch als eine im Konjunktiv formulierte Möglichkeit ansprach, ist heute Realität. Hierzu muß man nur den Aufruf bin Ladens nach dem Beginn der amerikanischen Angriffe nachlesen: „Da ist Amerika, von Gott getroffen an einer seiner empfindlichsten Stellen. Seine größten Gebäude wurden zerstört. Gott sei Dank dafür. Das ist Amerika, voll Angst von Norden nach Süden, von Westen nach Osten. Gott sei Dank dafür. Was Amerika jetzt erfährt, ist unbedeutend im Vergleich zu dem, was wir seit etlichen Jahren erfahren. Unsere Gemeinschaft erfährt diese Erniedrigung und diese Entwürdigung seit mehr als 80 Jahren. Ihre Söhne werden getötet, ihr Blut wird vergossen, ihre Heiligtümer werden angegriffen, und niemand hört es und niemand nimmt Notiz. Als Gott eine der Gruppen des Islams segnete, Speerspitzen des Islams, zerstörten sie Amerika. Ich bete zu Gott, daß er sie erhören und segnen möge. (...) Diese Ereignisse haben die ganze Welt in zwei Lager geteilt: das Lager der Gläubigen und das Lager der Ungläubigen, möge Gott euch von ihm fernhalten. Jeder Muslim muß danach drängen, seiner Religion zum Sieg zu verhelfen. Der Sturm des Glaubens ist gekommen. Der Sturm der Veränderung ist gekommen, um die Unterdrückung von Mohammeds Insel auszumerzen, Friede sei mit ihm. (...)." [2]

Wie immer wir uns theologisch, religionswissenschaftlich, soziologisch oder psychologisch zu solchen Aussagen stellen wollen: Es sind dies – wie authentisch oder pervertiert auch immer – Sätze eines religiösen Glaubens. Bin Ladens ‚Glaube' und was sich mit ihm verbindet, ist kein Phantom, sondern ein höchst real existierendes Phänomen.

1 A. Gehlen: Religion und Umweltstabilisierung, in: O. Schatz (Hg.), Hat die Religion Zukunft?, Graz/Wien/Köln 1971, 96.

2 Zitiert nach *Frankfurter Allgemeine Zeitung* (09.10.2001), 6.

II.

In der öffentlichen und veröffentlichten Meinung rubriziert bin Laden und seine Gefolgschaft als freilich extremer Ausdruck eines islamischen Fundamentalismus. Das Thema ‚Fundamentalismus‘ hat seit Ende der 80er Jahre in den Sozial- und Kulturwissenschaften, aber auch in den Feuilletons breite Aufnahme gefunden.

Diese Karriere des Themas hängt zunächst mit dem geradezu inflationären Gebrauch des Wortes und der Ausdehnung des Begriffes ‚Fundamentalismus‘ eng zusammen. Ursprünglich Selbstbezeichnung nordamerikanischer protestantischer Christen zu Beginn des 20. Jahrhunderts, diente ‚Fundamentalismus‘ dann zur Kennzeichnung eines bestimmten konservativ-religiösen Frömmigkeitstypus, um dann in weiterer Ausweitung auch zur Charakterisierung ganz säkularer-politischer Orientierungen zu avancieren, indem man bestimmte Positionen nicht nur von Muslimen, Christen, Juden und Hindus, sondern auch von Marxisten oder ‚grünen‘ Umweltschützern zu ‚Fundamentalisten‘ erklärte. Solch eine Elargierung des Begriffes und der damit gemeinten Sache führte schließlich dazu, jede Art eines politischen oder religiösen Konservativismus mit dem Etikett ‚fundamentalistisch‘ zu versehen.

Zu solcher Umformung von Begriff und Sache trat und tritt die geradezu ideologiepolitische Funktion als pejorativer Kampfbegriff: Fundamentalisten sind immer die *Anderen*; sie sind bedrohlich, destruktiv; finsteres Mittelalter erhebt in ihnen sein edles Haupt; sie sind dunkle Verschwörung gegen den Liberalismus und Pluralismus; dem liberalen juste-milieu heutiger Kulturintelligenz, dem die rationale Selbstbegründung moderner Kultur gewiß schien, können sie nur eines sein: die Internationale der Unvernunft.[3]

Solche Vagheit des Begriffes und seine normative Besetzung verhindert aber seine mögliche kulturdiagnostische Bedeutung und kann in der Tat nur zur Beschreibung eines sozialen und kulturellen ‚Phantoms‘ führen.

3 So schon Th. Meyer im Untertitel seines 1989 herausgegebenen Sammelbandes: Fundamentalismus in der modernen Welt, Frankfurt 1989.

Völlig mißleitend wird das ‚Fundamentalismustheorem', wenn es hilflos zur Kennzeichnung jenes Vorganges dienen soll, der zu den markanten Kulturerscheinungen gegenwärtiger Weltlage gehört: Wenn wir insbesondere den Blick über ein an seiner christlichen Herkunftsreligion müde gewordenes Europa hinaus richten, ist der weltweit zu beobachtende Aufschwung, ja Ansturm von Religion unübersehbar: Religion weltweit ist in die Geschichte zurückgekehrt. Wir verstehen die heutige Weltlage nicht mehr, wenn wir nicht erkennen, daß *auch* die Religion, das heißt religiöse Geltungsansprüche, wieder ein Faktor des Geschichtsprozesses geworden sind. Diese religiöse Revitalisierung hat weite Teile der sogenannten Dritten Welt erfaßt. Der Islamismus steht uns hierbei sicherlich als augenscheinlichstes Beispiel vor Augen. Solche religiöse Erneuerung gilt aber auch für das Christentum – und hier insbesondere für ein protestantisch-evangelikales Christentum vor allem pfingstlerischer Prägung. In ungeheuerer Dynamik faßt diese Bewegung Fuß in weiten Teilen Ost- und Südostasiens, in Afrika und in nahezu allen Ländern Lateinamerikas. Keine Rede von Entkräftung der Religion, auch der christlichen. Dies gilt im übrigen auch für die Vereinigten Staaten von Amerika, wo Religion die Lebensführung von Millionen bestimmt und ihren prägenden Einfluß bis hin in die Gestaltung der Politik ausübt. Amerika ist nicht trotz, sondern wegen seiner strikten Trennung von Kirche und Staat ein religiöses Land gewesen und bis heute geblieben. So ist auch die Antwort Amerikas auf den Terrorangriff vom 11. September gespeist auch von den religiösen Energien, die schon der Gründungsgeschichte Amerikas einverwoben waren und gerade in Krisenzeiten Amerikas immer neue Kraft gewannen.

So betrachtet ist Europa, insbesondere Westeuropa ein weltgeschichtlicher Sonderfall weitgehend vollzogener Säkularität. Religion weltweit hingegen hat die Propheten ihres Untergangs überlebt.

Solch eine Rückkehr der Religion als „Lebensmacht" (M. Weber) in weiten Teilen der Welt stellt das dominierende sozialwissenschaftliche Denken vor ein Interpretationsproblem. Denn die vitale Präsenz religiöser Erneuerungsbewegungen, ob generell in die Formel ‚Fundamentalismus' gepreßt oder nicht, widerspricht einer in Teilen der Sozial- und Kulturwissenschaften gerade zum

Dogma verfestigten modernitätstheoretischen Grundannahme: daß die Entwicklung moderner Gesellschaften *notwendig* mit einem Rückgang religiöser Geltung einhergehe; es verlöre die Religion ihren öffentlichen Wahrheits- und Orientierungsanspruch und marginalisiere sich, so sie nicht ganz und gar verschwände, im Prozeß gesellschaftlicher Differenzierung und Segmentierung in den Bereich allenfalls partiell-privater Sinngebung. So sind in bestimmende Strömungen der Sozial- und Kulturwissenschaften, etwa im Gewande einer bestimmten Säkularisierungstheorie, *inhaltliche*, dem Erbe der Aufklärung entstammende Grundannahmen über Lage und Schicksal der Religion im Evolutionsprozeß moderner Gesellschaften eingegangen. Hier sind es insbesondere die geschichtsprovidentiellen Vorstellungen einer säkularen Fortschrittsgewißheit, nämlich, daß alle historische Religion ein entscheidendes Hemmnis vernunftgeleiteter gesellschaftlich-kultureller Evolution darstelle. Das durch die benannten religiösen Erneuerungsbewegungen andrängende Interpretationsproblem ist dann aber: Entweder nötigt es zu einer grundlegenden Revision der Vorannahmen zum Verhältnis von Religion und Moderne, oder aber es müssen die religiösen Erneuerungsbewegungen, die es im Theoriekonstrukt gar nicht geben dürfte, in das dominierende Modernisierungs- und Säkularisierungskonzept interpretatorisch gepreßt werden, als sozusagen nicht legitime, weil auf den irrationalen Substituten religiöser Lebensdeutung basierende Fluchtbewegungen vor der modernen Evolutionsdynamik: Ein – freilich real existierendes – Phantom.

Tritt ein solches ‚Phantom' nun gar in einer vor dem Forum aufklärungsgestimmten Bewußtseins dezidiert aufklärungsinkompatiblen, also explizit fundamentalistischen Variante auf, mutiert das Phantom gar zum ‚Gespenst'. Gespenster aber müssen verjagt werden. So ist schon in der Einleitung zu dem bereits erwähnten Sammelband „Fundamentalismus in der modernen Welt" die Programmatik vorgegeben: „Ein Gespenst geht um in der modernen Welt – das Gespenst des Fundamentalismus. Wer auf das Erbe von Aufklärung und Modernisierung pocht, hat sich verbündet, um das Gespenst zu verjagen." Und weiter: „Es verbindet die Autoren der

Wille, Dämme gegen die fundamentalistische Flut gegen die Aufklärung zu errichten."[4]

Eine ähnliche Denkfigur findet sich bei Martin Greiffenhagen, wenn er Fundamentalismus als die „große Versuchung" gegenüber der aufklärerischen Rationalität beschreibt, wobei „die Versuchung" darin besteht, daß sie danach strebt, „Halt zu suchen in einem Absoluten, das ‚draußen' liegt, außerhalb des reflektierenden Bewußtseins und einer Rationalität, die nur selber Gedachtes als wirklich gelten lassen will." In der Logik eines solchen Ansatzes ist es nur konsequent, wenn für Greiffenhagen von Martin Luther „das Wort, sie sollen lassen stahn" über Gottfried Benn „schließe die Tore, baue den Staat!" bis hin zu gegenwärtigen esoterischen Ganzheitsentwürfen alles ‚Fundamentalismus' heißen muß; ja, er rubriziert schließlich nahezu jede Art von Religion unter dem Etikett ‚Fundamentalismus'.[5] Hier – spätestens – werden die Zweifel an der kulturdiagnostischen Kraft eines solchen Fundamentalismusverständnisses zur Gewißheit: Wo alles und jedes ‚fundamentalistisch' heißen soll, was als ‚große Versuchung' aufklärerischer Rationalität und damit illegitim daher kommt, wird schlußendlich nichts mehr erklärt.

Dies gilt im Grundsatz, wenngleich in eigener Begründung auch für die in der Tradition Kritischer Theorie dialektisch argumentierende Position Christoph Türckes. Für ihn ist Fundamentalismus der Beweis, daß nicht alle utopischen Energien aufgebraucht sind, die nunmehr freilich in fundamentalistischem Gewande einherkommend, nur als „pervertierte Utopie" gedeutet werden können. Die emanzipatorischen utopischen Antriebe nämlich seien im Fundamentalismus nur „umgelenkt – rückgestaut, gefangen in fundamentalistischer Absurdität, in der sich die Absurdität des laufenden Modernisierungsprozesses ausdrückt". Die Präsenz fundamentalistischer Bewegungen belege, „wieviel von utopischer Energie in der Menschheit noch steckt. Nicht auszudenken, was passierte, wenn sie sich auf vernünftige Weise entfes-

4 Th. Meyer: a. a. O., 9 (und Klappentext).

5 M. Greiffenhagen: Versuche gegen die Sinnleere. Zur Entwicklung fundamentalistischer Gesellschaften, in: *Universitas* 1/1991.

seln ließe, und wenn Intellektuelle überhaupt noch zu etwas gut sind, haben sie hierzu ihr leider viel zu geringes Scherflein beizutragen."[6] Nicht nur, daß Türcke hier das alte Lied von der Priesterherrschaft der Kulturintelligenz als Gralshüter und Verkünder aufklärerischer Vernunft neu singt: Fundamentalismus wird hier in dialektischem Zugriff zum fehlgeleiteten Bewußtsein erklärt, ein Phantom des falschen Lebens also, das zu seiner diesseits gerichteten Wahrheit erst noch gebracht werden muß.

III.

Diese kurz skizzierten Positionen sind deshalb so wenig erklärungskräftig, weil sie sich ihrem Untersuchungsgegenstand nur mit theoriebestimmtem vorweggenommenem Werturteil nähern können. Insbesondere sind es bestimmte Modernisierungs- und Säkularisierungstheoreme von der Zwangsläufigkeit moderner Evolutionsdynamik, vor deren Raster alle fundamentalistischen, wie auch überhaupt religiös sich neu artikulierenden Bewegungen nur als illegitimer Antimodernismus erfaßt werden können.

Damit aber kann sich eine Sozial- und Kulturwissenschaft, die sich dem *Verstehen* sozialer und kultureller Gegenwartsströmungen verpflichtet weiß und deren mögliche Kulturbedeutung erfassen will, nicht zufrieden geben. Ihr muß es vielmehr darum gehen, die neu auftretenden religiösen Bewegungen, auch gerade in ihrer fundamentalistischen Variante, als „authentischen Ausdruck"[7] gegenwärtiger Kulturlage in den Blick zu nehmen.

Hierzu ist es zunächst vonnöten, sich ein Verstehen dessen, was ‚Fundamentalismus' heißen soll, zu versichern, – jenseits

6 Chr. Türcke: Die pervertierte Utopie. Warum der Fundamentalismus im Vormarsch ist, in: *Die Zeit* Nr. 16 (10.04.1992).

7 G. Kepel: Die Rache Gottes. Radikale Moslems, Christen und Juden auf dem Vormarsch, München/Zürich 1991; ebenso argumentiert M. Riesebrodt: Fundamentalismus als patriarchalische Protestbewegung. Amerikanische Protestanten (1910-1928) und iranische Schiiten (1961-1979) im Vergleich, Tübingen 1990, 4 („In den fundamentalistischen Bewegungen werden nicht Scheinfragen früherer Jahrhunderte, sondern zentrale Probleme unserer Zeit thematisiert.").

eines universalistisch-ahistorischen Fundamentalismusbegriffes.[8] So zeigt zum Beispiel schon das Studium der nordamerikanisch-protestantischen Fundamentalismusbewegung zu Beginn des 20. Jahrhunderts, daß diese in der Tradition eines puritanischen Protestantismus stehenden Christen erst dann zu „fundamentalists" wurden (und sich selbst als solche bezeichnen), als sie dem von ihnen als destruktiv wahrgenommenen Einbruch der säkularen Kultur der Moderne begegneten. So war etwa die Vorstellung einer Verbalinspiration und die damit begründete Irrtumslosigkeit der Heiligen Schrift altes Erbe, Inhalt katholischer wie auch altprotestantischer Theologie und deren Annahme selbstverständlicher Frömmigkeitsinhalt der religiös bestimmten Einwanderer. Erst im Ansturm der historisch-kritischen Forschung, auch in den theologischen Ausbildungsanstalten der USA, fiel sie aus dieser Selbstverständlichkeit heraus, mußte im Protest und Widerspruch zur säkularen Entwicklung behauptet werden und gewann erst so die Bedeutung eines Fundamentaldogmas, dem alle anderen Glaubenswahrheiten nachrangig wurden.

So gilt generell: Auch der Anhänger fundamentalistischer Bewegungen ist nicht mehr eingebunden in die Selbstverständlichkeit überlieferter Religion. Er muß sich vielmehr unter Aufgabe modernen Kritikbewußtseins, so zum Beispiel der historischen Betrachtung von Autorität und Tradition, selbst für unbefragte Autorität und unwandelbare Tradition *entscheiden* und unterscheidet sich gerade darin von seinen nichtmodernen, oder gar vormodernen, in der fraglosen Gültigkeit von Religion lebenden Vorfahren.

So erschließt sich das kultursoziologische Verstehen des Fundamentalismus erst dann, wenn wir ihn als eine Erscheinung der Moderne selbst verstehen. Er ist *ein* Ausdruck der säkularen Kultur der Moderne, ist in ihr verhaftet und von ihr hervorgebracht, gerade auch wo er sich als Protest- und Gegenentwurf zu ihr versteht. Er ist gerade nicht ein vormodernes Relikt, vielmehr ist er

[8] Es überstiege den Rahmen dieses Beitrages, dies genauer auszuführen. Ich verweise auf meine bisherigen Beiträge zum Thema (s. Anmerkung 1), in denen ich, induktiv vorgehend, versucht habe, *Merkmale* zu benennen, die bestimmten religiösen Bewegungen eigentümlich sind und die es erlauben, diese ‚fundamentalistisch' zu nennen.

ein *moderner* Antimodernismus, d. h. er entsteht unter den Struktur- und Kulturbedingungen säkularer oder sich säkular entwikkelnder Gesellschaften.

Dies zeigt sich deutlich an der Genese des heutigen islamischen Fundamentalismus oder auch: ‚Islamismus'. Ohne in eine vertieftere Analyse seiner Herkunftsgeschichte und Entwicklungsbedingungen eintreten zu können, müssen hier folgende Bemerkungen genügen: Der Islamismus ist wesentlich ein *modernes* Phänomen des Islam und der islamischen Religionsgeschichte. Er muß verstanden werden als reaktive Bewegung auf Modernisierung und säkulare Ideologisierung innerhalb der arabischen Welt. Die Niederlage der Araber im 6-Tage-Krieg von 1967 war im Erfahrungshorizont der arabischen Völker mehr als nur ein äußerer militärischer Mißerfolg. Diese Niederlage war der sichtbare Beleg, daß die bis dahin tragenden arabischen nachkolonialen Selbstvergewisserungen zerbrochen waren. Diese waren getragen von einer durchaus rein säkularen Ideologie als einem Amalgam aus arabischem Nationalismus, Sozialismus und Panarabismus. (Das irakische Regime Saddam Husseins mit seiner Baath-Einheitspartei ist herkunftsgeschichtlich ein Relikt dieser Zeit, woran auch die spätere, strategisch-instrumentalistische Wendung Husseins hin zur ‚Religion' nichts ändert.)

Die Krise von 1967 war die Geburtsstunde des Islamismus als Hinwendung zum Islam als nunmehr radikal politisierter Religion. Man muß dies als eine tiefgreifende Kulturrevolution verstehen – formuliert, propagiert und vorangetrieben von arabischen Intellektuellen, von denen nicht wenige zuvor noch Anhänger eines an westlichen oder sowjetrussischen Universitäten gelernten Marxismus waren. So ist es nicht zufällig, daß in dieser Zeit auch die Neufassung des Begriffes ‚Dschihad' erfolgte, der nun nicht mehr allgemein als ‚Anstrengung des Glaubens' verstanden wurde, sondern Kampf und Krieg zur Durchsetzung des Islam heißen sollte.

Kern des Islamismus wurde die Verheißung an die vom westlich importierten Säkularismus Enttäuschten: Mag der Westen auch materiell, technologisch und militärisch drückend überlegen und deshalb vordergründig siegreich sein, mag das ‚Haus des Islam' auch äußerlich noch so kümmerlich dastehen – geistig-moralisch, als Hüter des wahren Glaubens ist der Islam dem ‚Satan

USA‘ und dem Westen überhaupt in seiner religiös kulturellen Substanz überlegen und wird *deshalb* schließlich siegen. Um einen Kulturkampf also geht es, der sich gegen die atheistische Unkultur des Westens richtet.

Entscheidend für unseren Fragenzusammenhang ist also – noch einmal – die Einsicht: Das Beispiel Islamismus zeigt, daß der religiöse Fundamentalismus als moderner Antimodernismus, Ergebnis, ja Produkt von einströmender Modernisierung und der Auseinandersetzung mit ihr ist.

Solche Verortung des Fundamentalismus in der säkularen Moderne selbst läßt sich noch einmal eigens an folgenden Merkmalen summarisch belegen:

1. Wie in der einschlägigen Literatur häufig – und oft mit Verwunderung – vermerkt, lassen sich die sozialen Schichten, aus denen die fundamentalistischen Bewegungen ihre Anhänger rekrutieren, keinesfalls mit bloß traditional-antimodernistischen Milieus identifizieren, als eines sozialen Hinterwäldlertums, das die Moderne noch nicht erreicht hat. Vielmehr liegen die Rekrutierungschancen für fundamentalistische Orientierungen durchaus vorrangig auch bei Absolventen westlicher, wie arabischer Universitäten. So lassen sich Fundamentalismus und westlich-technologische Rationalität durchaus verbinden.[9]
2. Besonders hervorzuheben ist die für alle fundamentalistisch genannten Bewegungen besondere Verbindung von *Religion und Politik.* Einer der Hauptantriebe des Fundamentalismus in seinen unterschiedlichen Ausprägungen ist ein unmittelbarer Geltungsanspruch der *religiösen* Wahrheit für das *politische* Handeln. Solche Theologisierung oder ‚Religionifizierung‘ der Politik und Politisierung der Religion, also die religiöse Begründung politischer Eindeutigkeit folgt aber auch hier einem in der Verlaufsgeschichte der Moderne nicht unbekannten Muster. Hier waren es oft die säkularen, ideologischen Verheißungen eines politischen Messianismus, welche die politischen Ziele ‚fundamentierten’, dessen klarster Aus-

[9] Vgl. hierzu: G. Kepel: a. a. O.

druck die totalitären Bewegungen des 20. Jahrhunderts, Marxismus und Nationalsozialismus, waren. Im Fundamentalismus sind es nunmehr explizit religiöse Politikbegründungen, so daß sich Fundamentalismus insofern auch als Retransformation einst säkular-messianischer in religiöse Politikbegründung fassen ließe.

3. Nennen läßt sich schließlich auch ein eigentümliches Verhältnis von Wissenschaft und Religion, das in bestimmten, wenngleich nicht allen fundamentalistischen Strömungen zu finden ist. Dies zeigt sich zum Beispiel im sogenannten ‚Kreationismus' evangelikal-fundamentalistischer Christen, wie er sich insbesondere in den USA formiert hat. Kreationismus ist im Ergebnis der Versuch, die buchstäbliche Wahrheit des biblischen Schöpfungsberichtes, wonach Gott die Schöpfung in sechs Tagen geschaffen hat, *naturwissenschaftlich* plausibel zu machen. Ein Versuch, der – so kurios er alteuropäischem Wissenschaftsbewußtsein auch erscheinen mag – in gewisser Hinsicht ganz im Horizont bestimmender Strömungen modernen Denkens steht; nämlich, daß nur wahr sein kann und somit für den Fundamentalisten auch religiös nur wahr sein kann, was vor dem Forum wissenschaftlicher Beweisbarkeit Bestand hat.[10]

Die These vom Fundamentalismus als modernem Antimodernismus gewinnt ihre besondere Tiefenschärfe freilich erst, stellt man sie noch genauer in den Horizont gegenwärtiger Kulturlagen.

Ausgangspunkt hierfür ist eine bestimmte kulturtheoretische und kultursoziologische Grundthese, nämlich: Das, was wir die säkulare Moderne nennen, hat ihre eigene ‚fundamentalistische' Herkunftsgeschichte. Gemeint ist dabei, daß die Moderne selbst, ihre Genese und Verlaufsgeschichte wesentlich bestimmt war von säkularen, genauer säkular-religiösen Erlösungshoffnungen und Heilsversprechen. So war die Geschichte der okzidentalen Moderne auch die – vielfach verzweigte und nationalkulturell verschie-

[10] Zum ‚Kreationismus' siehe H. Hemminger: Fundamentalismus und Wissenschaft. Am Beispiel Kreationismus, in: ders. (Hg.): Fundamentalismus in der verweltlichten Kultur, Stuttgart 1991, 163ff.

den verlaufende – Geschichte eines säkular-diesseitigen Glaubens. Diesen haben ich in die Trias gefaßt: Der Glaube an die innerweltliche Fortschrittsgeschichte als Faszinosum und Schicksal, der Glaube an die Wissenschaft als säkulare Glaubensmacht, der Glaube an die Politik im Sinne eines politischen Messianismus. Zur Signatur gegenwärtiger Kulturlagen insbesondere westlicher Gesellschaften gehört, daß der Siegeszug eines solchen säkularreligiösen ‚Fundamentalismus' an sein Ende gekommen ist, zumindest einem fortschreitenden Geltungsverlust ausgesetzt ist. Auch die neuen Götter des säkular-neuzeitlichen Glaubens (Fortschrittsgewißheit, Wissenschaft als Glaubensmacht, politischer Messianismus) sind alt geworden. Die Krise der säkularen Religionsgeschichte und die ihrer säkularen Glaubensgewißheiten unsicher gewordene Moderne gehören zu dem Verstehens- und Deutungshintergrund für das Aufkommen fundamentalistischer Bewegungen.[11]

Es ließe sich nun an einzelnen Merkmalen fundamentalistischer Bewegungen aufzeigen, worin inhaltlich die fundamentalistische Antwort auf die Krisenerfahrungen und Orientierungsdefizite der modernen Lebenswelt im genaueren liegen.[12] Der Befund lautet: Fundamentalismus ist gerade deshalb nicht ‚Phantom', sondern ‚Phänomen' der Moderne, weil es seiner Glaubenswelt erlaubt, den modernen und gegenwartsbestimmten Krisenerfahrungen, den äußeren und inneren Unsicherheitslagen moderner Lebenskultur durch das Angebot verbindlicher Orientierung und Lebensführung zu begegnen.

Wie er das tut, ist freilich von den nationalen und kulturellen Kontexten bestimmt. So sehen etwa die protestantisch-nord-

[11] Ich habe den Siegeszug wie auch die Krise dieser Glaubensgeschichte der Moderne genauer beschrieben: G. Küenzlen: Der neue Mensch. Zur säkularen Religionsgeschichte der Moderne, München ^{2}1994 (Neuauflage: Frankfurt/M. 1997). Vgl. auch: F. H. Tenbruck: Die Glaubensgeschichte der Moderne, in: ders.: Die kulturellen Grundlagen der Gesellschaft. Der Fall der Moderne, Opladen 1989, 126ff.

[12] Siehe hierzu: G. Küenzlen: Religiöser Fundamentalismus – Aufstand gegen die Moderne? in: H.-J. Höhn (Hg.): Krise der Immanenz. Religion an den Grenzen der Moderne, Frankfurt 1996, 50ff.

amerikanischen Fundamentalisten ihren Hauptgegner im ‚secular humanism', dem sie ihre Gesellschaft schon ausgesetzt, ja preisgegeben wissen. Die Reislamisierungstendenzen in den islamischen Ländern (s. oben) werden dagegen vor allem geprägt von dem Antrieb, den Angriff des westlichen Säkularismus gleich ganz abzuwehren; ein Antrieb, der zusätzliche Schubkraft durch das Argument erhält, die Erfolgsgeschichte des Säkularismus sei in den westlichen Ländern selbst fraglich, ja brüchig geworden.

IV.

So sehr sich also kulturdiagnostisch der Fundamentalismus als Ausdruck, ja Ergebnis der säkularen Kultur der Moderne beschreiben und verstehen läßt, so wenig Sicheres läßt sich über seine möglichen künftigen Kulturchancen aussagen. Dies gilt insbesondere im Hinblick auf die westlichen Gesellschaften. Bezogen auf das Verhältnis von Religion und Politik hat sich im westlich-liberalen Verfassungsstaat die politische Neutralisierung unmittelbar religiös-politischer Geltungsansprüche durchgesetzt. „Auctoritas non veritas facit legem" (Th. Hobbes): Das heißt, der Prozeß „religionspolitischer Aufklärung" (H. Lübbe) bedeutet im Ergebnis das Auseinandertreten von religiöser Wahrheit und staatlichem Handeln. Religionsfreiheit ist ein Konstituens des westlich-liberalen Verfassungsstaates und meint die Freiheit, eine Religion bekennen oder nicht bekennen zu dürfen – *ohne* daß die staatsbürgerliche Rechtsstellung davon berührt wäre. Fundamentalistisch-theokratische Träume von einer religiös begründeten societas perfecta werden somit – soweit wir zu blicken vermögen – in den liberalen Gesellschaften des Westens keine wirkliche Realisierungschance haben. Auch sind die fundamentalistischen Botschaften hineingestellt in den prinzipiellen Pluralismus der Lebensführungsangebote, der für das Selbstverständnis liberaler Gesellschaften konstitutiv ist.

Für den künftigen *europäischen* Islam, aber auch für die europäische Kultur selbst, in die der Islam schon eingezogen ist und künftig verstärkt einziehen wird, wird es eine Schicksalsfrage sein: Wird der Islam, der den Prozeß ‚religionspolitischer Aufklärung', also das Auseinanderfallen von religiöser Wahrheit und politischer Geltung nicht durchlaufen hat, wird also ein europäischer Islam mit dem westlich säkularen, religionsneutralen Verfassungsstaat und dem gesellschaftlichen, auch religiösen Pluralismus liberaler Gesellschaften leben können? Wenn er damit *nicht* wird leben können, wird aber nicht nur der Islam ein Problem haben, – das größere Problem könnte dann Europa selbst und seine liberal-westliche Kultur bekommen.

Dies führt abschließend zu einigen – freilich sehr fragmentarischen – Bemerkungen zu den Anfragen und Herausforderungen, vor die uns der beschriebene religiöse Fundamentalismus stellt.

Fundamentalismus – in welchem Gewand auch immer und so fragwürdig er uns erscheinen mag – ist sich der Fundamente *seiner* Wahrheit sicher. Damit aber stellt er sein Gegenüber notwendig vor die Frage: Wie hältst Du es mit Deinen eigenen Fundamenten? So werden wir in Deutschland und Europa eine neue geistige Entschiedenheit lernen müssen, wenn wir in Auseinandersetzung oder Dialog eine fundamentalistische Herausforderung bestehen wollen. Hierher gehört als eine der Lehren, zu der uns die Erfahrung des 11. September, wenn auch reichlich verspätet, zwingt: Die Zeit eines naiven, rein gesinnungsethisch fundierten ‚Dialogs' ist vorüber. Nicht vorüber ist die grundsätzliche Dringlichkeit und Notwendigkeit eines Dialogs zwischen den Kulturen und Religionen. Dieser wird vielmehr zu einem kulturellen Imperativ in einer sich auch kulturell globalisierenden Welt. Dies gilt insbesondere für die Begegnung und den Dialog zwischen den Ländern des Westens und dem ‚Haus des Islam' – auch und gerade jetzt. Dazu gehört: Die Einsicht, daß der Islamismus nicht *der* Islam ist, wie es denn auch nicht *das* Christentum gibt; ebenso die Ehrfurcht vor der anrührenden Glaubenswelt der Muslime, vor der Größe dieses Glaubens und auch seiner Schönheit.

Dialog also, aber nicht eine realitätsblinde Dialogideologie, sondern ein *realistisches* Dialogverständnis, das die Tatsachen nicht verschweigt: Z. B. haben wir in den vergangenen Jahren islamistischen Gruppen Aufnahme gewährt, die unter dem Schutz staatlich garantierter Religionsfreiheit und des Toleranzgebots sowie unter Ausnützung naiver Dialoggläubigkeit, selbst Intoleranz und Freiheitsfeindlichkeit predigen; die ‚Glaube' sagen und womöglich Terror meinen. Zu einem realistischen zukunftsoffenen Dialogverständnis gehört: Es gibt Grenzen des Dialogs, die zu überschreiten gefährlich ist. So kann es keinen Dialog mit den offenen oder verdeckten Feinden einer freien Gesellschaft geben.

Kampf der Kulturen? Ich mache mir diese Parole nicht umstandslos zu eigen. Aber haben wir überhaupt die Wahl? Was tun wir, wenn *andere* uns diesen Kampf im Namen ihres Glaubens erklären? Dann wird den offenen, liberalen Gesellschaften des Westens nichts übrigbleiben, als neu zu entdecken, was ihre geistig-kulturellen Wurzeln sind und ob sie bereit sind, die ganz und gar nicht selbstverständlichen Werte ihrer Verfassungen – Schutz des Lebens, Würde des Einzelnen, Verzicht auf Gewalt bei strikter Wahrung des staatlichen Gewaltmonopols, Freiheit der Religion und Weltanschauung u.s.w. – neu zu erkennen und womöglich zu verteidigen.

Ernstfall also, der uns zwingt, fast versunkene Tugenden neu zu lernen: moralischen Mut und Ausdauer, geistige Entschiedenheit und das Wissen vom Wert und von der Würde unserer eigenen kulturellen Grundlagen.

Der 11. September 2001, das vorrationale religiöse Denken und die fundamentalistische Versuchung*

Hubertus Lutterbach

Die Terroranschläge auf das World Trade Center in New York und auf das Pentagon in Washington, die Tausende von Menschenleben gekostet haben, werfen nicht allein die Frage auf, was Gott mit diesem denkwürdigen Datum zu tun hat. Vielmehr – und darum soll es im folgenden gehen – stellt sich aus christentums- und religionsgeschichtlicher Perspektive gleichermaßen die Frage, was diese Anschläge mit unserer Vorstellung von Gott zu tun haben. In diesem Zusammenhang sind eine offen-personale und eine fundamentalistische Religiosität voneinander zu unterscheiden.

In der Spur der israelitischen Propheten prägt auch das Christentum ein spiritualisiertes Gottesbild und ein ethisiertes Menschenbild. Diese Vorstellung bedeutet den Bruch mit einer über Jahrtausende hinweg selbstverständlichen Tradition, derzufolge man sich Gott als auf materiale Opfer (Blut-, Tier- oder Speiseopfer) angewiesen dachte. Stattdessen gehen die prophetisch-weisheitlichen Traditionen des Alten Testaments sowie in ihrem Gefolge die neutestamentlichen Schriften davon aus, daß Gott beim Menschen einerseits die Hingabe im mitmenschlichen Einsatz sowie andererseits das Engagement im Gotteslob freisetzt – als Dank für das Geschenk des Lebens. Jesus selbst zeigt mit seiner Nächstenliebe und seiner Verherrlichung Gottes, worauf es gemäß christlicher Lebenshaltung ankommt. In seiner Person verkörpert sich die göttliche Botschaft.

Freilich besteht der Preis dieser Liebesbeziehung gegenüber Gott auch für jeden Menschen im Gefolge Jesu darin, daß er sich vor Gott weder Lohn ausrechnen noch sein ewiges Heil je als gesichert betrachten kann. Mehr noch bedeutet Jesu Botschaft zugleich den Bruch mit allgemeinreligiösen Vorstellungen: keine Rache und keine Vergeltung – stattdessen Feindesliebe; keine kultische Unreinheit durch Körperflüssigkeiten – stattdessen Bemühen um

* Erschienen in: *Christ in der Gegenwart* 53 (2001), 389-390.

die Reinheit des Herzens; keine Entsprechung von menschlichem Tun und göttlicher Reaktion – stattdessen Überzeugung von der Unverfügbarkeit Gottes.

„Der Koran ist absolut"

Angesichts des auch in anderen Hochreligionen seit dem 6. Jahrhundert vor Christus vorfindlichen spiritualisierten Gottes- und ethisierten Menschenbildes muß jede Weise von religiösem Fundamentalismus erschrecken; denn dieser Weltdeutung zufolge vermittelt sich das Himmlische weniger durch Personalität, sondern allein im Für-Wahr-Halten geoffenbarter Glaubenssätze. Besonders brutal hat sich der aus religiösen Wurzeln gespeiste Fundamentalismus zuletzt in dem Terrorwerk des 11. September gezeigt. Im Hintergrund dieses Unheils steht einerseits eine Auffassung von Frömmigkeit, die das Göttliche tatsächlich in unauslegbaren und nicht hinterfragbaren, weil objektiv gültigen Glaubenssätzen vorgegeben sieht: „‚Der Koran ist nichts, was man deuten kann, der Koran ist absolut'", wie es in Äußerungen der terroristisch islamischen Fundamentalisten immer wieder heißt[1]; andererseits ist unter religionsgeschichtlichem Blickwinkel zu beachten, daß diese Fundamentalisten ‚Grundsätze' aus der muslimischen Tradition herauslösen und absolut setzen, die vorrationalem Weltverstehen folgen und auf eine Jahrtausende alte Tradition zurückblicken.

Testament des Mohammed Atta

Drei Beispiele: Die amerikanische Bundespolizei FBI ist bei ihren Ermittlungen auf das Testament des mutmaßlichen, zuvor in Hamburg ansässig gewesenen Terrorpiloten Atta gestoßen, das Verfügungen aus dem Jahre 1996 enthält. Bereits auf den ersten Blick fallen die Bestimmungen ins Auge, die die kultische Reinheit gewährleisten sollen: „Weder schwangere Frauen noch unreine Personen sollen von mir Abschied nehmen – das lehne ich ab." – „Frauen sollten nicht für meinen Tod Abbitte leisten. (...) Das widerspricht den Lehren des Islam." – „Derjenige, der meinen Kör-

1 *Der Spiegel* (39/2001), 24.

per rund um meine Genitalien wäscht, sollte Handschuhe tragen, damit ich dort nicht berührt werde.“ – „Frauen sollen weder bei der Beerdigung zugegen sein noch irgendwann später sich an meinem Grab einfinden.“ Derartige Vorstellungen sind einerseits Ausdruck einer vor-wissenschaftlichen Logik und dürfen sich andererseits durch eine lange religiöse Tradition ‚geheiligt‘ sehen. So stößt man auf entsprechendes Gedankengut ebenso im alttestamentlichen Heiligkeitsgesetz (Sexual-, Liturgie- und Speisetabus in Lev 11-8) wie innerhalb der von dort (entgegen der neutestamentlichen Ethik des reinen Herzens) ab dem 5. Jahrhundert ins Christentum eingegangenen Vorstellungen zur Sexualmoral, zur sexuellen Unreinheit.[2] Vor diesem Hintergrund muß man der von Klaus Berger vorgetragenen Warnung tatsächlich Gehör schenken, daß das oben zitierte Testament keinesfalls als Schlüssel zu den Kerninhalten muslimischen Glaubens verstanden werden darf.[3] Gleichwohl verdient es Beachtung, daß der Fundamentalismus – hier in muslimischer Ausprägung – auf eine urtümliche Religiosität zurückverweist, die Jahrtausende alt ist. Dieses Denken prägt ein vor-wissenschaftlicher, nicht-empirischer Grundzug, der anderen Voraussetzungen folgt als die wissenschaftlich-empirische Rationalität ‚diesseits der Aufklärung‘.

Die gleiche Beziehung zu religiösen Grundsätzen mit jeweils vor-rationalem Inhalt spiegelt sich auch in der Vorstellung der Terroristen von der bösen Welt des Westens und der dafür fälligen göttlichen Strafe wider. „Gott sagte: ‚Wenn die Gläubigen den Kampf gegen die Ungläubigen aufnehmen, werden sich die Gläubigen daran erinnern, daß Gott ihnen beisteht und daß sie siegen werden‘.“ Und im Sinne einer Handlungsanweisung folgt im Atta-Testament der Satz: „Entsinne dich der Aussagen des Allmächtigen, daß Gott die Ungläubigen niederschlagen und besiegen wird.“ Diesen Worten zufolge verstehen sich die Terroristen prophetengleich als menschliche Werkzeuge der den Westen treffenden,

[2] Hubertus Lutterbach, Sexualität im Mittelalter. Eine Kulturgeschichte anhand von Bußbüchern des 6. bis 12. Jahrhunderts (Archiv für Kulturgeschichte. Beihefte 43) Köln – Weimar 1999.

[3] *Frankfurter Allgemeine Sonntagszeitung* (30.09.2001).

göttlich verhängten Zerstörung. Überdies betrachten sie ihren todbringenden Einsatz auch auf der persönlichen Ebene als vor Gott unbedingt notwendigen Bußausgleich für ihre eigene Teilhabe am Lebensstil des ungläubigen Feindes: „Die Zeit ist reif, um das Richtige zu tun. Wir haben unser Leben verschwendet, und nun ist die Gelegenheit und die Stunde gekommen, uns Gott hinzugeben. (...) Gott wird dich erheben und dir alle Sünden vergeben", wie die dem Terroristen geltende Zusage im Atta-Testament lautet.

„Terroristen-Martyrer" oder „Ich liebe Dich"?

Als drittes Beispiel sei auf eine andere Auffälligkeit verwiesen, über die kürzlich im Kontext des islamischen Fundamentalismus berichtet wurde und die gleichfalls in die Richtung vor-rationalen Weltverstehens deutet: Dem Islam verbietet sich der Selbstmord ebenso eindeutig wie er entsprechend christlichem Glauben untersagt ist. Wer als Muslim Selbstmord begeht, wird bis heute nicht auf einem islamischen Friedhof bestattet. Erst die palästinensische Islamistenbewegung Hamas bestand darauf, daß ein Selbstmordattentäter keinen gewöhnlichen Selbstmord begehe, sondern das Martyrium im Sinne eines Gott wohlgefälligen Werkes auf sich nehme, um die heiligen Stätten von den Ungläubigen zu befreien. Allerdings verstanden sie – ebenso die afghanischen Mudschahedin – den Glauben an das Martyrium niemals als Ausgangspunkt muslimisch-befreienden Kämpfens; vielmehr galt ihnen das Selbstmord-Martyrium lediglich als Mittel zum Zweck. Es waren die arabischen Freischärler in Afghanistan, die den heutigen Martyrerkult entfacht und inhaltlich mit religionsgeschichtlich uralten Vorstellungen unterfüttert haben: „In den Schriften von Abdullah Azzam, des Mentors von Usama bin Laden, werden die in Afghanistan gefallenen Araber auf eine Weise verherrlicht, die glauben läßt, der eigentliche Lebenszweck sei es, sich von Ungläubigen zerfetzen zu lassen", um in das Paradies einzugehen. Mehr noch: „Azzam und seine Gefährten können den wunderbaren Zustand der gefallenen Kameraden nicht ausführlich genug schildern. Deren Leichname verwesten nie, im Gegenteil, sie strömten lieblichen Geruch aus."[4]

4 *Frankfurter Allgemeine Zeitung* (26.09.2001).

Ebenso wie die Furcht vor kultischer Verunreinigung aufgrund menschlicher Ausscheidungen zählt auch die hier rezitierte Vorstellung vom unverweslichen und wohlriechenden Martyrerleib zum Urgestein in der Welt der Religionen. Dabei ist die Vorstellung, daß der Tote in seinem Grab lebt (und deshalb auch ‚ganz' sein muß), über Jahrtausende hinweg nicht allein für Ägypten oder für das mittelalterliche Christentum (in Abweichung vom Neuen Testament!) bezeugt, sondern darüber hinaus auch für andere Religionen belegt. Somit wird deutlich, daß die gegenwärtigen ‚Theoretiker' unter den islamischen Fundamentalisten auch in diesem Punkt auf vor-rationales Gedankengut zurückgreifen, das sie im Sinne eines Merksatzes formulieren und dem einzelnen Muslim zu glauben aufgeben. Übrigens erwarteten – so Azzam – die ‚Terror-Martyrer' im Paradies 72 Jungfrauen, die keine Menstruation litten[5]: einmal mehr also die Hervorhebung der vor-rationalen Reinheitsvorstellung, der es auf die Enthaltung von Sexualität und die Vermeidung jeden Kontakts mit Körperflüssigkeiten ankommt.

Von diesen fundamentalistischen Inhalten heben sich Überzeugungen ab, über die das FBI im Rahmen der Ermittlungen zu den Terroranschlägen gleichfalls berichtet. Der amerikanische Geheimdienst hat nachträglich all jene Telefongespräche protokolliert, die Insassen der auf Entführungskurs befindlichen Maschinen mit ihren Angehörigen geführt haben. So unterschiedlich diese Gespräche offenbar verlaufen sind, so häufig übermitteln die Betroffenen in ihrer Bedrängnis die drei großen Worte: „Ich liebe dich." Im Unterschied zu einer fundamentalistisch-geschlossenen Religiosität zeigt sich an diesem Beispiel das Charakteristikum einer ‚offenen' Lebensbewältigung und Religiosität: Die über Handy abgewickelten Gespräche veranschaulichen, was es heißt, sein Vertrauen bis in die äußerste Lebensgefahr hinein auf die personale Beziehung zu setzen.

Umso schockierender muß es für eine auf ‚Jesus als die Botschaft' vertrauende Lebenshaltung wirken, daß Christlich-Evangelikale nicht nur in Amerika die fundamentalistisch motivierten Terroranschläge ihrerseits fundamentalistisch ‚ausschlachten': Sie

[5] *Frankfurter Allgemeine Zeitung* (26.09.2001).

erklären die Auslöschung von Menschenleben und Kultur – man beachte die Übereinstimmung mit dem Atta-Testament – als göttliche Strafe für eine übermäßige Toleranz der westlichen Gesellschaften gegenüber dem ‚Unwesen' von Feministinnen und sexuell außerehelich Praktizierenden. Im Sinne des Fundamantalismus, vor dem grundsätzlich keine Religion gefeiht ist, bemühen diese christlichen ‚Fundis' um der Überzeugungskraft ihrer Argumentation willen einen wiederum uralten und ‚religiös internationalen' Grundsatz: die allerdings von Jesus außer Kraft gesetzte und in der Religionsgeschichte als Tun-Ergehen-Zusammenhang gekennzeichnete Entsprechung von menschlichem Wohlverhalten und göttlich geschenkter Wohlfahrt, von menschlicher Sünde und himmlischer Strafe.

Selten hat sich in den letzten Jahren die Alternative zwischen fundamentalistischer Religiosität und ‚personal-freier' Lebensbewältigung so nachhaltig in Erinnerung gerufen wie am 11. September 2001. Mehr denn je stellt sich für den persönlichen Alltag, vor allem aber für die Weltpolitik die Frage, wie Menschen diesseits und jenseits des Grabens, den die Aufklärung bezeichnet, miteinander in Dialog treten können. In diesem Zusammenhang muß das Bemühen zugleich darauf zielen, der fundamentalistischen Versuchung Einhalt zu gebieten und die Welt vor todbringendem Fanatismus zu bewahren.

Rückkehr ins Mittelalter?*

Wilhelm Damberg

„Nach dem 11. September wird die Welt nie wieder so sein wie zuvor ..."

Hat der Terror-Anschlag die Welt wirklich verändert, wie wir so oft in den letzten Tagen gehört haben? Eine andere Formulierung wäre wohl zutreffender: Die Öffentlichkeit nimmt die Welt in anderer Weise als bisher wahr. Vor allem dürften ‚Gott' und ‚Religion' in den letzten Jahren in den Medien kaum einmal so präsent gewesen sein wie in den letzten Wochen.

Aber was für eine Konnotation! Nehmen wir als Beispiel den Aufmacher des *Spiegel* vom 8. Oktober 2001. Das Titelbild gruppiert unter der Schlagzeile „Der religiöse Wahn. Die Rückkehr des Mittelalters" Kreuz, Davidsstern und Halbmond, also die Symbole der jüdischen, christlichen und islamischen Religion um die brennenden Türme des World Trade Centers. Gerahmt wird diese Montage in einem äußeren Kranz durch Szenen aus der chronique scandaleuse dieser Religionen: Oben links eine Hexenverbrennung, daneben ein Kreuzritter, darunter die Wandparole „IRA" und ein britischer Soldat. Es folgen am rechten Bildrand Szenen aus Israel und Palästina: Das bekannte Bild eines palästinensischen Kindes, das bei einem Schußwechsel verängstigt hinter seinem Vater kauert und Sekunden später sterben wird, ein junger Palästinenser mit blutigen Händen, der jüdische Mörder von Rabin. Und auf der linken Seite um den Halbmond herum: Militante Palästinenser, darunter einer, der an seiner Vermummung ein Teppichmesser zur Schau trägt, wie es von den Attentätern benutzt wurde, und schließlich bin Laden.[1]

* Der Text basiert auf einer Vorlesung, die der Vf. an der Kath.-Theol. Fakultät der Ruhr-Universität Bochum zu Beginn des Wintersemesters 2001/02 gehalten hat.

1 Dem Graphiker war zweifellos nicht bewußt, daß sich dem Historiker aus der Zeitgeschichte eine weitere Assoziation einstellen könnte: In der Nr. 46 des Jahrgangs 1936 publizierte der *Stürmer* eine Titelgraphik, in der aus einem Davidstern ein bluttriefender Inquisitor sowie Hammer und Sichel (!) heraus-

wachsen. Diese Montage ist von einem endlosen Gräberfeld umgeben. Entsprechend dem Feindbild der nationalsozialistischen Propaganda warnen Graphik und Begleittext vor dem angeblich todbringenden Wirken nicht nur des Judentums, sondern auch des daraus entstandenen Christentums und Kommunismus in der Geschichte.

Der begleitende Artikel unter den Titeln „Die Religionen des Terrors“ (so im Inhaltsverzeichnis) oder „Gott will es“ (so über dem Text) konstatiert, auch wenn Mord und Totschlag nicht zur Morallehre der Weltreligionen gehörten, so töteten Gläubige „doch immer wieder ... aus religiösem Wahn – aufgehetzt von fanatischen Priestern“. Die „dunkle Seite jeder Religion“ sei vor allem in den „abrahamitischen Religionen“ mit ihrem Absolutheitsanspruch präsent (160). Insbesondere dem Islam fehle ein „Martin Luther, der die dogmatische Erstarrung des Islam aufzubrechen beginnt“ (161). Eine Blutspur begleitet also die Geschichte der Religionen.

Das Geschichtsbild des Artikels ist offenkundig. Die Hochzeit der Unheilsgeschichte des religiösen Wahns und seines blutigen Terrors war das Mittelalter, das erst durch die Aufklärung beendet wurde: „Es war die Bewegung der Aufklärung, die dem mörderischen Treiben ein Ende machte. Deren Ideale – Vernunft, Menschenwürde, Freiheit, Gleichheit, Brüderlichkeit, Toleranz – erfaßten zwischen dem 17. und 19. Jahrhundert die ganze westliche Welt, sie zerbrachen die indoktrinäre Macht der Kirchen“ (170). Ein besonders hervorgehobener Leserbrief im *Stern* vom 11. Oktober 2001 formulierte in demselben Bewußtsein einen „Traum vom Ende der Religionen“: „Mein Traum ist, daß irgendwann in der Zukunft die Religionen als vergangenes und überholtes Relikt im Geschichtsunterricht behandelt werden und die Schüler sich fragen, wozu ihre Vorfahren dies brauchten und warum deswegen Menschen andere Menschen töteten.“ Der drohende Rückfall ins Mittelalter kann also nur überwunden werden, wenn sich der Säkularisierungsprozeß in der Aufhebung der Religionen vollendet.

Deutlich anders ließ sich am 14. Oktober Jürgen Habermas bei der Verleihung des Friedenspreises des Deutschen Buchhandels vernehmen. Am 11. September sei eine fortbestehende „Spannung zwischen säkularer Gesellschaft und Religion ... explodiert“, aber wer einen „Krieg der Kulturen“ vermeiden wolle, der müsse sich auch die „unabgeschlossene Dialektik des eigenen, abendländischen Säkularisierungsprozesses“ in Erinnerung rufen. Diese Spannung beruhe vor allem darauf, daß die Religionen des Okzidents zwar einerseits in den zurückliegenden Jahrhunderten gelernt hätten, mit dem säkular-liberalen Staat zu leben, aber andererseits immer wieder ein Unbehagen darüber empfänden, daß sie in diesen Gesellschaften nur insoweit Geltungsansprüche erheben könnten, als sie sich auf die Logik dieses ‚vernünftigen' Paradigmas einlassen, was aus ihrer Sicht einer schleichenden Auszehrung ihrer Identität gleichkommen könne. Der gegenwärtig international wohl renommierteste deutsche Philosoph plädierte demgegenüber für einen gesellschaftlichen Diskurs, der die gegenseitigen Geltungsansprüche von Religion und säkularer Gesellschaft berücksichtigt, vor allem aus der Einsicht heraus, daß sich auch die „entzauberte Welt" der Moderne ein Gespür für die Artikulationskraft religiöser Sprachen erhalten müsse, wenn sie sich nicht von unentbehrlichen und knappen Ressourcen der Sinnstiftung abschneiden wolle. Insofern sei es vernünftig, wenn eine säkulare Gesellschaft von der Religion Abstand halte, „ohne sich deren Perspektive ganz zu verschließen." Ein vergleichbarer, langwieriger Erfahrungsprozeß sei – so Habermas – im Orient durch „Gefühle der Erniedrigung" blockiert worden und in das „moderne" Phänomen des islamischen Fundamentalismus eingemündet.[2]

Spiegel und *Stern* auf der einen Seite – Habermas auf der anderen Seite: So spitzt sich in diesen Tagen neuerlich die Frage nach dem Verhältnis der Religionen zur Neuzeit und zur Moderne, zum säkularen Staat und zur pluralistischen Gesellschaft überhaupt zu. Auch als Christen sind wir gut beraten, diese Frage nicht gewissermaßen links liegen zu lassen, und in vielleicht wohlgemeinter Solidarität mit den Muslimen zu erklären, die Terroranschläge hätten überhaupt nichts mit dem Islam und schon gar nichts mit Religion zu tun. Das wäre naiv, ist es doch spätestens seit der Revolution im Iran unter der Führung des greisen Ayatollah Chomeini im Jahre 1979 unübersehbar, daß sich in der muslimischen Welt eine kritische Distanz zum christlich-säkularen Okzident aufgebaut hat, die den Attentätern das Ziel und den Resonanzboden vermittelte. Umgekehrt ist die Vorstellung, Massenmord lasse sich irgendwie aus der islamischen Theologie – und sei es dem umstrittenen Dschihad – ableiten, vollständig abwegig. Es genügt,

2 Jürgen Habermas, Glauben und Wissen, in: *Frankfurter Allgemeine Zeitung* (15.10.2001).

hier als pars pro toto auf die zentrale Gottesaussage des Korans zu verweisen, der doch vor allem *eine* Eigenschaft Gottes immer wieder, zu Beginn jeder Sure, hervorhebt: *Barmherzigkeit.* Entsprechend lehnen fast alle Muslime jeden extremistischen Terror aus religiösen Gründen ab.

Gleichwohl: Wollen wir den Ursachen der eskalierenden Spannungen nachspüren, führt kein Weg an einer historischen Analyse der Entwicklung der Beziehungen von Religion und Moderne vorbei, die offenbar im Okzident und im vom Islam geprägten Orient unterschiedlich verlaufen ist, wie es Habermas durch seine These einer blockierten Entwicklung andeutet.

Völlig zu Recht sind immer wieder die vielfachen Gemeinsamkeiten zwischen Islam und Christentum hervorgehoben worden, wie der Charakter der Offenbarungs- und Buchreligion, der Monotheismus und Universalismus, und vor allem die Anerkennung einer gemeinsamen Prophetenlinie. So unbestritten dies ist – ebenso unbestreitbar dürfte sein, daß eine wesentliche, bis heute nachwirkende Differenz zwischen Islam und Christentum darin besteht, daß der Islam sich, zumindest der Theorie nach, als eine engere Einheit von Staat, Gesellschaft und Religion begreift, als dies in der christlichen Theologie gängig ist.

Die Christengemeinschaft war gerade von ihren Anfängen als Minderheit im religiös pluriformen Römischen Reich her nicht unbedingt auf eine Identität von Staat und Gesellschaft sowie der eigenen Religion festgelegt. Freilich: Nach der sogenannten Konstantinischen Wende, seitdem das Römische Reich von christlichen Cäsaren regiert wurde, haben christliche Theologen und Politiker nichtsdestoweniger diese Einheit über die längste Zeit der Geschichte der Christenheit, von der Spätantike bis in das letzte Jahrhundert hinein, gefordert und mit unterschiedlichem Erfolg umgesetzt. Schon im 11. Jahrhundert war jedoch mit dem Investiturstreit zwischen Kaiser und Papst eine weitere, wichtige Weichenstellung vorgenommen worden: Weltliche und sakrale Herrschaft wurden als getrennte Institutionen verstanden, wobei die Kirche gewissermaßen allmählich aus der Welt heraustrat. Damit setzte ein äußerst bedeutsamer, quasi moderner Differenzierungsprozeß in der Gesellschaft des Okzidents ein, auch wenn sie sich als Ganze der christlichen Religion zugehörig fühlte.

Fast 500 Jahre später folgte in eben dieser „societas christiana" der Schock der Reformation. Luthers Kritik an dem sakralen, heilsvermittelnden Anspruch der Kirche fand in einem Teil der Christenheit beträchtliche Resonanz. Nach den blutigen Religionskriegen setzte sich dann zunehmend die Einsicht durch, daß die Kircheneinheit mit Gewalt nicht wieder herzustellen war, was zunächst eine praktische, keineswegs aber positiv besetzte Toleranz gegenüber Andersgläubigen mit sich brachte. Dies war aber dennoch der erste Schritt zu einer allmählichen Säkularisierung der europäisch-atlantischen Staatswesen spätestens seit der Unabhängigkeit der USA und dem Zeitalter Napoleons, freilich unter heftigen Konflikten. Gerade in Europa geriet praktisch das ganze 19. Jahrhundert zu einer Epoche der sogenannten ,Kulturkämpfe', in denen zwischen den Kirchen, die sich auf in ,modernen' Formen mobilisierte Gläubige zu stützen vermochten, und den sich ausbildenden Nationalstaaten heftig um die Abgrenzung von Kompetenzen und die religiös-weltanschaulichen Grundlagen des Gemeinwesens überhaupt gerungen wurde. Schließlich kam es von Nation zu Nation zu recht unterschiedlichen Arrangements, so daß die großen Konfessionsgemeinschaften den Prozeß als solchen im 20. Jahrhundert zu akzeptieren vermochten, wenngleich von Zeit zu Zeit aufbrechende Konflikte, z.B. um die Abtreibungsgesetzgebung, das von Habermas skizzierte Unbehagen in Erinnerung bringen. Dies gilt auch für die USA, wo die durch die Aufklärung induzierte Trennung von Staat und Kirche und eine stark religiös geprägte Zivilgesellschaft Hand in Hand gehen.

Im Islam verliefen die Dinge anders. Der Prophet Mohammed begründete nach der Auswanderung aus Mekka im Jahre 622, dem Beginn der muslimischen Zeitrechung, in Medina die ,Umma' des Islam, eine Gemeinschaft der Gläubigen, die zugleich Religionsgemeinschaft und politisches Gemeinwesen war, dem die Auswanderer aus Mekka und lokale Clans aus der Umgebung von Medina angehörten. Hier wurde Mohammed vom Propheten einer religiösen Offenbarung zugleich zum politischen Führer, der sich als Friedensstifter zwischen den in notorische Fehden verwickelten Stämmen einen Namen machte und so schließlich die arabischen Stämme unter der Fahne des Islam religiös und damit politisch einte. Nach seinem Tod ging die Leitung der ,Umma' dann auf seine Nachfolger über, die ‚Kalifen'. Mit der nun folgenden, rasanten Ausdehnung der ‚Umma' setzte jedoch in der Praxis bald eine dynastische Zersplitterung dieses einen religiösen und politischen Führungsanspruch beinhaltenden Kalifates ein, wobei die osmanischen Sultane den Titel in ihrem Herrschaftsbereich noch bis zu ihrem Untergang (1922/24) führten.

Allerdings wäre es falsch, in den Kalifen – gewissermaßen mit westlichen Augen – einen Kaiser und Papst gleichzeitig zu sehen, der einer Theokratie vorstand! Gerade hier wird deutlich, wie schwer es ist, unterschiedliche Denkmuster zu übersetzen, denn der Islam kannte und kennt keine der Kirche der Christenheit vergleichbare sakrale Institution mit geweihten Klerikern und Sakramenten. Der Kalif galt zwar als der Herrscher der Gläubigen, aber in religiösen Fragen mußte er sich des Rates der Theologen versichern, insbesondere ihres Konsenses, des ‚Idschma'. Dieser Konsens ist in Glaubensfragen letztlich die einzig – katholisch formuliert – ‚unfehlbare' Instanz des sunnitischen Islam, wobei die Autorität der Theologen sich wiederum keineswegs einer sakralen Weihe verdankt, sondern letztlich der allgemeinen Anerkennung, die ihre Auslegung des Korans und der Traditionen bei den Gläubigen findet. Nur im schiitischen Islam, der als Minderheit dem Prinzip des ‚Idschma' distanziert begegnet, ist ansatzweise eine Art sakraler Hierarchie entstanden. Bestimmte Theologen gelten als ‚Mardscha at-taqlid' (‚Instanz der Nachahmung'), wobei aber auch in diesem Fall deren Autorität letztlich nicht in einem formalisierten Verfahren zustande kommt, sondern wiederum durch die spontane öffentliche Anerkennung anderer Theologen und einfacher Muslime.

Diese egalitäre, quasi ‚demokratische' Struktur des Islam bereitet den Christen immer schon Verständnisprobleme. Sie stellt bekanntlich ein entscheidendes Hindernis für die Einführung eines islamischen Religionsunterrichtes in der BRD dar, weil dem deutschen Staatskirchenrecht dieser Typ der Religionsgemeinschaft fremd ist und eine autoritative Leitung gefordert wird, die die verschiedenen islamischen Vereine nur schwer zu leisten vermögen. Entsprechend würden wir uns heute – wieder katholisch formuliert – eine gewissermaßen ‚lehramtliche' Verurteilung des Terrorangriffs von New York und Washington von höchster Stelle wünschen, die es jedoch in Ermangelung einer solchen Instanz nicht geben kann. Die ‚fatwas', von denen gelegentlich in der Presse berichtet wird, sind zunächst einmal nicht mehr und nicht weniger als theologische (Rechts-)Gutachten, die aber grundsätzlich von jedem studierten Theologen ausgefertigt werden können, ohne daß die Gläubigen ihnen einen besonderen ‚Glaubensgehorsam' schuldeten. Ihr Gewicht richtet sich wiederum nach der Autorität des jeweiligen Theologen, der sie angefertigt hat.

Diese egalitäre Struktur des Islam geht aber eben *nicht* Hand in Hand – wie wir leicht vermuten könnten – mit einem pluralistischen Gesellschaftsmodell. Es blieb für die Muslime bis in die Gegenwart mindestens in der Theorie dabei, daß der Islam als ‚Umma' Religion und von der Religion bestimmte, umfassende politisch-soziale Gemeinschaft zugleich ist, die ihre Regeln im von Gott offenbarten Koran und in der Tradition findet.

Mehr als ein Jahrhundert benötigten die Christen, die, wie wir gesehen haben, von den theologischen und historischen Anfängen ihrer Glaubensgemeinschaft her eigentlich einen leichteren Zugang zum liberal-säkularen Staat der Neuzeit haben müßten, um mit seinen vielfach als Zumutung empfundenen politischen und sozialen Wirklichkeiten leben zu lernen (Erinnern wir uns: Noch 1832 verurteilte Papst Gregor XVI. in seiner Enzyklika „Mirari Vos" die Forderung nach Gewissens- und Meinungsfreiheit als „Wahnsinn" und erst das II. Vatikanische Konzil (1962-1965) bekannte sich definitiv zur Gewissens- und Religionsfreiheit). Um wieviel schwerer muß sich ein solcher Wandlungsprozeß aus muslimischer Sicht darstellen? Hinzu kam eine andere Weichenstellung des Mittelalters: Die Wissenschaft der islamischen Welt trug just zu dem Zeitpunkt zum Siegeszug der abendländischen Scholastik und damit eines in Europa fortwirkenden rationalen Welt- und Wissenschaftsverständnisses bei, als sich in der ‚Umma' selbst immer stärker traditionalistische Denkmuster bemerkbar machten. Die Ursachen dieser Paradoxie der vergleichenden Kulturgeschichte zwischen Orient und Okzident – etwa die tiefe Zäsur der Mongoleneinfälle im 13. Jahrhundert – sind hier nicht weiter zu verfolgen.

Der Verständniszugang zum neuzeitlichen liberal-säkular-rationalen Verständnis von Staat und Gesellschaft war so für die Muslime gleich mehrfach erschwert, und entsprechend werden die seit dem 19. Jahrhundert immer stärkere wirtschaftliche und politische Vormacht des Westens und das Übergreifen westlicher Lebensformen *zugleich* als existentielle Bedrohung des Islams als Religion empfunden. Ein säkularer Staat wird, wo das von der ,Umma' bestimmte Denken nicht auf das Modell einer ,Kirche in der Welt' zurückgreifen kann, rasch als ungläubiger, heidnischer Staat wahrgenommen. Gleiches gilt für die westlichen, als unmoralisch empfundenen Lebensformen, die vielen Muslimen als ein deutliches Indiz dafür gelten, daß die Christen sich zwar formal auch zu dem Einen Gott bekennen, aber faktisch doch eher als verkappte Heiden zu betrachten sind, die der Koran wesentlich schärfer verurteilt und bekämpft als die in Grenzen tolerierten ,Leute mit der Schrift' (also Christen und Juden), bei denen der Koran immerhin eine ernsthafte Gottsuche erkennt. Es bleibt das Paradox, daß ausgerechnet die USA, in deren Gesellschaft doch Säkularisierungsprozesse im Vergleich zu Europa nur sehr verhalten – wenn überhaupt – zu beobachten sind, in der Gegenwart zum ,Großen Satan' stilisiert werden konnten.

Diese mentalen Voraussetzungen trugen dazu bei, daß es spätestens seit den 1970er Jahren zur Ausbildung eines neuartigen, ,modernen' islamischen Fundamentalismus kommen konnte, der seinerseits auch den Nährboden für die Terroranschläge vom 11. September 2001 bereitstellte. Politische und soziale Konflikte des Nahen und Mittleren Ostens – die Fortführung des antikolonialistischen Kampfes, die damit verbundene Ausbildung arabischer Nationalismen, unbewältigte innere gesellschaftliche Spannungen, einmal ganz abgesehen von dem uns als Christen besonders bedrückenden, immer wieder um den Status Jerusalems kreisenden Konflikt zwischen Israel und den Palästinensern – wurden immer stärker unter der grünen Flagge des Islam religiös ,aufgeladen'. Das deutlichste Indiz für diese Entwicklung war die Mutation des bis in die Gegenwart eher a-politisch eingestellten schiitischen Islams zu einer weit über den Iran hinaus ausstrahlenden, politisch-revolutionären Kraft unter der Führung des Ayatollah Chomeini seit 1978/79.

Die gegenwärtige Krise der Beziehungen zwischen Orient und Okzident wird so – historisch betrachtet – von außerordentlichen Ungleichzeitigkeiten belastet, die durch die rasante Globalisierung immer weiter vorangetrieben werden. Ihre extremste Zuspitzung läßt sich dabei in Afghanistan ausmachen. Bis zur Besetzung durch die Sowjetunion bestand das Land de facto noch aus autonomen Stammesgesellschaften, die praktisch keinen Eingriff staatlicher Strukturen in ihr Hoheitsgebiet duldeten, und deren Rechtsformen wie beispielsweise das Stammesrecht der Paschtunen, das Paschtunwali, stark auf den archaischen Mitteln der Rechtssicherung durch Familienverbände, etwa durch die Blutrache, beruhten. Nach dem Rückzug der Sowjetunion eskalierte dann das Fehdewesen der von Ost und West hochgerüsteten Stämme, und dieser blutigen Anarchie suchte die Bewegung der Taliban – der ‚Theologiestudenten' – offenkundig zunächst unter Rückgriff auf die friedensstiftende Idee des Islams ein Ende zu setzen. Wie unter ihnen erzählt wird, erschien dem halbblinden Dorfprediger Mullah Omar im Traum der Prophet Mohammed und forderte ihn auf, Afghanistan von den rivalisierenden Kriegsherren zu befreien, die nichts als Diebe und Mörder seien. So begann die Taliban-Bewegung mit der von ihm angeführten spontanen Entwaffnung eines gewalttätigen lokalen Milizenführers durch bewaffnete ‚Theologiestudenten'; in ihren ersten Kämpfen glaubten sie sich in ihren Trucks von schützenden Engeln begleitet. Vor ihrem siegreichen Angriff auf die Hauptstadt Kabul wurde dann ein in Kandahar befindlicher heiliger Schrein mit dem Mantel des Propheten, also einer Art Berührungsreliquie Mohammeds, geöffnet (was in Hunderten von Jahren nicht geschehen sein soll) und den ‚Theologiestudenten' präsentiert: Der Prophet selbst führte sie an. Offenkundig war den Beteiligten die Analogie zu dem Auftreten Mohammeds, der seinerseits nach 622 das Fehdewesen der arabischen Stämme zu beseitigen suchte, bewußt.

Hier ging es also zunächst darum, in einer archaischen Stammesgesellschaft aus religiösen Motiven militärische Friedenssicherung zu betreiben, und das erklärt, warum viele Afghanen den Vormarsch der Taliban zunächst begrüßten. Auch in der europäischen Geschichte begegnen uns solche Feldzüge, und zwar in der so genannten Gottesfriedensbewegung des 10. Jahrhunderts, als sich Bischöfe des in Anarchie verfallenden Westfrankenreichs an die Spitze von Milizen stellten, um das ausufernde Fehdewesen zu bekämpfen. Unschwer läßt sich auch das legendäre Szenario übertragen.

Die Tragik der Entwicklung in Afghanistan ist nun dadurch bestimmt, daß diese Taliban-Bewegung nach unserem gegenwärtigen Kenntnisstand unter den Einfluß militanter Fundamentalisten aus dem arabischen Raum geriet, die das Land als Basis für ihren terroristischen Kampf gegen die westliche Welt benutzten und so gemeinsam das brutale Regime eines vermeintlichen Gottesstaates entfalteten, der ‚moderne', gewissermaßen totalitäre Züge entwickelte und entsprechend auch mit den traditionalen Lebensformen der Afghanen brach. Damit verschränkten sich also zwei Spannungsfelder, die an sich in ganz unterschiedlichen gesellschaftsgeschichtlichen Kontexten wurzeln, zwischen denen in Europa gut 1000 Jahre lagen.

Das rasante Zusammenwachsen der Welt zum ‚global village' vollzieht sich nicht nur räumlich, sondern zugleich in der Dimension der Zeit, und die Terroranschläge vom 11. September 2001 lassen uns die Risiken extremer Ungleichzeitigkeit erkennen. Auch der gegenwärtige Präsident des Iran, Mohammad Chatami, formulierte 1998, daß es eine der „grundlegendsten Schwierigkeiten" der Muslime sei, „daß unsere Kultur oder zumindest bedeutende Teile von ihr zu einer Zivilisation gehören, deren Zeit schon vor Jahrhunderten abgelaufen ist, daß unser Leben jedoch von der neuen [westlichen] Zivilisation beeinflußt wird, die eine zu ihr passende Kultur einfordert." Die Veränderungen im Denken und Leben der Menschen führten nun, weil das Wesen der Religion bei vielen Gläubigen mit einem „zeitlich und örtlich gebundene(n) Verständnis der Religion" identifiziert werde, zu dem Versuch, „die Wirklichkeit der eigenen, engeren Wahrnehmung (anzupassen)." Das sei aber langfristig nicht möglich und bringe kurzfristig „nur Unglück."

Wolle man der Religion einen Dienst erweisen, müsse man „mutig zwischen ihrem Wesen, das etwas Erhabenes und Heiliges ist, und den menschlichen und daher relativen, begrenzten und veränderlichen Wahrnehmungen der Religion unterscheiden. Die Religion wird dann ihren Platz im Herzen der Gläubigen bewahren, und gleichzeitig öffnet sich das Tor für die Veränderungen im religiösen Denken."[3]

[3] Sejjed Mohammad Chatami, Keine Religion ist im Besitz der absoluten Wahrheit. Das Haupt des Menschen ragt in den Himmel, aber seine Füße stehen auf der Erde, in: *Frankfurter Allgemeine Zeitung* (26.09.1998).

Welcher katholische Theologe fühlt sich hier nicht an Papst Johannes XXIII. und die folgenden Debatten auf dem Zweiten Vatikanischen Konzil erinnert? Bekanntlich sind sie auch unter den Katholiken alles andere als zu den Akten gelegt, und dies ist auch in der ‚Umma' schwerlich zu erwarten. Angesichts der gegenwärtigen Eskalation der Spannungen kommt aber den Christen zweifellos eine besondere Verantwortung zu. Wäre es nicht gerade ihre Sache, die Muslime deutlicher erkennen zu lassen, daß der Okzident nicht das Reich des Satans ist?

Aktiver Nihilismus
Bemerkungen zur Terrorrationalität*

Jürgen Manemann

Nach den perfiden Terroranschlägen auf New York und Washington wird immer nachdrücklicher die Frage aufgeworfen, ob nicht die Hoffnung, die den monotheistischen Religionen inhärente Gewalt rationalisieren zu können, aufgegeben werden müsse. Sind die Terrorattacken nicht der Beweis, daß mit Gott alles erlaubt und möglich ist, sogar die Vernichtung Tausender Menschen? Folglich hätte also nicht die Moral ihr Fundament in Gott, sondern der Glaube an den einzigen Gott wäre der Grund für die Unmoral. Demgemäß müßte Dostojewskijs Ausspruch „Ohne Gott ist alles erlaubt" heute umformuliert werden: „Mit Gott ist alles erlaubt!"

Auf der Basis solcher Rationalisierungen und im Zuge dieser Verarbeitungen wird also der (alte) Vorwurf laut, daß es sich bei den Terroranschlägen um Auswüchse eines religiösen Wahns handele, eines Wahns, den es zwar zu allen Zeiten gegeben habe, der jedoch v.a. in den drei Offenbarungsreligionen verbreitet sei.[1] Der Glaube an den einzigen Gott, so die Grundthese, verlange absoluten Gehorsam. Der Philosoph Odo Marquard hat schon vor Jahren diese These vertreten und behauptet, daß sich absoluter Gehorsam aus Monomythen speise, denn nur Polymythen garantierten eine plurale Freiheit, da man sich allein auf ihrer Basis jeweils einem Anspruch durch Verweise auf einen anderen entziehen könne: nemo contra deum nisi deus ipse (gegen Gott nur ein Gott). Ergo: Erst das Ende des Monotheismus sei das Ende der Absolutheitsansprüche und somit der Beginn wahrer Demokratie.

Wer traut sich nach diesen Ereignissen, einer solchen Plausibilität zu widersprechen? Die Evidenzen scheinen keinerlei nähere Erläuterungen zu benötigen, allenfalls werden sie noch mit ein paar

* Der vorliegende Beitrag erschien in einer gekürzten Version unter dem Titel „Religiöser Wahnsinn oder Wahnsinn aus Irreligiosität" in: *Orientierung* (65/2001), 213-214.

1 Vgl. etwa die neueste Ausgabe des *Spiegel* (41/2001), die den Titel trägt: „Der religiöse Wahn. Die Rückkehr des Mittelalters".

zusätzlichen Hinweisen aus der *Kriminalgeschichte des Christentums* (K.-H. Deschner) garniert. Dennoch muß solchen Plausibilitätssuggestionen widerstanden werden, und zwar nicht, um eine Apologie des biblischen Monotheismus zu betreiben, sondern deswegen, weil gerade diese Plausibilitäten der Verschleierung der in den Terrorattacken manifest gewordenen Gewalt dienen. Warum?

Die These vom „religiösen Wahn" (*Der Spiegel*) basiert auf einer Rationalisierung der Verbrechen, die in ihrem hermeneutischen Verstehen die neue Dimension dieser Gewalt nicht in den Blick zu nehmen erlaubt. Ich glaube nicht, daß es sich bei diesem Wahnsinn um eine Rückkehr ins Mittelalter handelt. Der neue Terrorismus ist nämlich weder gegenmodern noch gegenmodern-modern; er ist auch nicht antiglobal, wie seine Exekutoren zur Verschleierung ihrer Interessen behaupten, sondern zutiefst modern, weil er keinen tellurischen (einem Land und einer Kultur zugehörigen) Charakter besitzt und revolutionäre Prinzipien der Moderne (Technologisierung, Akzeleration, Mobilität etc.) zu seinen eigenen macht. Sein Programm ist nicht die Redivinisierung, also die Vergöttlichung der Welt, sondern die Entweihung des Heiligen. Insofern ist er auch nicht Audruck eines Fundamentalismus, also eines gegenmodern-modernen Phänomens, das darauf ausgerichet ist, die Fragmentierungen der Modernisierungsprozesse durch Verweis auf Unerschütterliches zu kitten. Weder die Restauration alter Fundamente noch die Schaffung neuer Fundamente, die zu erhalten sich lohnt, ist sein Ziel; weder eine vorwärts- noch eine rückwärtsgewandte Utopie zeichnet diesen ‚Fundamentalismus' aus, sondern einzig das Anti-Utopische. Er intendiert nicht Heilung, sondern Untergang. Allein die gewalttätige Handlung ist ihm Dogma. Solch dogmatisiertes Handeln ist nicht Ausdruck eines Absolutheitsanspruchs einer monotheistischen Religion, sondern Fundament einer absoluten Politik, die auf einer Exklusion beruht, welche es erlaubt, den Anderen der Vernichtung preiszugeben. In den Terrorakten drückt sich deshalb ein Nihilismus aus, der sich lediglich hinter religiösen Floskeln zu verstecken sucht. Sein Ziel ist primär Annihilation. Dieser Nihilismus ist zu unterscheiden vom religiösen Fanatismus, der als ein Aufschrei eines verwundeten Glaubens verstanden werden kann, den wir

Europäer in unserer Gewaltgeschichte zurückgelassen haben. Im Fanatismus islamischer Gruppen und ihrer Gewalt artikuliert sich immer noch Utopisches, wenn auch rückwärtsgewandt. Absolute Gewalt hingegen ist intentionslos, und gerade in dieser Intentionslosigkeit besteht ihre Rationalität, genauer ihre „Terroratio" (J.P. Reemtsma).

Eine funktionale Betrachtungsweise des Terrorismus hilft uns, die seinen Handlungen immanente Rationalität zu entschlüsseln. Eine der Hauptfunktionen des Terrors besteht darin, jede Beziehung zwischen den Entscheidungen und den individuellen Schicksalen auszulöschen.[2] So hatte etwa der muslimische Botenjunge im World Trade Center überhaupt nichts mit den Entscheidungen der Terroristen zu tun. Genau aus diesem Grund sind auch die Ziele der Terroristen nicht antizipierbar. Das alleinige Ziel eines solchen Terrors ist es, kontinuierliche Erfahrung, auf die wir angewiesen sind, zu durchbrechen. Durch die Durchbrechung derselben zielt der Terror auf den Zusammenbruch der Persönlichkeit. Und so zeigt sich denn auch gegenwärtig in den westlichen Gesellschaften eine massive Störung der kollektiven und individuellen Möglichkeiten, das Erlebte zu verarbeiten. Die ‚Irrationalität' der Handlungen ist rational kalkuliert. Der Plan der Terroristen besteht darin, daß es keinen solchen Plan gibt. Und genau dies verstört uns zutiefst, denn die Aktionen beschwören in uns die Vorstellung einer völlig willkürlichen Welt. Aber diese ‚Willkür' ist perfekt inszeniert. Es gehört zum Durchsetzungspotential dieses Terrors, daß man seine Handlungen nicht für möglich hält. Wer also seine Logik „in ‚normalen' Zweck-Mittel-Beziehungen sucht, mit dem Ziel, sie zu antizipieren, sucht dort, wo Licht ist, nicht dort, wo der verlorene Schlüssel liegt."[3] Unser zweckrationales Bewußtsein geht davon aus, „daß Handeln einer Zweck-Mittel-Logik folgt, in

2 L. Löwenthal, Individuum und Terror, in: D. Diner (Hg.), Zivilisationsbruch. Denken nach Auschwitz, Frankfurt 1988, 15-25, 16.

3 J.P. Reemtsma, Terroratio. Überlegungen zum Zusammenhang von Terror, Rationalität und Vernichtungspolitik, in: W. Schneider (Hg.), „Vernichtungspolitik". Eine Debatte über den Zusammenhang von Sozialpolitik und Genozid im nationalsozialistischen Deutschland, Hamburg 1991, 135-163, 158.

der nicht ‚alles möglich' ist."[4] Normale Menschen wissen jedoch nicht, daß alles möglich ist, daß Menschen Massenvernichtung bewußt durchführen.[5]

Aus identitätstheoretischer Perspektive bleibt zudem festzuhalten, daß der heute geführte ‚Krieg gegen den Terror' im Gegensatz zu früheren kriegerischen Auseinandersetzungen nicht identitätsstabilisierend wirkt, da der Feind, der ja durchaus eine identitätsbildende Beziehung gewährleisten kann, uns kein Bild liefert. Die Feindbildlosigkeit ist für ihn kennzeichnend. Er ist global und mobil geworden.

Wenn man einem solchen Terror widerstehen will, dann müssen die Unterschiede zum Fundamentalismus wahrgenommen werden. Ansonsten vollzieht man eine Rationalisierung der Gewalt, die dieser in die Hände spielt. Ein zweckrationales Verstehen des Terrors stößt hier an seine Grenze, denn der Zweck liegt in der Vernichtung, sie allein ist sein ‚logisches' Ende. Die kognitiven Barrieren, die uns daran hindern, diesen Terror zu verstehen, sind bewußt ins Werk gesetzt worden. Das Testament des Terrorpiloten ist dafür ein makaber inszeniertes Beispiel.[6] Wenn hier von Religiosität zu reden wäre, dann allenfalls im Sinne Ludwig Wittgensteins, der schrieb, daß religiöser Wahnsinn Wahnsinn aus Irreligiosität sei. Zugegeben, und wer wollte das abstreiten, es gibt auch einen Wahnsinn aus Religiosität, dieser drückt sich jedoch nicht in diesem Verbrechen aus. Deutlich wird dies anhand des Blicks auf den ‚Djihadismus', eine Ideologie, die den Djihad als einen „Glaubenspfeiler des Islams" sieht.[7] Normalerweise nennt sich ein Bekenner des Islam ja bekanntlich Muslim. Zieht er in den Krieg, um seinen Glauben zu verteidigen, also in den Djihad, dann wird er zum Mudjahedin. Die Terroristen sind aber keine Mudjahedin, die ihre Religionsfreiheit verteidigen, sondern sie sind Djihadisten, die die Vernichtung der Ungläubigen beabsichtigen.[8]

4 Ebd., 158.

5 Vgl. ebd.

6 Vgl. *Der Spiegel* (40/2001).

7 Vgl. M. Pohly/K. Durán, Osama bin Laden und der internationale Terrorismus. Mit einem Vorwort von Rolf Tophoeven, München 2001, 21-23.

8 Vgl. ebd., 41.

Ein solcher Djihadismus ist m.E. Ausdruck eines faschistischen Syndroms[9]: Er zielt auf die Maximierung von Ungleichheit. Die Ungleichheiten werden durch „Ontologisierung" fixiert, d.h., „die Verschiedenheiten (...) werden (...) zu existentiellen Merkmalen aufgewertet, die den betreffenden Menschen oder Gruppen gleichsam angeboren, mithin nicht mehr zu verändern sind." „Die Amerikaner" und „die Juden", so die aus einer derartigen Perspektive resultierende Forderung bin Ladens, seien überall, wo sie angetroffen würden, zu töten. Die Überlegenheit und das ‚Auf-der-Seite-Gottes-Stehen' sind Ausfluß eines Sozialdarwinismus.

Das Führerprinzip ist für jeden Faschismus unabänderlich. In ihm kulminiert letztlich die Maximierung von Ungleichheit. Zum Faschismus gehört zudem eine Dauermobilisierung, die vor Lethargie schützen soll; dazu bedarf es immer wieder der Personalisierung und Emotionalisierung anonymer Prozesse. Die Vereinheitlichung basiert auf einem paranoiden, geschlossenen Weltbild. Ein wesentliches Moment des Faschismus-Syndroms ist, die totale Politisierung der Gesamtpersönlichkeit, durch die jede andere Loyalität (Familie, Religion, individuelles Gewissen usw.) ausgeschaltet wird. „Härte, Unduldsamkeit, Rücksichtslosigkeit werden zu Tugenden des deutlich sadomasochistischen ‚neuen Menschen', der unter der Maske des totalen Idealismus fanatisch und nihilistisch extreme ‚Endlösungen' begünstigt und diese möglichst rasch herbeiführen will." Insbesondere die Anhänger der Religionen müssen begreifen, daß Faschismusanfälligkeit nicht nur auf ökonomischen Krisen basiert, „Faschismusanfälligkeit ist vor allem verursacht durch echte psychische Not, durch ‚spirituelle' Krisen (...)."

Geht es in zivilisierten Gesellschaften um Aggressionshemmung, so hier, im Faschismus, um Aggressionserlaubnis. Gerade im Faschismus zeigt sich ein Intimverhältnis zur Gewalt. Es gibt zwar auch andere Herrschaftsformen, die äußerst gewalttätig sind, der Faschismus verwendet jedoch „Gewalt nicht nur bedenkenlos und schnell, sondern auch lieber als andere Mittel." Gewalt ist hier

[9] Vgl. zu den folgen Ausführungen und Zitaten: F. Hacker, Das Faschismus-Syndrom. Analyse eines aktuellen Phänomens, Frankfurt 1992.

libidinös besetzt. „Gewalt ist Liebesersatz oder besser Liebesobjekt, da Gewalt (wie es bei der echten Liebe sein soll), nicht nur wegen eigener Bedürfnisbefriedigung und wegen anderer Vorteile vorgezogen, sondern um ihrer selbst willen geliebt wird.“ Die vor Opferwillen Trunkenen lechzen nach Bewährung und stellen ohne Angst und Schuldgefühle ihre Gewaltbereitschaft schamlos und ostentativ zur Schau.[10] Ein solches lustvolles Streben nach Selbstvernichtung kennt man auch im Drogenrausch. Und es scheint kein Wunder zu sein, daß zum Zwecke der Erzeugung einer solchen Opferbereitschaft immer wieder auch mit Drogen gearbeitet wurde und wird. So wird gegenwärtig auch spekuliert, ob die Selbstmordkommandos unserer Tage auf eine Tradition zurückgehen, deren Anfang im 11. Jahrhundert in einem unbedeutenden Dorf namens Alamut liegt. Hier regierte ein Mann mit Namen Hassan BinSaba, der seine Jünger mittels Rauschgifts ins Paradies schickte. Und diese Jünger wünschten sich später nichts sehnlicher als ins Paradies zu kommen. Dafür waren sie bereit, alles zu vollbringen.[11]

Eine Reaktion auf diesen Terror darf sich nicht von der anderen Seite die Gesetze des Handelns vorgeben lassen. Sie muß das Irreligiöse benennen und darum wissen, daß ‚Rache‘ zwar durchaus eine biblische Kategorie ist, aber eine, die Gott vorbehalten ist. Politisches Handeln muß sich anders als dieser Terrorismus nicht am Maßlosen, sondern am Maßvollen orientieren, an der Gerechtigkeit. Die Rede von ‚infinite justice‘ signalisiert nicht die Hegung der Gewalt, sondern deren Entgrenzung.

Ein vermeintlich solidarischer Pazifismus mit den Opfern militärischer Reaktionen steht hingegen in der Gefahr, Gerechtigkeit zu einer Worthülse werden zu lassen. Gegen die Apokalypse hilft ein apokalyptisches Denken, dem es um die Enthüllung dessen geht, was vorgibt, Gottes Wille zu sein, und beansprucht, den Platz Gottes einzunehmen. „Gott ist größer“ – ein solcher Satz dekonstruiert jeglichen menschlichen Absolutheitsanspruch, drückt er sich praktisch und/oder theoretisch aus. Er macht jedwede absolute Politik unmöglich.

10 Vgl. F. Hacker, a.a.O., 127.

11 Vgl. M. Pohly/K. Durán, a.a.O., 72/73.

Religion ist und bleibt ein heißes Eisen. Hier ist mehr theologische Selbstreflexion nötig. Aber vielleicht liegt ja in den Religionen ein Potential, Wahnsinn aus Irreligiosität offenzulegen und zu bekämpfen. Dies muß jedoch aufgewiesen werden.

Von pazifistischen Kollateralschäden*

Edna Brocke

Zwar sind Erwägungen über eine mögliche Nähe zwischen Religion(en) und Gewalt seit dem 11. September 2001 zu lesen und zu hören, gleichwohl sind westliche Politiker, Journalisten und Medienvertreter in diesem Kontext überwiegend damit beschäftigt, eine kritische Diskussion dieser Frage zu umgehen, indem sie gebetsmühlenhaft wiederholen, der Islam sei eine friedliebende Religion.

Neben muslimischen Verbandsvertretern wird diese These primär durch ‚Postchristen' vertreten, also durch Menschen, die zwar in einer christlichen Umgebung und Kultur aufgewachsen sind, persönlich jedoch christlich-religiöse Positionierungen aufgegeben oder diese auf eine rein politisch-ethische reduziert haben.

In ihrem Eifer, den Islam pauschal zu verteidigen, greifen viele von ihnen zum bewährten Mittel eines Gegenangriffs. Sie rufen häufig die mittelalterlichen Kreuzzüge in Erinnerung oder andere Gewalttaten, die in christlichem Namen im Laufe der Geschichte begangen wurden. Bei dieser Argumentation wird einiges übersehen:

Missionsdrang und Gewaltbereitschaft

Missionierende Religionen – wie Christentum und Islam – bringen das nötige Maß an eschatologischer Geduld nicht auf und meinen, aufgerufen zu sein, jenen Tag, an dem alle Völker Gott erkennen werden, durch ihr eigenes Handeln und Wirken näherbringen zu sollen. Deshalb ist missionierenden Religionen Gewaltbereitschaft immanent, gerade, wenn sie ihre eigene Wahrheitswahrnehmung für die einzig legitime halten und dies unter praktischen Beweis stellen wollen.

Diese Gewaltbereitschaft wohnt sowohl dem Christentum als auch dem Islam inne. Beide Religionsgemeinschaften kennen den

* Der Text basiert auf einem Vortrag, der am 19. Oktober 2001 in Heidelberg gehalten wurde.

Missionsbefehl, alle anderen Menschen zu Glaubenden in ihrem jeweiligen Sinn zu bekehren.

Von Harmonie-Sehnsucht im Christentum
Mag sein, daß von den herkömmlichen theologischen Ansprüchen im Christentum primär die Harmonie-Sehnsucht übrig blieb. Hierbei stellt sich jedoch die Frage: Hat diese Harmonie-Sehnsucht etwas mit der christlich-theologischen Forderung des Hinhaltens der „anderen Backe“ zu tun? Wie kommt es, daß Christen zwar wissen, es jedoch nicht annehmen wollen, daß – psychologisch ebenso wie politisch – das Hinhalten der zweiten Backe keine Strategie für eine Konfliktlösung darstellt – weder im individualpsychologischen Bereich noch gar unter Gruppen oder Völkern?

Das, was ich bisher im Zusammenhang mit dieser Sehnsucht erfahren habe, ängstigt mich zutiefst. Sie stellt sich für mich als eine ‚Sehnsucht nach Harmonie um *jeden* Preis‘ dar. Auch um den Preis von Zerstörungen. Eine Gesinnungsethik ohne Bedacht der Folgen.

Diese Sehnsucht nach Harmonie geht einher mit einem tiefen Wunsch nach ‚Heilung‘. Beide zusammen (aber auch jedes von ihnen allein) verstellen jedoch den Blick auf die Zerstörungen, die sie selbst anrichten und anrichten müssen. Meist werden sie – deshalb – in ihrer vernichtenden Gewalt nicht einmal wahrgenommen.

Aufklärung
In der Geschichte hat auch das Christentum diesen Missionsbefehl oft gewalttätig ausgeführt. Die – wie auch immer einzuschätzende – Aufklärung hat jedoch im christlichen Abendland dazu geführt, daß der gewalttätige Aspekt des missionarischen Eifers in der Anwendung von ökonomischen, sozialen und verbalen Mitteln gemildert wurde.

Diese, Gewaltbereitschaft kontrollierenden Mechanismen, die eines der Ergebnisse der Aufklärung im christlichen Bereich waren, fehlen im Herrschafts-, Glaubens- und Denkbereich des Islams. Es hat auch nicht den Anschein, als würden sich aufklärerische Tendenzen im heutigen Islam wirkungsvoll entwickeln – ungeachtet seiner jeweiligen Schattierungen und Richtungen.

Gleichwohl zeitigte auch die Aufklärung im christlichen Kontext fundamentale Brüche und zweifelhafte politische Folgen:

- Trotz Aufklärung und der mit ihr einhergehenden Einführung von Kontrollmechanismen in der Einsetzung von Gewalt wurde der Holocaust im christianisierten Europa ersonnen und durchgeführt. Dieser Zivilisationsbruch stellt die eben geäußerte generelle These in Frage. Zeigte sich also im Holocaust einmal mehr die post-aufklärerische Variante jener dem Christentum innewohnenden Gewalt?
- Stellen die Nachkriegsslogans „Nie wieder Auschwitz" und der mit ihm zwillingshaft geäußerte Slogan „Nie wieder Krieg" einen post-christlichen Ersatz dar? Sind sie womöglich gar an die Stelle von abgelegten religiösen Glaubenssätzen getreten? Mit der gleichen Funktion von Wiederholung einerseits und ethischer Rahmensetzung andererseits?

Säkularisierte Formen dennoch geprägt vom Christentum

Auch die säkularisierten Formen des Christentums bargen und bergen ein besonders hohes Maß an Gewaltbereitschaft in sich. Eine der Gruppen, die sie nicht nur in sich barg, sondern auch extensiv auslebte, war die Rote Armee Fraktion (RAF). Eine Reduktion der biblischen Forderung nach sozialer Gerechtigkeit auf ein enges marxistisches Verständnis von Gesellschaft scheint mir eine oft übersehene Grundlage für Denken und ‚perfektes' Handeln dieser Gruppe gewesen zu sein. Deshalb verwundert es auch nicht, daß der Anteil von Pfarrerskindern und in evangelischen Jugendgruppen sozialisierten Menschen unter den RAF-Terroristen besonders hoch gewesen ist.

Ähnlich, wenn auch nicht mit vergleichbarer mörderischer Gewaltkonsequenz, scheint mir das Gewaltpotential bei vielen AKW-Gegnern einzuschätzen zu sein, die sich ebenfalls postchristlicher Argumente bedienen und die von kirchlichen Organisationen unterstützt werden.

Das sogenannte ‚Kirchenasyl' ist ein weiteres Beispiel dafür, daß postchristliche Standpunkte als ‚christliche' behauptet und politisch eingesetzt werden.

Es wäre sehr interessant – jedoch hier nicht zu leisten -, eine differenzierte Untersuchung der Unterschiede zwischen katholischen und evangelischen Verlautbarungen und Positionen vorzunehmen. Möglicherweise treffen sich beide Ströme im Postchristlichen.

Diese Haltung ist unter ‚Postchristen' weitverbreitet und führt in eine folgenreiche Deutungsfalle. Manche tappen nach wie vor in die gleiche Deutungsfalle. Vereinfacht formuliert lautet die Falle etwa wie folgt: Es war/ist Konsens, daß ‚rechts sein' verwerflich ist. Die Falle in der Deutung war/ist, daß manche glaub(t)en, ‚links sein' sei deshalb gut.

Eine solche Haltung birgt mindestens zwei – immanente – Fehler in sich. Zum einen verleitet sie jene, die sich selbst als ‚Linke' verstehen, zu einer deutlich wahrnehmbaren moralischen Überheblichkeit. Diese Überheblichkeit liegt auch jener *political correctness* zugrunde, die das Klima in diesem Land politisch wie menschlich stark geprägt hat. In der Verbindung zwischen Überheblichkeit und *political correctness* sehe ich auch eine der Ursachen für den Protest vieler Bürger, die sich stärker von rechtsgerichteten politischen Gruppierungen verstanden fühlen und sich ihnen deshalb auch näher wissen. Daß dieser Prozeß nach dem Beitritt der DDR zum Gebiet des Grundgesetzes der Bundesrepublik Deutschland eine weitere Verstärkung erhielt, scheint mir logisch.

Zum anderen aber zeugt diese Haltung (weil ‚Rechts' schlecht, ‚Links' gut) von unbeweglichen Denk- und Bewertungsschemata, die in politischen Zusammenhängen m.E. nicht greifen können, ist doch das *Politische-an-sich* immer im Fluß. Die Militanz, mit der bestimmte linke Positionen als die moralisch besseren und politisch einzig richtigen verfochten wurden, verhinderte sowohl eine sachliche Auseinandersetzung um den jeweiligen Gegenstand als auch eine Klärung der tiefen Emotionen, die – allseits – damit verbunden waren.

Ausgestattet mit dieser *political correctness* scheint mir eine Wahrnehmung der Realitäten erheblich erschwert, ja häufig unmöglich.

Am islamischen Wesen soll die Welt genesen

Islam-Wissenschaftler betonen, daß Islam und Demokratie einen inkompatiblen Gegensatz darstellen. Stellvertretend für diese Po-

sition verweise ich auf den Beitrag des französischen Islamwissenschaftlers Alexandre del Valle, der unter der Überschrift „Der Islam ist kriegerisch“[1] seinen Beitrag wie folgt beginnt:
„Der Islam rechtfertigt Gewalt und kennt Meinungs- und Religionsfreiheit nicht. Würde er seine kriegerische, antiwestliche und reformfeindliche Seite offen enthüllen, die ihm seit dem 11. Jahrhundert eigen ist, dürften die europäischen Staaten den Menschenrechten und dem Gleichheitsprinzip treu, ihn auf ihrem Boden nicht dulden.“

Die verbale Pazifizierung des Islams in den westlichen Medien seit dem 11. September kann jedoch über die Fakten nicht hinwegtäuschen. Vielmehr wird sie aufmerksame Bürger in ihrem begründeten Mißtrauen bestärken und viele von ihnen erneut in eine politische Richtung drängen, die behutsam in einer Demokratie beobachtet werden muß.

Die reale Gefahr für die westlichen Demokratien durch aggressive Vorgehensweisen mancher muslimischer Anführer in ihren Heimatländern und vieler muslimischer Verbandsvertreter im Westen muß Wachsamkeit und Aufmerksamkeit hervorrufen.

In einem Interview, das Eberhard Seidel mit Professor Wilhelm Heitmeyer (Bielefeld) in der *taz* vom 24.10.2001 unter dem Titel „Das ist eine halbierte Aufklärung“ abdruckte, antwortete Professor Wilhelm Heitmeyer:

„Wir haben es in weiten Teilen mit einem schwärmerischen Dialog zu tun, der die Interessen, Machtansprüche, Einflußsphären nicht zur Debatte stellt. Es ist eine halbierte Aufklärung. Es wird auch vielfach penibel umgangen, welches Verhältnis Muslime zum säkularen Rechtsstaat haben. So gab etwa der Vorsitzende des Zentralrats der Muslime, Nadeem Elyas, auf dem letzten Katholikentag auf die Frage, ob der säkulare Rechtsstaat die unumstößliche Grundlage sei, die einschränkende Antwort: ‚Ja, so lange Muslime in der Minderheit sind.‘
Wollen Sie behaupten, die Muslime hätten Schwierigkeiten, das Grundgesetz zu akzeptieren?

1 Der Islam ist kriegerisch, in: *Frankfurter Allgemeine Sonntagszeitung* (18.11.2001).

Eine Befragung des Islamarchivs ergab, daß cirka 50 Prozent der Muslime in Deutschland den Koran mit dem Grundgesetz für vereinbar halten. Was ist mit den anderen 50 Prozent? Haben sie aus bloßer Unkenntnis diese Frage zurückgewiesen? Es bleiben wichtige Fragen offen, die nur in öffentlichen Debatten zu klären sind."

Judentum als nicht-missionierende Religion

Das Judentum ist keine missionierende Religion. Im Gegenteil: Es wird einem Übertrittswilligen schwer gemacht, Jude zu werden. Dies ist ein Erklärungselement dafür, daß das Judentum in seiner über viertausend jährigen Geschichte nur ganz selten Gewalt angewandt hat. Wann immer jedoch Juden (als ein Kollektiv) Gewalt angewendet haben (oder heute anwenden), dann geschah (oder geschieht) dies ausschließlich nur in Eretz Jissrael. Es waren keine Expansionskriege und keine Machterhaltskriege. Auch heute geht es allein um das Überleben als eigenständiger Staat, was den Juden von säkularen Moslems ebenso wie von religiösen Muslimen deshalb streitig gemacht wird, weil nach islamischem Dogma jedes Stück Land, das je in der Geschichte von Muslimen beherrscht war, für immer unter islamischer Herrschaft bleiben oder wieder stehen muß. Dieses Gebiet verstehen Muslime als den „Dar el-Islam", als das Haus des Islams, in dem kein anderer ein politisches Selbstverwirklichungsrecht hat, ungeachtet seiner eigenen historischen Bindungen.

Die Tatsache, daß Juden sich im Laufe ihrer gesamten Geschichte nur sehr selten mit Gewalt verteidigt haben – allemal im Kontext der Schoah –, wurde ihnen wiederholt gerade als Schwäche ausgelegt. Wie oft wurde ihnen genau dieses Verhalten mit dem höhnischen Satz „Juden hätten sich in der Nazizeit wie Vieh zur Schlachtbank führen lassen" quittiert.

Noch viel deutlicher ist der Aspekt der Begrenzung des jüdischen *Way of Life* auf die eigene Gruppe. Es fehlt der Wunsch, andere auf diesen Weg mitzunehmen oder gar dogmatisch zu postulieren, dieser Weg würde alle Menschen zum Heil führen. Eine solche Vorstellung wird im Judentum der Gottheit überlassen – und ihr allein.

Am Ende der Tage werden die Völker erkennen, daß Adonaj die Gottheit ist. Das ist schlicht ein *Politikum* mit eschatologischen

Zügen, jedoch kein *Theologikum*. Am Ende der Tage werden die Völker – aus *eigenem* Antrieb und aus *eigenem* Willen – zum Geltungsbereich der Torah beitreten; so oder so ähnlich würden wir es in moderner Sprache formulieren.

Wie im Christentum hat es auch im Judentum eine Bewegung der Aufklärung gegeben. Innerhalb dieser breiten und differenzierten Bewegung scheint mir die bedeutendste Antwort auf die innerjüdische Aufklärung das zionistische Experiment zu sein. Es ist der Versuch, jüdisch-traditionelle, aus dem religiösen Bereich hergeleitete Werte in profane (ich sage bewußt nicht „säkulare"[2]) Normen zu gießen, die post-aufklärerisch sind. Es ist der Versuch, die im Buberschen Sinn postulierte jüdische Theopolitik in moderner Form (und eben nicht theokratisch) zu gestalten.

Angesichts der Verkennung der islamischen Militanz in den westeuropäischen Ländern und angesichts der vorherrschenden *political correctness* in Europa stellt sich die Frage, ob es den jüdischen Israelis vergönnt sein wird, diesen Versuch fortzusetzen, heute stärker denn je. Damit meine ich keineswegs primär innerjüdische Spannungen (die es natürlich auch gibt), sondern die grundsätzliche und beharrlich fehlende Bereitschaft von arabisch-islamischer Seite, das Land mit Juden zu teilen. Werden christliche Vertreter und postchristliche Aufklärer im Ringen um den Erhalt eines jüdischen Staates politisch konsequente Bündnispartner für die Juden sein? Werden sie konsequent auf die Zusammenhänge zwischen Religion(en) und Gewalt aufmerksam machen? Die Beantwortung dieser Fragen steht noch aus.

2 Siehe hierzu die Hinweise von Jürgen Habermas in seiner Ansprache am 14.10.2001 in Frankfurt. Das Wort „Säkularisierung" hatte zunächst die juristische Bedeutung der erzwungenen Übereignung von Kirchengütern an die säkulare Staatsgewalt. Diese Bedeutung ist dann auf die Entstehung der kulturellen und gesellschaftlichen Moderne insgesamt übertragen worden. Seitdem verbinden sich mit „Säkularisierung" entgegengesetzte Bewertungen, je nachdem, ob wir die erfolgreiche Zähmung der kirchlichen Autorität durch die weltliche Gewalt oder den Akt der widerrechtlichen Aneignung in den Vordergrund rücken.

IV
Gebet

„Aufrichtige Gebete und verantwortliche Taten!“*

Wolfgang Huber

„Was ihr getan habt einem unter diesen meinen geringsten Brüdern, einer unter diesen meinen geringsten Schwestern, das habt ihr mir getan.“ (Mt 25,40) Dieses Wort Jesu aus dem großen Gleichnis vom Weltgericht steht in unserer Kirche als Wochenspruch über dieser Woche. „Was ihr getan habt einem unter diesen meinen geringsten Brüdern, einer unter diesen meinen geringsten Schwestern, das habt ihr mir getan.“

Auf eine tief aufwühlende Weise hat dieses Wort gestern und in der Nacht, die hinter uns liegt, zu mir gesprochen. Die Tausende, die gestern durch verbrecherische Gewalt ums Leben gekommen sind, Brüder Jesu Christi, Schwestern Jesu Christi, jede Einzelne, jeder Einzelne. Sie alle von Gott geliebte Geschöpfe, zum Leben bestimmt, nicht zum Tod. Und deswegen ist das erste, was uns zusammenführen muß an diesem Tag, die Klage über zerstörte und verlorene Menschenleben, abgebrochene Hoffnung und die tiefste Verletzung menschlicher Würde. Viele sind auch hier im Raum, die die Stockwerke des World Trade Center schon hinaufgefahren sind. Und manche mögen auch im Raum sein, die schon im Pentagon gewesen sind. Auch ich kenne beide Gebäude. Und ich habe vor Augen, mit welcher Selbstverständlichkeit sich Menschen in diesen Gebäuden bewegt haben, Tag für Tag, mit welcher Erwartung Menschen auf dieses hohe Gebäude hinaufgefahren sind, um den Blick zu haben hinüber zur Freiheitsstatue, den Blick zu haben hinweg über Manhattan. Und in solche Erwartungen in die Selbstverständlichkeit des Lebens hinein, dieser Einbruch, dieser Abbruch. Viele von uns werden auch durch persönliche Beziehungen Menschen vor Augen haben, die noch heute zittern, zagen, warten, bangen, hoffen, weil sie nicht wissen, was mit nahen Angehörigen, was mit guten Freunden geschehen ist, Schwestern und Brüdern Jesu Christi.

* Ökumenischer Gottesdienst am 12. September 2001 um 11.00 Uhr in der St. Hedwigs-Kathedrale anläßlich des Anschlages auf das World Trade Center in New York am 11. September 2001.

Was ihr getan habt, diesen Brüdern und Schwestern Jesu Christi, das habt ihr ihm selbst getan. Das gilt dann aber auch für all diejenigen, die das geplant, die das heimtückisch vorbereitet, die das verbrecherisch durchgeführt haben. Nicht nur daß man hoffen muß, sie müßten sich vor einem irdischen Richter rechtfertigen, nicht nur daß man hoffen müßte, sie erführen irdische Gerechtigkeit. Nein, aussprechen müssen wir an diesem Tag auch, daß sie sich rechtfertigen und verantworten müssen vor dem allmächtigen Gott, unabhängig von der Frage der Religion, unabhängig von der Trennung der Religionen, unabhängig von Glauben und Unglauben. Das ist ein Geschehen, das vor den allmächtigen Gott, den Richter und Retter, gebracht werden muß. Wenn es in den nächsten Tagen so geschehen sollte, daß Spuren des Verbrechens zurückgeführt werden in den Bereich islamischer Länder, dann muß man an diesem Tag auch in aller Klarheit sagen, es gibt keinen Glauben an Gott, auf den man sich berufen kann, zur Rechtfertigung solcher Verbrechen. Es gibt auch kein politisches Ziel, das man in Anspruch nehmen kann für das, was da geschehen ist. Wenn es neben dem Aufruf zum Mitleiden noch einen anderen Aufruf gibt, der von diesen Tagen ausgeht, dann heißt er, es muß Schluß sein damit, daß man sich auf Religion und auf den Unterschied der Religionen beruft, dafür daß menschliches Leben geschändet und getötet wird. Wir haben das in der vergangenen Woche auch in Nordirland erlebt. Und ich sage das Gleiche im Blick auf Nordirland: Es geht nicht an, daß der Unterschied christlicher Konfessionen auch nur genannt wird im Zusammenhang mit dem Mord an unschuldigen Kindern, an unschuldigen Menschen. Und wir wollen uns miteinander nicht einreden lassen, wir hätten erklärt, was geschehen ist, wenn wir uns darauf berufen. Und wir müssen auch mit Menschen im Bereich des Islams darüber verstärkt noch ins Gespräch kommen, daß der Unterschied von Glaubensweisen nicht Gewalt rechtfertigt, sondern dieser Unterschied uns darin verbinden muß, daß wir miteinander eintreten für Gewaltfreiheit, daß wir miteinander bauen am Frieden. Um Menschenleben klagen wir, mit Hinterbliebenen trauern wir, aber vor Gott bringen wir auch unsere Klage über die Abgründigkeit des menschlichen Herzens, das so Böses ersinnen kann. Und unseren Respekt, unsere Unterstützung, unser Gebet verdienen all diejenigen, die politische Verantwortung dafür tragen, solche Bosheit zu wehren, mit den Mitteln des Rechts, so, daß Freiheit bewahrt wird, so, daß wir leben können in Freiheit und Gerechtigkeit.

Dietrich Bonhoeffer hat in schwerster Situation in der Zeit des nationalsozialistischen Regimes, in der Zeit, in der er sein eigenes Leben aufs Spiel setzte, in einer Zeit, in der er sich umgeben und umstellt sah von Bosheit, Gewalt und Verbrechen, in dieser Zeit in der Jahreswende 1942 auf 1943 Glaubenssätze über das Walten Gottes in der Geschichte aufgeschrieben. Sie können vielleicht auch uns heute miteinander weiterführen.

„Ich glaube, daß Gott aus allem, auch aus dem Bösesten Gutes entstehen lassen kann und will. Dafür braucht er Menschen, die sich alle Dinge zum Besten dienen lassen. Ich glaube, daß Gott uns in jeder Notlage soviel Widerstandskraft geben will, wie wir brauchen, aber er gibt sie nicht im voraus, damit wir uns nicht auf uns selbst, sondern allein auf ihn verlassen. In solchem Glauben müßte alle Angst vor der Zukunft überwunden sein. Ich glaube, daß auch unsere Fehler und Irrtümer nicht vergeblich sind. Und daß es Gott nicht schwerer ist mit ihnen fertig zu werden, als mit unseren vermeintlichen Guttaten. Ich glaube, daß Gott kein zeitloses Fatum ist, sondern daß er auf aufrichtige Gebete und verantwortliche Taten wartet und antwortet."

Ja, das soll uns alle miteinander an diesem Tag, in dieser Stunde verbinden, aufrichtige Gebete und verantwortliche Taten. Und der Friede Gottes, der höher ist als alle unsere Vernunft, bewahre unsere Herzen und Sinne in Christus Jesus unserem Herrn. Amen.

„Der Herr ist mein Hirte" (Ps 121)[*]

Karl Lehmann

Auch nach Tagen sind wir angesichts der Terroranschläge in New York und Washington immer noch sprachlos. Tausende von Toten und vermutlich eben noch Lebende, darunter gewiß sehr viele Verletzte, liegen unter den Trümmern, deren Beseitigung die Helfer schwer gefährdet. Die Bilder, die tagelang um die ganze Welt liefen, gehen uns nicht aus dem Kopf und beschäftigen viele Menschen noch im Schlaf: Die Flugzeuge, die wie Pfeile in die Türme hineinrasen, die verzweifelten Menschen in den halbzerstörten Türmen, die aus großer Höhe fallenden Menschenleiber, die einstürzenden Hochhäuser. Mindestens genauso erschreckt uns die Frage, was in Menschen vor sich geht, die solches planen und ausführen. In welche Abgründe menschlichen Denkens und Handelns muß man hineinblicken! Wie kann man sich vor solchen irrsinnigen Untaten schützen, ohne die Freiheit der Menschen unerträglich einzuengen und aus der Welt ein Gefängnis zu machen?

Da ist es nicht weit bis zur Frage des Psalmisten zu Beginn von Ps 121: „Ich hebe meine Augen auf zu den Bergen: *Woher kommt mir Hilfe*?" Die Berge sind die Gegend, von der Gefahr und Unsicherheit ausgehen. Wir können auch an die Hochhäuser denken, die nun in Schutt und Asche liegen. Es gibt viel Hilfe und große Solidarität. Aber alle technischen Maßnahmen, die vielleicht noch einige Menschen retten können, und alle politisch-ökonomischen Überlegungen, welches nun die Folgen sind, und vor allem, wie es weitergeht, können allein die tiefe Erschrockenheit und radikale Unsicherheit nicht überwinden, die die Menschen in aller Welt ergriffen haben. Es bleibt bei der bangen Frage: Woher kommt mir Hilfe?

Die Antwort folgt auf dem Fuß. Sie ist verblüffend einfach und entsetzt uns vielleicht sogar: „Meine Hilfe kommt vom Herrn, der Himmel und Erde gemacht hat." (V. 2) Ist das nicht eine typisch religiöse Antwort, die die Not und das Leid leichtfertig überspringt und am Ende auch nicht hilfreich ist? Wo ist er denn geblieben, dieser

[*] Predigt im Ökumenischen Gottesdienst aus Anlaß der Terroranschläge in den USA am 14. September 2001 in der Johanneskirche in Düsseldorf.

Schöpfer des Himmels und der Erde, als die Wahnsinnigen in die Türme hineinrasten? Ist dies nicht die uralte Frage, die wir immer wieder in individuellen Unglücksfällen und kollektiven Katastrophen stellen: Wo bist du, lieber Gott, in Auschwitz, in New York und Washington gewesen?

Die Antwort ergeht in einem Psalm, der wohl etwas mit der Wallfahrt, besser noch mit dem Weg des Menschen durch die Geschichte, dem ‚homo viator', zu tun hat, mit den Menschen auf den staubigen, unsicheren und manchmal auch tödlichen Straßen unseres Lebens. Sie weiß um die tiefe Ungewißheit, Verletzlichkeit und Brutalität des menschlichen Lebens. Gerade weil der alttestamentliche Beter diese Unbeständigkeiten unseres Lebens kennt und ihnen offen in die Augen sieht, ist die Antwort des Glaubens wie im Feuer erlittener Geschichte gereinigt und geläutert: „Meine Hilfe kommt vom Herrn."

Es ist wirklich eine Antwort des Glaubens. Es ist nicht eine bloße Auskunft. Es braucht einen Sprung des Vertrauens, um so etwas sagen zu können. Da ist einer, der den Fuß nicht straucheln läßt und immer Hilfe gewähren kann, einer der nicht schläft. Er wacht immer über den Menschen, auch wenn wir glauben, er schlummere. Dies wird in dem relativ kurzen Psalm mit acht Versen sechsmal mit dem Wort hüten/behüten umschrieben: „Der Herr ist dein Hüter..." (V. 5). Hinter diesem Wort steht natürlich auch der ganze Zusammenhang mit dem Bildwort vom Hirten. Rasch stellen sich viele Erinnerungen an andere Psalmen ein, ganz besonders Ps 23: „Der Herr ist mein Hirte, nichts wird mir fehlen... Er leitet mich auf rechten Pfaden, treu seinem Namen. Muß ich auch wandern in finsterer Schlucht, ich fürchte kein Unheil; denn du bist bei mir, dein Stock und dein Stab geben mir Zuversicht." (V. 1.3f.) Dies ist auch die Kernaussage unseres Psalms 121. Es ist die einzige Hilfe, die uns ganz gewiß gewährt wird: das Bekenntnis eines unerschütterlichen Vertrauens in die helfende Gegenwart Gottes, gerade wenn wir Menschen keine Antwort mehr finden. Er steht uns immer zur Seite. „Bei Tag wird dir die Sonne nicht schaden noch der Mond in der Nacht." (V. 6) Unser Leben ist so in Gottes Hand. Die Ausweglosigkeit in solchen ungeahnten Katastrophen bringt vollends an den Tag, was aber auch für unser alltägliches Leben gilt.

Dies ist nicht das Wort eines fernen und unzugänglichen Gottes. Er wendet sich uns zu und hat in Jesus von Nazareth Wohnung genommen in unserer zerrissenen und beschädigten Welt. Dabei hat er nicht nur einen Verkleidungskünstler gespielt, gleichsam das Welttheater Gottes vorgeführt, sondern er hat blutigen Ernst gemacht mit seinem Kommen. Er hat, obwohl gerecht und ohne Makel der Sünde, das größte Unrecht erlitten. Wenn wir auf den Gekreuzigten sehen, kommt uns immer wieder die Frage: Warum? Und hinter diesem Kreuz stehen mit derselben Frage die vielen unzähligen Kreuze der Weltgeschichte – bis hin zu den Toten der unsinnigen Anschläge in New York und Washington. Nur gemeinsam mit dem Gekreuzigten in der Hand kann man es wagen, in diese Hölle der Zerstörung und des Hasses hineinzusehen. Aber der Blick auf den gekreuzigten und auferstandenen Herrn gibt auch die Kraft, nicht im Haß und in der Gegengewalt zu verharren, sondern unablässig sich für den Frieden einzusetzen. Die Torheit des Kreuzes hat am Ende den längeren Atem.

Darum mündet der Psalm auch in einen Segenswunsch: „Der Herr behüte dich vor allem Bösen, er behüte dein Leben. Der Herr behüte dich, wenn du fortgehst und wiederkommst, von nun an bis in Ewigkeit.“ (V. 7f.) Damit sind das Kommen und Gehen, die Wege des Menschen gemeint. Was für Wege! Wir wollen beten, daß wir sie immer gehen können. Amen.

Den Schrecken entziffern*

Ottmar Fuchs

Das Entsetzen steckt noch in den Gliedern. Über die Monstrosität des Bösen und über die eigene Ohnmacht. Viele Gespräche, die ich gehört habe, im Alltagsbereich wie auch in den Medien, viele Gottesdienste, die in beiden Bereichen erlebbar waren, haben von der hoffenden Ahnung gelebt: Was hier geschehen ist, dieses abgrundtief Böse und Zerstörerische, das ist nicht die letzte, alles beherrschende Wirklichkeit. Immer wieder wurde die Weigerung ausgedrückt: Dahinter gibt es noch etwas anderes, gibt es einen Anderen, gibt es den Gott des Lebens, der alle rettet. Die Zerstörung und das Böse haben nicht das letzte Wort. Da gibt es eine Macht, die viel tiefer ist, die sich dahinter auftut, die Macht der Gerechtigkeit und der Liebe, die Macht des Lebens auch über den Tod hinaus.

Der Berliner evangelische Bischof Huber hat dies in einem Interview in einem bewegenden Bild ausgedrückt: Ich habe die Menschen an den Türmen herunterstürzen sehen, und es war entsetzlich. Was haben diese Menschen in diesen letzten Sekunden ihres Lebens erlebt, gedacht, gefühlt, gehofft? Und ich, so sagt Bischof Huber, habe in diesem Augenblick zutiefst geglaubt, daß sie nicht nur auf den Asphalt aufschlagen und sterben, sondern daß sich darunter noch eine andere Ebene öffnet, daß sie durch diesen Tod hindurch hineinfallen in die Hände Gottes, der sie auffängt, der sie rettet.

Das dürfen wir glauben: Dies ist das, was Gott an den Opfern tut. Aber was will er für uns tun? Die Lebenden, die Zurückgebliebenen? Oder sollten wir vielleicht besser fragen: Was will er, daß wir es tun, aus dieser Hoffnung heraus, daß die Opfer gerettet sind?

* Der folgende Text erschien in gekürzter Form unter dem gleichen Titel in: *Rheinischer Merkur* (2001) Nr. 44 (2.11.2001), in der Beilage „Christ und Welt" Seite 24. Abschnitt 1-3 wurden aus einem anderen Text eingefügt: aus einem Vortrag zum Kontaktstudium für Hauptamtliche in der Diözese Rottenburg-Stuttgart am 15.10.2001 in Ellwangen.

Ausfall der Gottesklage?

Woher dieses apokalyptisch Böse kommt, wir können es nicht erklären. Wir wissen weder das letzte Woher noch das letzte Warum. Gott ist uns diesbezüglich die Antwort schuldig. Spätestens in unserem Tod werden wir sie erhalten, als die Antwort dessen, der nicht darüber stand, sondern der sich in Jesus selbst in das Leben und den Tod eines Opfers hineinbegeben hat. Also werden wir darüber hinaus im Moment nicht viel wissen können. Was uns bleibt, ist die Klage vor und gegen Gott, wie biblische Texte sie intensiv formulieren, wie Jesus sie am Kreuz geschrieen hat: „Mein Gott, mein Gott, warum hast du mich verlassen?“ (Mk 15,34[1])

Bei den öffentlichen Trauer- und Gedächtnisgottesdiensten angesichts der Terroranschläge in New York und Washington war dagegen die Gottesklage nicht zu hören. Weit davon entfernt, im angesprochenen Kontext mit kritischer Manier aufzutreten, beschäftigt mich dieser Tatbestand doch. Ist es kein Bedürfnis aufgrund einer solchen Katastrophe vor Gott zu klagen, ihn zur Rechenschaft zu ziehen? Befindet sich die Klagetheologie auf einem artifiziellen Abstellgleis einer dominanten Glaubenspraxis, die ‚gut‘ ohne die Gottesklage auskommt? Auffällig ist im gleichen Zusammenhang, daß es zwar Gesprächsstimmen gab, Gott die Rache anheim zu geben und nicht selber zu beanspruchen; aber in den Gottesdiensten begegneten solche Gedanken kaum. Nicht nur die Aggression gegen Gott, sondern auch die Aggression gegen die Täter, der tiefe Wunsch, sie mögen bis zum Äußersten gerichtet werden, werden aus dem Gottesbezug ausgeklammert.

Wo bleiben sie dann, die durch und durch verständliche Wut und der Ruf nach Rache? Fein säuberlich wird all das aus den Gottesdiensten herausgehalten, kommt darin nicht zum Ausdruck, wird nicht im Gottesbezug selbst ausgelebt. Gott scheint zu gut, zu verantwortungsfrei (wenn nicht verantwortungslos), zu lieb zu sein, als daß er in dieses Geschehen hineingezogen werden könnte. Allerdings geht die immer wieder angesprochene Liebe Gottes nicht so weit, daß sie den Raum eröffnet hätte, die Täter ebenfalls

1 Der sterbende Jesus betet im Markus-Evangelium an dieser Stelle den Beginn eines Klagegebets des Volkes Israel, nämlich des Psalms 22.

ins Gebet zu nehmen. Wer nicht gegen sie beten kann, kann sicher auch nicht ‚für' sie beten. Das wäre dann doch, ohne das Fluchgebet gegen sie und ohne durch diesen Ausdruck der Wut und des Hasses gegen die Täter hindurchgegangen zu sein, zuviel verlangt in dieser Situation.[2]

Eigenartig unbeansprucht bleibt Gott bezüglich der abgrundtieferen aktuellen Gefühle, mit Ausnahme der vitalen Hoffnung des Glaubens, daß die Opfer selbst in Gott gerettet sind. Aber darüber hinaus, was die Gegenwart in der Reaktion und was das zukünftige Handeln der Lebenden anbelangt, blieb Gott adressaten- und ausdruckslos. Wie ist das Ganze zu entziffern?

Wenn die Richtung dieser Überlegungen auch nur annähernd etwas Richtiges an sich haben sollte, steht mit der Klage nicht nur die vitale Gottesbeziehung auf dem Spiel (insofern keine Erfahrung, auch nicht die schlimmste und gerade diese nicht, aus seiner (Mit-)Verantwortung herausgehalten wird), sondern auch die Humanisierung der Menschen, die an einen Gott glauben: Daß die Beziehung zu ihm sie von der Beanspruchung eigener Vergeltungsgewalt befreit, zumindest von einer Gewalt, die in Gefahr steht, selbst wieder Hunderte, und je länger, je mehr tausendfach unschuldige Opfer zu produzieren.

Aus diesem Blickwinkel scheint es um so notwendiger, weiterhin für die spirituelle Ermutigung aus der biblischen Gottesbeziehung einzustehen, mit und gegen Gott zu klagen, gegen die Feinde und Täter zu fluchen, sie Gottes Vergeltung zu überantworten, was

2 Zur Delegation der Gewalt in den Fluchpsalmen vgl. O. Fuchs, Fluch und Klage als biblische Herausforderung, in: *Bibel und Kirche* 50 (1995) 1/2, 64-75. Zur kontextuellen Kriteriologie von Fluchpsalmen ist allerdings zu berücksichtigen, daß es sich dabei um Anrufungen Gottes aus der Situation der eigenen Ohnmacht heraus handelt, daß also Opfer so beten und die Macht Gottes gegen die Übermacht anrufen. Transferiert man die Fluchpsalmen in andere Kontexte hinein, dann realisieren sie spirituell, daß in jedem Fall, auch dann, wenn man die eigene Macht dazu hätte, die Vergeltungsmacht an Gott zu delegieren sei. Aus dem ursprünglichen Kontext ist diese Semantik in alle anderen Kontexte hinein zu nehmen und dann auch von jenen von Gewalt Betroffenen zu beten, die die Macht hätten, die Vergeltungsgewalt selbst auszuüben. Dies verhindert rückwirkend in die Ursprungssituation von machtlosen Opfern hinein, daß sie nur in dieser Situation die Gewalt delegieren, nicht aber auch dann, wenn sie die Vergeltung selbst in die Hand nehmen könnten.

zugleich den allzu schnellen Subjektwechsel verhindert, sich selbst in die explodierende Spirale der Gewalt zu begeben. Wenn die Klagespiritualität nicht in das Gebetsbewußtsein der Christen und Christinnen gelangt, ist sie im Ernstfall auch nicht ‚verfügbar'.

Religiöse Ausdrucksformen

Wo es keine Sprache mehr gibt, keine Worte, um die Tiefen des Bösen und des Leides eines Geschehens zu begreifen, und vor allem dieses Geschehens, wo Menschen fassungslos dastehen müssen, hilflos nichts mehr verhindern können, wo es keine Antworten gibt, die beruhigen, wo man sich auch weigert, dem Zynismus oder dem Banalismus allzu schneller Antworten und Reaktionen zu erliegen, da öffnet sich die Sehnsucht nach anderen Ausdrucksformen als denen des Wortes und des Gesprächs. Die Menschen, und auch solche, die es sonst nicht tun, gehen in die Kirchen; viele zünden Kerzen an und stellen sie an entsprechende Orte des Gedächtnisses, legen Blumen nieder, schreiben Texte ihrer Trauer und ihres Mitgefühls, die sie aber nicht an irgendwelche Adressaten abschicken können, sondern die sie neben die Kerze hinlegen. Es geht nicht darum, daß sie jemand ‚direkt' liest, sondern darum, daß sie geschrieben wurden und mit Kerze und Blumen zusammen oder alleine hingelegt werden, um gleichsam so etwas zu tun wie eine Verleiblichung der eigenen Ohnmacht und Anteilnahme nach außen, in dieses Ritual, in dieses symbolische Handeln hinein. Und damit verbindet sich nicht Reden, sondern Schweigen. Auch in den ungewöhnlich langen Schweigeminuten der Gottesdienste und in Schweigegängen. Auf den Schrei des Entsetzens („Oh, my God!"), wie er immer wieder von Augenzeugen des schrecklichen Geschehens in den Medienübertragungen gehört wurde, gibt es nun so etwas wie einen Übergang in das Schweigen, von der Schreckenssprache, wenn sie denn verfügbar war, in die Symbolsprache, von der Aufregung in die Ruhe, die aber keine unangemessene Beruhigung darstellt, sondern in der Ruhe erst die Tiefe des Geschehens zu ertasten sucht. Viele solcher Symbolhandlungen und Gottesdienste gab es. Es ist ganz entscheidend, daß sich die Kirchen mit ihren Räumen und Symbolen absichtslos zur Verfügung stellen. Auch dies ist eine Art von Solidarität und darf nicht mit der zynischen Vokabel eines kompensatorischen Zeremonienmeisters der Gesellschaft diffamiert werden. In diesen Tagen wuchs bei vielen Menschen das Bedürfnis nach anderen als bisherigen Ausdrucksformen ihrer Existenz und ihrer Gefühle.

Gerade hier, aber auch schon mit dem Blick auf die Widerstandsbewegung des Volkes in der DDR, die dafür Heimat in den Kirchen und ihren Symbolen gefunden hat, erscheint es als eine flache Aufklärerei, wenn in den siebziger Jahren Pfarrer ihre Kerzenständer vor den Mutter-Gottes-Altären abgeschafft haben, mit der absolut symbolunfähigen Behauptung, darin zeige sich der Aberglaube[3] der Gläubigen. Sie haben nicht verstanden, welch tiefe Sehnsucht Menschen haben, in bestimmten Situationen derart ihren Gefühlen und ihren Hoffnungen Ausdruck zu geben, in symbolischen Handlungen zu verleiblichen, was nicht anders ausdrückbar ist. Natürlich sind es, oberflächlich gesehen – aber dies ist eine Banalisierung des Zusammenhangs im Kontext eines trivialen Vernunftbegriffes – sinnlose Handlungen, weil mit ihnen ja nicht unmittelbar eine Wirklichkeit verändert wird.

Aber darum geht es hier gar nicht, sondern darum, die Oberflächlichkeit im Ausdruck zu durchstoßen, in die Tiefe zu gehen und Ausdrucksformen zu suchen, die der Tiefe des eigenen Empfindens entsprechen, auch der Unerklärbarkeit und damit Geheimnishaftigkeit dieses Empfindens: damit Wirklichkeit, aus der Tiefe dieser Gemütskraft heraus ausgelotet, angemessen verändert werden kann. Dies gilt schon für den Alltag, und erst recht gewinnen solche Symbole angesichts dieses Geschehenen neue dramatische Aktualität. Sie sind nicht auszulöschen, es sei denn, man wolle die Tiefenschicht des Menschen amputieren. So stellen sich die Kirchen mit ihren Symbolen zur öffentlichen ‚Bearbeitung' solcher Katastrophen in der Gesellschaft zur Verfügung. Doch besitzen diese Symbole und Sprachspiele nicht nur beleihbare Ausdruckskraft, sondern sie haben auch bestimmte inhaltliche Ausrichtungen.

[3] Und die Unterstellung, die Volksfrömmigkeit sei magisch erfolgsbezogen, hat von der Frömmigkeit des Volkes nichts begriffen. Niemals hat das Volk seine Verbindung zum Beispiel mit Maria aufgegeben, auch wenn die eigenen Wünsche nicht erfüllt wurden. Hier gab es nie ein flaches Wenn-Dann.

Zum Beispiel: Not lehrt beten, und das Gebet ist in seinen symbolischen Vollzugsformen in diesem Augenblick oft die alleinige Form, aus- und durchzuhalten in der Trauer und sie nicht zu verdrängen: In diesem Moment hilft tatsächlich nur noch beten. Aber das Beten allein hilft nicht.[4] Und inwiefern es nicht genügt, das ist wiederum im Beten selber zu entdecken, wenn es nicht nur Ausdruck der eigenen Befindlichkeit bleibt, sondern im Beten auf einmal auch das Andere hört, das in diesem Ausdruck aus einer nicht selbst produzierten Sprache und Symbolwelt ebenfalls zum Vorschein kommt und sich so das Andere seiner selbst eröffnen läßt.

Eigene religiöse Botschaften

Die Sehnsucht der Menschen, wenn ich es richtig nachempfinde, ging auch immer wieder in diese Richtung des ‚Anderen': Daß dieses brutal realistische Eindringen des Bösen in unsere Welt nicht das Letzte ist, daß es nicht das Letzte ist, daß diese Menschen alle sterben mußten, daß es nicht das Letzte ist, daß die Täter gesiegt haben, daß es auch am Ende nicht das Letzte ist, daß die Täter bestraft werden und schon gar nicht das Letzte, daß der Rache freien Lauf gelassen wird, sondern daß sich dahinter nochmals eine andere Wirklichkeit auftut, daß dies alles transzendiert wird von einer dahinterliegenden Macht, die gut ist, die nichts vergißt, die als Rettung auch über das letzte Ende hinaus geglaubt werden darf. Das Sich-Ausrichten auf eine Hoffnung, daß da eine Macht ist, die das alles nicht will und die letztlich siegen wird, mit Gerechtigkeit und Barmherzigkeit, dieses Ausstrecken auf ein ‚Dahinter' ist nicht nur ein Vollzug des Trostes und Sich-trösten-Lassens, sondern ist auch ein Ausstrecken auf eine Antwort, die außerhalb unserer selbst liegt und die im Rücken des Schreckens in ihrer Transzendenzhaftigkeit, aber auch in der Brisanz ihrer Inhalte noch unbedingter erscheint: nämlich daß im Medium der Symbole eine inhaltliche Botschaft zu gewärtigen ist, die eigenen Wünschen und Erwartungen widerstrebt und beabsichtigten Handlungen in die Hand fällt. Insbesondere die prophetische Kritik klagt

4 O. Fuchs, N. Greinacher, L. Karrer, N. Mette und H. Steinkamp, Christen und der Kosovo-Krieg, in: *Orientierung* 63 (1999), 119-120.

in der biblischen Botschaft ein, daß es eine ganz bestimmte Verbindung von Jahwe-Kult und sozialem Handeln, von Ritual und menschlicher Verantwortung gibt (vgl. Amos 5,21-27).

Es gibt eine Welt außerhalb der christlichen Symbole, die gleichwohl in ihnen evoziert wird. Sie können nicht zur legitimatorischen Überwölbung aller Reaktionen herangezogen werden, die dann außerhalb der Symbolhandlungen vollzogen werden. Vielmehr geht von ihrem Zentrum her selbst ein kritisches Potential gegenüber dem menschlichen Handeln und Reagieren aus. Mit einer solchen Dynamik, die in jedem Beten letztlich steckt, sind die christlichen Kirchen und Symbole keine billigkompensatorischen Angebote, um diese Situation einigermaßen überbrücken zu können und dann ähnlich weiterzumachen wie bisher, sondern sie beinhalten in sich selber die Dimension des Sich-Ausstreckens auf dieses Andere, das gegen das steht, was wir hier erleben müssen. Und dieses Andere zeigt sich dann auch als das Andere unserer eigenen Rache und Vergeltung. So kann das Gebet zu dem führen, was die primäre Identität christlicher Existenz angesichts der Gnade Gottes ist, nämlich zum Schuldbekenntnis, zur Suche danach, wo die eigenen Anteile sind und wo der Ruf nach eigener Rache verstummt.

Manchmal denke ich, die Gedenkgottesdienste, die stattgefunden haben, haben sich nicht intensiv genug in diese Dynamik hineinbegeben und damit etwas vergeben, was die Inhalte der zur Verfügung gestellten Kirchenräume und Symbole, dieser anderen Sprache des Ausdrucks, auf das allmähliche Bewußtwerden dieser Andersheit inhaltlich zubewegen läßt. Es schien vielleicht nicht möglich, aber nötig wäre es gewesen, weil die Einstellungs- und Handlungsentscheidungen nicht aufgeschoben werden, bis es angeblich möglich ist. Es ist für uns kein Problem, daß auch außerhalb der Kirchen und innerhalb der Kirchen von Menschen, die sonst nicht in die Kirche gehen, kirchliche und christliche Symbole beansprucht werden. Vielmehr sind diese freizügig zur Verfügung zu stellen. Doch steht dann die Kirche auch unter der Verantwortung, daß diese Inanspruchnahme im eigenen Bereich und außerhalb ihrer selbst eben nicht (nur) als Kompensierung für alles Mögliche instrumentalisiert wird, sondern sich für die Inhalte öffnet, die im Inneren dieser Ausdrucksformen angelegt sind. So kann man keinen christlichen Gedächtnisgottesdienst feiern und danach hinausgehen und nach dieser erfolgreichen Bearbeitung der eigenen emotionalen Situation nach Vergeltung „Auge um Auge“, „Zahn um Zahn“, schreien und nach Rache weit darüber hinaus. Dafür dürfen christliche Symbole nicht mißbraucht werden. Und dies ist dann im Ernstfall *dazu* zu sagen.

So werden die Kirchen ihre angesprochenen Ressourcen immer zur Verfügung stellen. Als Orte, wohin die Menschen sich zusammenfinden können in ihrem Bedürfnis nach Schutz und Heimat in der Situation der Fassungslosigkeit, als Räume, wo andere Ausdrucksmöglichkeiten geschenkt sind als die alltäglichen. Und zugleich werden sie sensibel, absolut unindoktrinierend, aber deutlich das inhaltlich Andere mitbenennen, das diese religiöse Sprache transportiert: Den Widerspruch zu gängigen Reaktionsweisen, Selbstkritik und Verzicht auf eigene Gewalt, die vorsichtige aber stetige Erweiterung des Gebetsradius über das Gebet für die Opfer und die Angehörigen, für die Verantwortlichen, daß sie das mitmenschlich und gerechtigkeitsbezogen Richtige für die individuelle und kollektive Menschenwürde aller tun, bis, in aller Gewagtheit, für die Täter. Und es wird sich der Raum eröffnen, in der die Bitte um Vergebung möglich ist, die Einsicht in die eigene politische Haftung, möglicherweise auch in die eigene religiöse Haftung. Und vor allem wird in der Sehnsucht nach dem ‚Dahinter‘ deutlich werden, daß der Mensch nicht das Maß aller Dinge ist, daß er weder als Terrorist noch als darauf Reagierender Herr über das Leben ist und daß er in keinem Fall Gottes Rolle, nämlich Herr über Leben und Tod zu sein, übernehmen darf, es sei denn, in äußerster Notwehr und um künftig Bedrohte zu schützen und auch dann nicht im selbstrühmerischen Bewußtsein der Unschuld. Hier öffnet sich der Raum christlicher Symbole als ein Raum, der jede Art von affektiver Privatsache sprengt und höchste politische Relevanz gewinnt.[5]

5 So wird man, auf einem durchaus weniger erregenden Niveau, aber doch auch immer mit der Sehnsucht nach Leben verbunden, es auch jenen gönnen, die Christophorus-Plakette ins eigene Auto zu tun, die ansonsten nicht viel mit Kirche und christlichen Inhalten zu tun haben. Dies ist nicht das Problem. Das Problem liegt in der Verantwortung, die die Kirche auch noch für diese ausgewanderten Symbole hat, insofern sie öffentlich darauf besteht, daß die Christo-

Welche Botschaft?

So ist es bitter notwendig, Klärungen zu suchen, damit dieses Geschehen nicht für sich isoliert bleibt, damit es aus sich heraus Botschaften zu entwickeln vermag, die zu entschlüsseln für die Zukunftsfähigkeit unserer Zukunft unerläßlich sind. Nicht nur Gott gegenüber, sondern auch auf dieser menschenbezogenen Ebene muß nun nach einem anderen Woher und Warum gefragt werden, um einigermaßen zu erspüren, wo künftig unsere Verantwortungen liegen. Und *ein* Woher sind sicher die Lebensumstände, die die Bereitschaften zum Terror schaffen, wo Menschen in Armut gehalten werden, in Ungerechtigkeit und Elend, wo sie gedemütigt werden, wo ihnen die Möglichkeiten aus der Hand geschlagen werden, aus dieser Situation mit eigener Kraft herauszukommen, wo Menschen also von vornherein dauerhaft in dieser Form in ihren Lebensumständen ‚terrorisiert' werden, da gibt es die Mehrzahl von Menschen, die dies aushalten, die darin noch die besten Möglichkeiten von Leben zu entwickeln versuchen. Aber es gibt auch wohl immer eine Minderzahl von Menschen, die mit Gewalt ausbrechen und gerade in der Hoffnungslosigkeit, die Situation verändern zu können, dann zum Terror greifen oder zum Terror versucht werden, ohne zu bedenken, daß dieser zum Einfallstor des abgrundtiefen Bösen und Destruktiven wird und die Situation immer verschärft.

Die nichtgreifbare immense Dimension der verheerenden Anschläge kann nicht unmittelbar an Ursachen gekoppelt werden. Sie ist so schrecklich, daß dieses Grauen für sich steht und in seiner Explosivität jeden Begründungszusammenhang unermeßlich übersteigt. Dennoch muß danach gefragt werden, welche sozialen und geistigen Bedingungen es sind, in denen eine derartige Anfälligkeit für Gewalt zu entstehen vermag. Da sind zuerst einmal jene historischen Entwicklungen zu benennen, in denen die arabische und islamische Welt von der Kolonialwelt Europas her und von der

---

phorus-Plakette kein Freibrief für rücksichtsloses und menschengefährdendes Fahren ist, sondern daß sich hier der Schutz des eigenen Lebens mit dem Schutz der anderen verbindet. Die Enteignung der Symbole geschieht nicht dadurch, daß sie frei verfügbar sind, sondern sie geschieht erst dann, wenn sie für Handlungen und Positionen instrumentalisiert werden, die nicht im Ursprung ihrer Inhalte und der Inhalte des Evangeliums liegen.

intellektuellen Überheblichkeit einer angeblich durch die Aufklärung gegangenen Gesellschaft her ausgebeutet, gedemütigt und für jeweils anderes instrumentalisiert wurde. Aus dieser Perspektive sind Fundamentalismen eine Form, die eigene Wahrheit gegenüber den inhaltlichen und intellektuellen Angriffen der Anderen zu behaupten. Verbindet sich eine solche Stimmung mit aktuellen sozialen und politischen Konflikten, dann potenziert sich dieser Zusammenhang zu einer ausgesprochen gefährlichen Mischung und Präsupposition für terroristische Gewalt.[6]

Wer einmal in Flüchtlingslagern war, der kann dies nachempfinden, wenn gerade junge Menschen keine Hoffnung haben, weder auf Beruf noch auf Bildung, wenn sie keine Handlungsmöglichkeiten und keine Auswege sehen und dann diesen ‚Ausweg' einer absolut zerstörerischen Handlungsfähigkeit für sich entdekken. Auch wenn die Attentäter von New York und Washington gerade nicht aus diesen Lagern kommen, sondern eher Intellektuelle aus relativ guten Verhältnissen sind, so ist es doch deren Situation, die sie zur Begründung ihrer katastrophalen Anschläge heranziehen, auch wenn sie selbst eher von fundamentalistisch-ideologischen Motiven geleitet sind. Würde es aber diese gedemütigte Basis nicht geben, wären sie isoliert. Und sie hätten kein Recht auf irgendeinen Hauch von Begründung für ihre absolut begründungslose Tat. Jedenfalls: Wo Menschen geachtet werden und in Wohlstand und Glück leben, da gedeihen ungleich schwieriger Haß und Terror. Wenn Menschen keine Angst vor Zukunft und Leben haben müssen, dann sind sie nicht aus sozialen Gründen heraus anfällig für menschenverachtende fundamentalistische

6 Wobei ich hier unterscheiden möchte zwischen terroristischer Gewalt, die im anderen Land hemmungslos zerstört und tötet, und jener Gewalt, in der man sich im eigenen Land gegen Invasionen und Unterdrückung wehrt. Auch die letztere Gewalt ist nicht unschuldig, aber auf keinen Fall mit der terroristischen Gewalt gleichzusetzen. Wer dies täte, könnte von der unterdrückenden Gewalt her jede Gegengewalt als Terror definieren und damit auf das radikale Niveau der Bekämpfung des Terrorismus heben. Wenn sich Palästinenser in Bethlehem gegen die Panzer der Israeli wehren, dann ist dies kein Terror, sondern verzweifelter Widerstand. Wenn aber Selbstmordattentate in Israel unschuldige Menschen zu Tode bringt, dann ist dies kein Widerstand, sondern blanker Terror.

Ideologien. Sind sie es trotzdem, dann liegt offen, daß sie nicht anders als abgrundtief grundlos böse sind und alles andere dafür instrumentalisieren.

Entsetzen über uns?

Angesichts solcher Einsichten verbindet sich unser Entsetzen über die furchtbaren Anschläge mit einem schleichenden Entsetzen über uns selbst und unsere Vorfahren: Was sie durch die Jahrhunderte hindurch bis hinein in die politischen und geistigen Demütigungen der Kolonialpolitik des 19. und 20. Jahrhunderts muslimischen Gläubigen und islamischen Völkern an Ausbeutung und Instrumentalisierung angetan haben, ist phasenweise so entsetzlich, daß es auch von uns Lebenden her eine ganz bestimmte Verantwortung einholt, nicht etwa die, daß wir daran schuld wären, wohl aber die, daß wir *auch* auf dem Hintergrund dieser Miß- und Verachtungsgeschichte die kollektiven Selbstprofilierungen in Fundamentalismus und gewalttätiger Abgrenzung bis hin zur explosiven terroristischen Rache einzuschätzen haben. Damit soll nichts am Terror erklärbar, verstehbar oder auch nur ein Partikel davon legitimierbar gemacht werden: Vielmehr ist zu begreifen, daß nichts in der Geschichte einfach aus heiterem Himmel kommt, sondern eine Vorgeschichte hat, die Ereignisse nicht gänzlich erklären, ohne die aber auch bestimmte Ereignisse nicht in dieser Form ausgelöst würden.

Das Entsetzen über unsere Vorfahren verbindet sich dann mit dem, was Stefan Zweig bei Albert Schweitzer hervorhebt, nämlich mit der Sühne: „Und dann – mystischer Gedanke – dieser eine Mensch will für seine Person jenes ungeheuere, unsagbare Unrecht sühnen, das wir Europäer, wir, die angeblich so kulturelle weiße Rasse, an dem schwarzen Erdteil seit hunderten Jahren begangen haben. Würde einmal eine wahrhafte Geschichte geschrieben werden, was die Europäer an Afrika verbrochen ... haben ..., dann würde eine solche historische Aufstellung eines der größten Schandbücher unserer Rasse werden und unser frech getragenes Kulturbewußtsein für Jahrzehnte zur Bescheidenheit dämpfen. Einen winzigen Teil dieser ungeheuren Schuld will nun dieser eine religiöse Mensch mit dem Einsatz seiner Person bezahlen durch die Gründung eines Missionsspitals im Urwald – endlich einer, der nicht in die Tropen geht um des Gewinns, um der Neugier willen, sondern aus reinem humanen Hilfsdienst an diesen Unglücklichsten der Unglücklichen.“[7] Eine solche Sühne hat nichts mit Selbstbeschuldigung zu tun, wohl aber mit der Selbstbeanspruchung, die eigene Existenz im Horizont der Schuld der Vorfahren zu gestalten und von daher auch gegenwärtige Ereignisse zu entziffern (Ausbeutung und Instrumentalisierung).

Parallel dazu ist auch bezüglich der Gegenwart mit Erschrekken wahrzunehmen, daß wir lokal und global zu wenig gegen das Elend tun, so daß mittlerweile eine Milliarde von Menschen (zumeist im Süden, aber zunehmend auch im Norden der Erde) von menschenwürdigem Leben ausgesperrt ist. Tausende von Menschen sterben täglich aus Hunger und Gewalt eines unspektakulären, alltäglich gewöhnlichen, unverschuldeten Todes. Und wir nehmen es nicht wahr: weder weit weg noch ganz unten in der eigenen Gesellschaft.

Anläßlich des Beglaubigungsschreibens für den neuen Botschafter der Vereinigten Staaten von Amerika R. James Nicholson im Vatikan hat Papst Johannes Paul II. unmißverständlich formuliert: „Dringende ethische Fragen, die aufgeworfen werden durch die Spaltung zwischen denjenigen, die von der Globalisierung der Weltwirtschaft profitieren, und denjenigen, die von diesen Vorteilen ausgeschlossen sind, verlangen von einer gesamten internationalen Gemeinschaft neue und kreative Antworten. Diesbezüglich möchte ich nochmals das hervorheben, was ich bei meinem jüngsten Treffen mit Präsident Bush sagte, nämlich, daß die ‚Revolution der Freiheit‘ durch eine ‚Revolution der Chancengleichheit‘ ergänzt werden muß, die allen Mitgliedern der Menschenfamilie ermöglichen wird, ein würdiges Leben zu führen und an den Vorteilen einer wahrhaft globalen Entwicklung teilzuhaben.“[8] In der Tat geht es nicht nur darum, die eigene Freiheit mit allen Mitteln zu verteidigen, sondern darauf zu schauen, auf wessen Kosten sie verteidigt wird, mit welchem Militär und mit welchem Kapital. Demgegenüber geht es darum, auch die Freiheit des anderen sozial zu ermöglichen.

7 S. Zweig, Unvergeßliches Erlebnis, in: Ders./J. Feschotte/R. Grabs, Albert Schweitzer. Genie der Menschlichkeit, Frankfurt/M. 1961, 9-19, 12ff.

8 *L'Osservatore Romano* 31 (21.09.2001) Nr. 38, 9.

Die Menschen, die im World Trade Center und im Pentagon umgekommen sind, sind eines unverschuldeten Todes gestorben. Wofür aber diese Gebäude standen bzw. stehen, das ist nicht durch und durch unschuldig, sondern signalisiert auch die ganze Globalisierungsambivalenz, die der Papst so deutlich formuliert. Wenn es also eine zukunftsorientierende Botschaft dieses Anschlags gibt (und es wäre ein Denkfehler, diese Botschaft als rückwirkende, auch nur annähernde Begründung des Anschlags zu diskreditieren: das ist diese Botschaft inhaltlich absolut nicht), dann dürfte sie in dieser Signatur zu erspüren sein. Denn das entsetzlich Präzise dieses fürchterlichen Anschlags liegt darin, daß die Flugzeugbomben nicht nur die Gebäude getroffen und Tausende von Menschen getötet haben, sondern daß sie in brillanter Signifikanz die neuralgischen Zentren der nordamerikanischen und überhaupt der dominant westlich orientierten, globalen weltwirtschaftlichen und militärischen Macht getroffen haben. Wir können mit diesen ‚Türmen' nicht so weitermachen wie bisher. Und es ist eine gute und symbolträchtige Entscheidung der Administration von New York, sie nicht wieder aufzubauen, sondern ein Mahnmal zu errichten, eine Erinnerung an die Toten und eine Mahnung für die Lebenden. Aber wohin die Mahnungen gehen, das ist eben noch zu entschlüsseln.

Vernetzte Solidarität

Ich glaube auch, daß sich in einer ganz bestimmten Hinsicht die Weltsituation durch diese Anschläge blitzartig verändert hat. Aber eben wohin? Einer besonderen Spur möchte ich in dieser Frage folgen: Es war für mich tief eindrucksvoll, wie Menschen hier in unserem Land, in Europa und überall auf der Welt eine intensive Solidarität für die Opfer und für die Betroffenen in New York und Washington entwickelt haben. Mit einem Schlag wurde die gängige Solidarität nur für den nahen Raum, für die eigene Familie, für das eigene Volk und Land aufgebrochen und gewann globale Dimension. In der Reaktion auf diese extrem böse und zerstörerische Katastrophe kommt bei den Menschen etwas zutage, was ein gutes Zeichen ist: Globale Trauer und Solidarität sind möglich.

Es ist möglich, daß uns etwas Schlimmes, was weit weg von uns geschieht, nicht kalt läßt, daß wir auch dafür Weichteile haben, wenn, ja wenn wir entsprechend massiv wahrnehmen, über Medien, über Informationen, über Analysen. Wir dürfen nie mehr vergessen, was wir hier unter dem schrecklichen Zwang der Bilder gekonnt haben, indem wir uns in Trauer und Solidarität vernetzt haben: nämlich daß wir *immer* so vernetzt sind, daß uns angeht, was anderswo geschieht. Daß wir nicht nur unsere kleine Welt, sondern die große Welt sehen, und zwar aus der Perspektive der Opfer und der Trauernden. Dies können wir dann hinüberretten in unseren Alltag und dort festhalten: nicht um das geschehene Grauen zu instrumentalisieren, sondern um es nicht so zu isolieren, daß es gar nichts mehr zur Sprache bringt als lähmendes Entsetzen bzw. daß es nicht so inhaltslos behandelt wird, daß es *jede* Reaktion darauf legitimiert. Denn dann wären die Opfer nachträglich ein zweites Mal ‚umsonst' gestorben. Die Solidarität mit den Opfern besteht in einer umso größeren Gerechtigkeit auf der Erde insgesamt.

So hängt alles davon ab, daß dieses Geschehen uns nicht zu einer gegenplakativen Wahrnehmungsverengung, sondern zu einer Wahrnehmungserweiterung des globalen Leidens führt. Und daß wir entsprechend reagieren, in entgrenztem Mitgefühl und in expandierender Solidarität. So kommt alles darauf an, daß wir nicht gegenabhängig reagieren, mit dem gleichen Schwarz-Weiß-Fundamentalismus, mit der gleichen zerstörerischen Ideologie, die Vergeltung und Rache um jeden Preis will, auch um den Preis, dabei Unschuldige zu töten, also genau das zu wiederholen, was einem selbst angetan wurde. Die biblischen Klage- und Fluchpsalmen bringen unmißverständlich und ungeschützt in Wut und Empörung die Sehnsucht zum Ausdruck, daß die Täter bestraft, ja vernichtet werden, doch so, daß *an Gott* die Gewalt delegiert wird, daß *er* die Täter zur Verantwortung ziehe, daß sein die Rache sei, und damit davon abzulassen, selbst überbordende Gewalt in die Hand zu nehmen, unverhältnismäßige Gewalt deswegen, weil sie nicht nur die Täter, sondern auch die Opfer trifft, und weil sie auch die mutmaßlichen Täter trifft, noch bevor ihnen der Prozeß gemacht wurde.

Wer die Opferperspektive global ernst nimmt, wird sie an keiner Stelle verabschieden dürfen. Es gibt keine Zweiklassengesellschaft der Opfer. Jahrzehntelang haben wir hierzulande die täglichen Tausende, die unschuldig sterben, nicht gesehen, nicht betrauert, haben für sie keine Kerzen angezündet. Dies sage ich nicht, um die Welle von Solidarität im Zusammenhang dieser Anschläge in den USA zu diskreditieren. Gerade weil ich sie zutiefst für vertrauenswürdig, für wichtig und notwendig erachte, will ich diese Solidarität nicht ausgrenzend betrachten, sondern als einen generativen Ort, von dem aus künftig ähnliche Solidaritäten möglich sind, und hoffentlich ohne daß solche spektakulären Katastrophen erst nötig wären.

Denn gerade dieser Aspekt, daß wir nicht nur an diese Toten denken, sondern auch an die anderen, hängt direkt damit zusammen, daß wir nicht nur den akuten Terror bekämpfen, sondern auch den unablässigen Terror des Elends auf der ganzen Welt, aus dem heraus immer wieder Menschen kommen, die anfällig werden für den akuten Terrorismus. Die Bekämpfung des sozialen Elends, des politischen Elends, wenn Menschen und Völker sich unterdrückt und verachtet erfahren, ist hier und überall intensivste Basisarbeit gegen den Terrorismus. Hier und dort, in der ‚Caritas localis' und in der ‚Caritas internationalis'.

Basisarbeit gegen Terror

Und im Lokalen, im eigenen Bereich beginnt es. Hier in unserem Land. Daß wir einen Raum aufbauen, wo allen Menschen Respekt entgegengebracht wird, wo niemand gedemütigt wird, weder durch Einzelne noch durch Strukturen, wo Menschen in Not Hilfe erhalten. Wo an sozialen Brennpunkten, wie etwa in der Straßenarbeit mit gewaltgefährdeten Jugendlichen, nicht noch mehr an Geld und Personal gespart wird. Damit bei uns junge Menschen ihre schwierigen Situationen mit entsprechender Unterstützung selbst konstruktiv angehen können und nicht den schrecklichen Weg gehen, sich alles mit Gewalt zu holen, was ihnen angeblich oder wirklich entzogen wird. Sie werden dann anfällig für schlimme Schwarz-Weiß-Identifikationen, für Haßausbrüche gegen Ausländer, die angeblichen Schuldenböcke für ihre Situation. Sie bilden dann den Sympathisanten- und Legitimationsrahmen für jene grundlos Bösen, die nur zerstören wollen. Das Böse ist in seiner Wucht nicht erklärbar, es ist auch nicht aufzuteilen zwischen sozial Benachteiligten und denen, die davon profitieren. Aber es hat ein es begünstigendes Umfeld, und zwar deshalb begünstigend, weil soziale Benachteiligung scheinbare Rechtfertigungen für die Gewalt liefert. Wer keine Achtung bekommt, erfährt sich leicht als einer, der verachten muß.

Sicher: Die Täter müssen mit scharfer Strafgewalt bekämpft werden. Aber die langfristig erfolgreiche Strategie liegt in der globalen und lokalen Solidarisierung mit unseren Brüdern und Schwestern, die „Hunger leiden und unterernährt sind, keinen Zugang zu ärztlicher Versorgung und Bildungseinrichtungen haben oder ungerechten Regierungen, bewaffneten Auseinandersetzungen, Vertreibung und neuen Formen der Sklaverei ausgesetzt sind. Um die vorhandenen Möglichkeiten wahrzunehmen, brauchen wir sowohl Weitblick als auch Hochherzigkeit, insbesondere seitens derjenigen, die über Freiheit, Wohlstand und reiche Ressourcen verfügen".[9]

Bekämpft man nur die Täter und konzentriert man sich nicht in gleicher Weise auf die Not- und Unterdrückungszonen der Erde, dann kommen die Täter immer wieder, dann wird es so sein wie bei der Hydra, der man umsonst die Köpfe abschlägt, weil sie immer wieder nachwachsen. Jede Mark, die dem Sozialstaat nach innen in das eigene Land hinein, und der Entwicklungshilfe nach außen in den globalen Bereich hinein entzogen wird, entzieht man gleichzeitig der wirksamsten Strategie der Terrorbekämpfung. Deswegen möchte ich gegen jede Art von Sinnlosigkeitsverdacht und Resignation gerade auch auf diesem aktuellen Hintergrund dazu ermutigen: Wo immer von Nachteil betroffene Menschen Achtung, Selbstwerterfahrung und Hilfe geschenkt bekommen, da wird unendlich viel gegen jede Art von Terror nach innen wie nach außen getan. Auch wenn es manchmal nur wie ein Tropfen auf den heißen Stein erscheint: Es gibt ein afrikanisches Sprichwort, das davon spricht, daß so mancher Tropfen der Vorbote eines großen guten Regens ist. Auf diesem Weg sollten wir uns gegenseitig bestärken. Er ist zu vertiefen und zu erweitern. Und auf ihm stellt sich auch die Frage, woher wir die Kraft dafür bekommen, das Durchhaltevermögen und die nötige Nachhaltigkeit. Wir Christen und Christinnen glauben, daß uns Gott selbst diese Kraft gibt, daß

9 Johannes Paul II. in: *L'Osservatore Romano* 31 (21.09.2001) Nr. 38, 9.

er uns immer so viel Kraft gibt, wie wir sie nötig haben werden, und manchmal auch darüber hinaus. Und wir spüren und werden es anderen sagen und gesellschaftspolitisch vertreten: Wir werden jetzt mehr geben müssen als bisher, bis zur Schmerzgrenze, sonst wird uns immer wieder ein noch größerer Schmerz zugefügt werden.

Es scheint so, als sei in der ganzen zivilisierten Welt so etwas wie ein kollektives Urvertrauen angeknackst, vielleicht sogar ziemlich zerstört worden: Das Vertrauen in die doch wenigstens relative Sicherheit, daß Gebäude stehen bleiben, daß es nicht zu solchen äußersten Bedrohungen kommt, daß die Sicherheitskräfte und die Geheimdienste doch eigentlich dafür da sind, das Schlimmste zu verhindern.[10] Es ist von daher sehr verständlich, wenn die Menschen neu die Frage stellen, worauf sie ihr Vertrauen stützen können, wie und im Bezug auf was das beschädigte Urvertrauen wieder hergestellt werden kann. Wie man neue Zuversicht gewinnt. Und mir kommt die Vorstellung: Erleben wir jetzt, wir, die Abgesicherten, was in mit unserer Situation unvergleichbarer, aber jetzt doch irgendwie punktuell vergleichbarer Weise mehr als eine Milliarde von Menschen auf dieser Erde von Tag zu Tag erlebt, unvergleichbar, weil die Ursache dieser Unsicherheit nicht eine plötzliche Katastrophe, sondern ihre dauerhafte Armut und ihr Leben in Ungerechtigkeit ist, vergleichbar aber in dem, Angst haben zu müssen, ob man den nächsten Tag noch erlebt. Aber es gibt wohl keine Verbindung zwischen diesen beiden Welten, oder vielleicht doch? Können von dieser Erfahrung her Menschen nachfühlen, was andere dauernd erleben? Könnte es dann in dieser Hinsicht zu einer großen Wahrnehmungserweiterung kommen, zu einer Globalisierung des Blicks dafür, wo Menschen aus welchen Gründen auch immer, in Unsicherheit leben müssen?

Aber ich befürchte, daß diese Verwundung unserer Sicherheit und Selbstsicherheit wohl eher dazu führt, möglichst schnell solche Erfahrungen zu beseitigen, nicht mehr an sich herankommen zu lassen, diese Zusammenhänge nicht wahrzunehmen, sie gerade-

10 Im Rücken dieser Vermutung steht die große Vorwurfswelle, die nicht nur in den Vereinigten Staaten von den Menschen den Geheimdiensten entgegengebracht wird: Warum habt ihr das nicht verhindert!?

zu in dieser Situation abzuspalten durch eine Reaktion, die die eigene, immer mehr fiktiver werdende Sicherheit, mit der Gewalt von Vergeltung und Militarismus immer zwanghafter und damit letztlich auch immer gefährdeter garantieren will.

Wenn in wenigen Jahrzehnten durch ungehemmte kapitalistische Globalisierung und ebenso ungehemmte ökologische Destruktion insbesondere der Klimazonen Millionen von Menschen in der Gefahr sein werden, an Hunger und Durst zugrunde zu gehen, wenn aus dem Süden, insbesondere von Afrika her, die Durst- und Hungerkriege in den Norden stoßen, dann gibt es letztlich nur noch die Entscheidung, ob man mit ihnen teilen will, oder ob man sie in einem ungeheuren Genozid tötet bzw. zugrunde gehen läßt, um das Eigene zu schützen. Wenn *jetzt* nicht das Teilen anfängt und wenn *jetzt* nicht auf dieser Basis im wirtschaftlichen und ökologischen Bereich gehandelt wird, was auch den Verlust eigener Besitzstände und Machtstände bedeutet, wird der Welt dieses apokalyptische Szenario kaum erspart sein. Jetzt sind die Veränderungen und Unsicherheiten zu riskieren, die mit jedem Teilen verbunden sind.

Die gesteigerte Erfahrung, daß unser Leben allgegenwärtig gefährdet ist, ist in dieser Weise als konstruktive Herausforderung anzunehmen: Wer sich absolut schad- und leidlos halten will und deshalb nur noch unter der Ideologie der absoluten Sicherheit auf gewalttätige Sicherheit und Abschottung gegen alle Unsicherheiten baut, wird die Gefahr objektiv steigern und ihr passiv, also ungewollt, ausgeliefert sein. Und die Chance ist verspielt, die Einsicht in die Gefährdung des Lebens gewollt und aktiv als Horizont eigen gewählter und verantworteter Selbstgefährdungen zu begreifen. Wir brauchen mehr Zivilcourage als bisher, mehr die Bereitschaft der Hingabe und der Selbstverausgabung, auch Nachteile zu riskieren: auf allen Ebenen, von den persönlichen zu den strukturellen, von den lokalen bis zu den globalen Ebenen. Horst Eberhard Richter hat in seiner *Psychologie der Gewalt* nicht nur einen tiefen menschlichen und politischen, sondern auch theologisch relevanten Satz gesagt: Wer nicht leiden will, muß hassen! In der Kraft Gottes kann man/frau sich auf diesen Weg machen: Nämlich daß wir lokal und global zumindest nicht *mehr* Leid zufügen als wir selbst aushalten.

V
Frieden

Das Heilige und die Gewalt
Nach den Terroranschlägen in Amerika*

Johannes Röser

Nach dem Tauwetter am Ende des Kalten Krieges könnte es wieder frostiger werden, militärischer, mit einer neuen Phase der Hochrüstung. Die *Badische Zeitung* deutet die historischen Ausmaße jenes Terroraktes so: „Nichtmehr in den Nationen, in den riesigen Städten vollzieht sich die Zukunft der Welt. Diese Einsicht ist jetzt zuerst in ihrer fürchterlichen Variante Wirklichkeit geworden... Das 21. Jahrhundert hat mit dem Datum des 11. September 2001 begonnen."

Viele Zeitungen verweisen auf die Symbolkraft der getroffenen Gebäude. Das World Trade Center, dessen Türme buchstäblich in den Himmel gewachsen waren, galt als eine Art Kathedrale des mächtigen und modernsten Kapitalismus. Hier waren die Büros bedeutender Versicherungen, Banken und Rechtsanwalts-Kanzleien versammelt. Hier flanierten Besucher aus aller Welt aufs ‚Dach der Welt', gingen in Restaurants, Bars, Kinos etc. Die Freiheit der Vergnügungsgesellschaft und die wundersame Geldvermehrung der Dienstleistungsgesellschaft verbündeten sich an diesem Ort sinnenfällig Seite an Seite. Das Pentagon, das Verteidigungsministerium in Washington, bildete wiederum das militärische Gegenstück der Freiheit im Land der unbegrenzten Möglichkeiten: die unbegrenzte Überwachung und Koordination, die Schaltzentrale der höchsten Sicherheit und der nahezu perfekten Computerinformation über alles, was in der Welt vor sich geht.

Symbole einer Wohlfahrts-Zivilreligion

Diese Gebäude waren mehr als das Sichtbare. Sie waren die monströsen Heiligtümer einer Wohlfahrts-Zivilreligion, die gläubige wie ungläubige Amerikaner gleichermaßen verbindet. Für die Terroristen waren sie aber das genaue Gegenteil von Heiligkeit:

* Der Beitrag setzt sich aus zwei Texten zusammen: „Das Heilige und die Gewalt" (erschienen in: *Christ in der Gegenwart* am 23.09.01) und „Einsam vor Gott" (erschienen in: *Christ in der Gegenwart* am 14.10.01).

ein Hort des Unglaubens, des Glaubensabfalls, der Gotteslästerung, der moralischen Verderbnis. Die geistigen Nachbeben der Gewaltakte reichen daher weit über politisch-militärisch-strategische Fragen hinaus. Religiöse und pseudoreligiöse, sakrale und quasi-sakrale Dimensionen werden berührt, bei den Opfern, bei den Tätern. Das macht alles nochmals schwieriger, nebulöser. Nicht nur das Bewußte ist getroffen, fast mehr noch das Unbewußte.

In den ersten, rasch geschriebenen Kommentaren und Leitartikeln, die uns zu dem frühen Zeitpunkt vorlagen, richtete sich der Blick verständlicherweise zunächst aufs Naheliegende, die Gefühle und die vermuteten Strafaktionen gegen den internationalen Terrorismus. „Amerika im Krieg“, „Die Kriegserklärung“, „Den Krieg erklärt“... So oder ähnlich lauteten viele Überschriften. Und fast alle verlangten Härte. Die *Frankfurter Allgemeine Zeitung* schrieb: „Es ist mehr als Terrorismus: Es ist ein Krieg gegen Amerika.“ Man habe die Anschläge gegen „eines der imponierendsten Symbole seiner wirtschaftlichen Vitalität“ gerichtet und eben „gegen die militärische Zentrale der Supermacht“. Dahinter stecke wohl auch eine tiefe Ablehnung der „Amerikanisierung der Welt“. Andere sprachen die Verwundbarkeit an. Die *Welt* vermutet: „Der Glaube der Amerikaner an ihr ‚Land der Freien’, an ihre ‚City on the shining hill‘ ist nach 220 Jahren gebrochen; gebrochen worden ist der Glaube, auf einer Insel der Seligen zu leben.“

Allerdings sei Amerika nicht deshalb angegriffen worden, weil es mit „Äußerlichkeiten“ die Welt geprägt habe, sondern – und hier formuliert der Leitartikler geradezu pathetisch trotzig – „weil es von allen westlichen Staaten derjenige mit dem substantiellsten, mit dem am tiefsten verankerten Idealismus“ sei. Zur Supermacht geworden seien die Vereinigten Staaten „durch ihre unbeugsame Moral“. Die linke Berliner *taz* urteilt dagegen zurückhaltender: „Dies ist jedenfalls der Tag, an dem das Gefühl der Sicherheit, der Unangreifbarkeit verlorengegangen ist.“ Andere spekulierten mehr über die weltpolitischen Folgen. *Die Stuttgarter Zeitung* erinnerte an die umstrittenen Thesen des Politikwissenschaftlers Samuel Huntington, „der zu Beginn der neunziger Jahre vor einem gewaltsamen Zusammenstoß der Kulturen gewarnt hatte“. Entsprechende Ängste seien wohl doch „nie grundlos“ gewesen. Was aber bedeutet das für die internationalen Beziehungen? Die linksliberale *Frankfurter Rundschau* sagt ein stärkeres Engagement der Amerikaner voraus. Aus dieser Welt „kann man sich politisch nicht zurückziehen und die Entwicklungen im Nahen Osten treiben lassen, wie dies in diesem Jahr geschehen ist“. Die *Süddeutsche Zeitung* prophezeit das genaue Gegenteil: „Vorstellbar ist, daß sich Amerika noch weiter zurückziehen wird von den Ereignissen dieser Welt, daß der im Land allemal vorhandene Hang zum Isolationismus – was wollen wir mit dieser Welt zu tun haben?‘ – zu einer wirklich substantiellen Verschiebung auch der politischen Gewichte auf dem Globus führt.“

Islamistische Internationale

Die Täter wurden in den ersten Analysen in einem fanatisierten internationalen islamistischen Netzwerk vermutet. Einzelne dachten auch an rechtsextreme Eiferer aus den Vereinigten Staaten selbst oder an Sekten mit Weltuntergangsvisionen, wie einige ja verschiedentlich schon unter ihren eigenen Mitgliedern Massen-Selbstmord-Aktionen verwirklicht hatten. Auch japanische Leninisten wurden genannt. Jedenfalls verdichteten sich bald die Hinweise auf mafiaartig wirkende, von hochgebildeten, intelligenten Leuten geführte muslimische Guerilla-Kreise, die geistig von dem saudi-arabischen Milliardär, Unternehmer und Dissidenten bin Laden abhängen, aber unabhängig von ihm operieren. Diese Extremisten bilden sogar eine Art inner-arabische Opposition gegen korrupte islamische Regime, die sich selbst bereichern, aber dem Volk nichts geben und – wie die saudi-arabische Führung – der Gesellschaft keine politischen, ökonomischen und kulturellen Perspektiven anbieten, übers Ölzeitalter nicht hinausdenken. Jene Dissidenten-Eliten kämpfen insgeheim schon gegen die noch führenden islamischen Eliten, die allein ihr eigenes Wohl im Auge haben und nicht das der armen Massen.

Als der Feind noch Freund war

Die Geschichte bin Ladens enthält zudem eine bittere Ironie: nicht nur daß seine ‚Kampfpiloten‘ anscheinend von Flugschulen in den USA ausgebildet wurden. Dieser Mann wurde selbst von Amerika geradezu aufgebaut – in den achtziger Jahren zur Mit-Organisation des Kampfes kommunistenfeindlicher afghanischer Mudschaheddin gegen die sowjetischen Besatzer. Der heutige Feind war damals ein Freund. Die Blindheit mehrerer amerikanischer Regierungen, ihre Unfähigkeit oder ihr Unwille – man denke nur an die katastrophale Lateinamerikapolitik seit zwei Jahrhunderten –, außenpolitisch weit zu denken, wurde dann auch von vielen Analytikern der Weltpolitik trotz der Trauer und des Mitgefühls in der aktuellen Stunde deutlich bemängelt. Jene Kurzsichtigkeit begünstigte über Jahrzehnte den Aufbau von hochtechnisierten modernen, mobilen, flexiblen, dynamischen, personalorientierten islamistischen Kommunikationssystemen, hochkomplexe Entwicklungen, die durch noch so aggressive und massive Gegenschläge, welche man aus Wut heraus führt, nicht auszuschalten sind. Zu jener selbstverschuldeten Doppelbödigkeit und Kurzsichtigkeit amerikanischer Weltpolitik gehöre auch, behaupten Politikwissenschaftler, daß Israel einst den Aufbau der Hamas, heute einer seiner schlimmsten Gegner, gefördert habe, um Arafat und seine Leute zu schwächen.

Wenn islamischen Führern plötzlich islamische Konkurrenz erwächst

Doch nicht nur die westliche, auch die arabische mitsamt der palästinensischen Welt ist von Grund auf geschockt. Das hängt damit zusammen, daß ihre nicht-demokratisch autorisierten Führer nun plötzlich feststellen müssen, daß nicht sie wirklich die Macht in ihren Händen haben, sondern von ihnen und ihren Staaten weitgehend unabhängige scharfsinnige islamistische Ideologen und Anarchisten, die zu Dingen fähig sind, die weit außerhalb der Reichweite arabischer staatlicher Autorität liegen. Diese innerislamische Bedrohung, die selbst für die arabischen Regierungen unberechenbar ist und diese von den außerstaatlichen Muslim-Macht-Kartellen abhängig macht, gefährdet den Weltfrieden womöglich viel ernster als der zwischenstaatliche Konflikt zwischen Israel und Palästina.

Dieser bietet den Nährboden, gewiß. Doch die politischen Verwicklungen und Disharmonien haben eine noch ganz andere Tragweite, gründen in den inner-arabischen Konflikten selbst, in Führungskonkurrenz. Wer sind die wahren Herrscher im arabischen Raum? Wirklich noch Leute wie Arafat, Assad, Hussein,

Mubarak, König Abdallah, Gaddhafi, König Fahd, al Baschir? Längst werden ganz andere Potentiale – islamische Mafia-Syndikate – sichtbar. Und welche Waffen haben diese inzwischen angesammelt oder produziert auf dem frei flottierenden Markt arbeitsloser russischer Wissenschaftler und skrupelloser westlicher Unternehmer? Biologische, chemische, atomare? Amerika will sich gegen ‚Schurkenstaaten' rüsten. Doch diese gibt es womöglich gar nicht. Eher Schurken-Clans, die längst ohne Staat, als Laus im Pelz der Globalisierung, auskommen können und jene ausnutzen, die sie zerstören wollen – eine Art idealistisch-verbrecherisches Schmarotzertum mit totalitären Vorstellungen von Weltrettung. Robin Hood global und barbarisch. Durch die amerikanischen Geschehnisse sind neben höchst beunruhigenden weltpolitischen aber auch religiöse und psychologische Fragen aufgeworfen worden. Die Anschläge haben Ausmaße, die mit den üblichen Vorstellungen von krimineller Energie nicht zu fassen sind. Auch wenn wir nicht wissen, ob die Urheber wirklich von einem religiösen oder eher einem pseudoreligiösen, ganz und gar weltlichen Wahn beherrscht sind, gehen davon Erschütterungen aus, die gerade religiöse, wirklich gläubige Menschen im Tiefsten treffen, sie erschrecken lassen. In den Abgründen der Psyche gibt es offenbar Zusammenhänge zwischen Erfahrungen von Allmacht und Tod, Sakralität und Mord, Rettung und Vernichtung, die in existentieller Bedrängnis jederzeit wieder zutage treten können.

Was ist der wahre Glaube?

Die Drahtzieher der Anschläge sowie deren Flugzeugentführer und Selbstmord-Kandidaten inszenierten auf geradezu archaische Weise einen Symbol-Akt des Massensterbens, der an Opfer und Martyrium denken läßt, mehr noch: an Apokalyptisches. Was da geschah, sprengt gewöhnliche Rache-Vorstellungen, wie sie aus innerweltlichen Kränkungen erwachsen. Dieser Haß, der sich da ausdrückte, hat noch eine andere ‚Qualität'. Erinnert wurde an die japanischen Kamikaze-Piloten des Zweiten Weltkriegs. Auch deren Selbst-‚Opfer' entsprang nicht allein imperialistisch-patriotischen Gefühlen. Es wuchs aus einer religiösen Bindung, einer Verehrung des als gottgleich gedachten Kaisers, des Tenno, des ‚Himmelssohnes'. Was nach außen als irrationaler Blutrausch erschien, hatte seine systemimmanente psychologisch erklärbare Logik. Religionsgeschichtlich sind solche Phänomene und Bezüge zwischen dem als heilig Empfundenen und der Bereitschaft, dieses notfalls gewalttätig zu verteidigen oder wiederherzustellen, ja nicht neu. Die säkulare Alltagssprache hat diese Wahrheiten seelischer Abgründe bewahrt. So werden islamische Kämpfer als ‚Gotteskrieger' bezeichnet. Von der Tradition des ‚heiligen Krieges' haben sich die Muslime nicht verabschiedet. Selbst die völlig antireligiösen Ideologien des Stalinismus, Maoismus und Nazismus hatten sich derartiger mythologisch-religiöser Reste des Opferns bedient. Was die eigenen Allmachtsvorstellungen stützt, ist wahr und heilig. Alles Gegnerische gilt als Abfall vom wahren Glauben und muß zum Schutze der Allgemeinheit sogar ausgelöscht werden. Wer das Göttliche oder vermeintlich Göttliche beleidigt, beschmutzt, hat in dieser Perspektive kein Existenzrecht. Da gilt es schon als Verunreinigung des göttlichen Terrains, wenn amerikanische Soldaten als saudi-arabische Verbündete gegen den Irak den Boden von Golfstaaten betreten, erst recht, wenn sie sich dort länger aufhalten.

Wesen und Unwesen der Religion

Freilich kann es die Christen nicht beruhigen, nur auf die böse Religionsgeschichte anderer zu zeigen. Wir haben da unsere eigene Last zu tragen, nicht nur Inquisitionen, Ketzerverbrennungen, Religions- und Konfessionskriege, kolonialistische Imperialismen mit Kreuz und Schwert, nicht nur die ‚Kreuzzüge', die als düsteres Kapitel der Christentumsgeschichte begrifflich nun geradezu paradox auf fanatisierte Muslime übertragen werden. In den Tiefenschichten des Unbewußten haben sich über lange Epochen der Menschheitsgeschichte hinweg und quer durch die Religionen Projektionen von Gottes Macht und menschliches Herrschaftsstreben miteinander verbunden. Manche Religionen waren davon stärker, andere schwächer betroffen. Sogar die kritische Hochreligion der Gelehrten, der Philosophen und Theologen blieb dafür anfällig, wenn auch nicht ganz so stark wie die magische Volksfrömmigkeit der einfachen Leute. Die jahrtausendealte Geschichte der Opferkulte samt ihrer rituellen Sündenbock-, Reinigungs- und Läuterungsphantasien ist fester Bestandteil der universalen kultischen Evolution. Zwischen „Wesen und Unwesen der Religion“, wie es der Religionsphilosoph Bernhard Welte einmal bezeichnete, zwischen frommem Eifer und unfrommem Wahn liegt nicht selten bloß ein schmaler Grat. Welte wies in dem schon 1952 erschienenen entsprechenden Aufsatz auf dieses Phänomen hin, daß sich das Religiöse der inneren Wahrheit und Wirklichkeit des Glaubens mit einer Heftigkeit entziehen kann, die fanatisch, zelotisch wird. Der Anspruch auf die Wirklichkeit des Religiösen wird aufrechterhalten, ja geradezu verschärft, doch es entsteht eher eine Scheinwirklichkeit des Religiösen, gegen dessen echte innere Wahrheit man sich verschließt, von der man sich immer weiter entfernt. Das alles mündet in Verzweiflung, „ins blinde Wüten ohnmächtiger Selbsterlösungstendenzen“. „Alles Zelotische und Fanatische zeigt darum, je radikaler es auftritt, gerade das, was es verbergen sollte: die Ablösung von der Wirklichkeit und damit auch vom eigentlichen Ernst des Glaubens, in dessen Gewand sie auftritt; es zeigt den dunklen Kampf gegen die Wirklichkeit. So ergibt sich Zug um Zug ein befremdliches und verwirrendes Bild des Unwesens der Religion: in sich isoliert, planlos und entzündet, schillernd und täuschend tritt es hervor und verbirgt sich zugleich, will es dem Wesen ewig gleichen und ist doch nur sein unheimliches Gegenbild.“

Jede Selbstgerechtigkeit ist da fehl am Platz. Auch als Christen können wir uns mancher Tragik im eigenen religionshistorischen Weltenlauf nicht entledigen. Zum Beispiel lassen sich die Gewaltbilder des Alten Testaments nicht dadurch beschwichtigen, daß man sie nachträglich zum dramatisch-literarischen Stilmittel erklärt, als Werkzeug, durch das die Autoren besonders sinnenfällig die Allmacht Gottes – und sei es zuletzt als Richter und Rächer – zum Trost der bedrängten Glaubenden darstellen wollen. Sprache ist nicht nur äußeres Hilfsmittel. Sprache ist Denken, Realität, Wahrheit. Auch die Bibel hat eben ihre düsteren Gottesprojektionen aus menschlich verständlicher Psychologie. Religionsgeschichtler wie René Girard oder Mircea Eliade haben die uns heute entsetzenden Verbindungen zwischen dem Heiligen und der Gewalt in vielfacher Weise erforscht. Solche psychischen Verhaltensmuster und Projektionen verschwinden auch dann nicht, wenn die religiöse Bindungskraft nachläßt und sich das ‚Heilige‘ ganz weltlich, säkular als Ausdruck menschlicher Sehnsucht manifestiert. Die Täter knüpfen zur Rechtfertigung ihrer Perversionen geradezu an religiöse Bilder von Heiligkeit und Erhabenheit an. Es ist auch kein Zufall, welche symbolischen Ziele sich die Attentäter in ihren Wahnvorstellungen kühl-rational berechnend ausgesucht haben: jene Türme eben, die in die Sphären des Transzendenten reichen, nicht nur ‚Wolkenkratzer', sondern Himmelsstürmer, die ja alte Typologien etwa des Turmbaus von Babel sinnlich nahezulegen scheinen. In der Bibel aber straft Gott im entsprechenden Mythos die Hybris der Menschen, weil sie so sein wollen wie er, allmächtig, all-weise, Techniker und Erbauer der eigenen – gottfreien? – Zukunft. Die religiösen oder pseudoreligiösen Eiferer haben Archetypen ausgewählt, an eine Erzählung des biblischen Kulturerbes der Menschheit angeknüpft. Nur: Sie wollen noch mehr sein als ‚Gott'. Wie göttliche Racheengel haben sie das Zerstörungswerk selbst in die Hand genommen. Aus der Luft, vom Himmel her, brachten sie mit Flugzeugen das Verderben in die angeblichen Tempel der Verderbnis. Ihre barbarische Untat verstehen sie selbst logisch und mythologisch zugleich als quasisakrales Strafgericht über die Hybris einer verachteten Wohlfahrtsnation und Weltmacht, die in den Augen dieser Fanatiker andere im Elend dahindämmern läßt oder gar ins Elend stößt, während sie provozierend architektonisch ihren Glanz und Protz herausstellt.

„Allah hat gestraft", hieß es in einigen Äußerungen von Muslimen. Die Herren der Welt wurden geschlagen, gelähmt. Die – wie sie es selbst wohl interpretieren – ewig Gedemütigten fühlen sich erhoben, ernstgenommen. Die herablassende Arroganz eines Welt-Liberalismus, dem Heiligstes nicht mehr heilig und Erhabenstes gleich-gültig sei, wurde zur Rechenschaft gezogen, durch Massenmord. Die islamistische ‚Heils'-Vorstellung soll durch Verbreitung von Unheil durchgesetzt werden.

Ein Quantensprung des Christentums

Solche Verblendung Wahnsinniger mag man in einer liberal-entmythologisierten Weltsicht als Fundamentalismus brandmarken. Aber das löst nicht das Dilemma. Deshalb sitzt der Schock ja so tief: Wir müssen erkennen, daß es zwischen diesen getrennten Welten keine Übersetzer, keine Dialogmöglichkeiten, keine Sprachbrücken gibt, nur Umkehr, Reinigung des Gewissens, Reinigung von Religion und Weltanschauung, Befreiung des wirklich Heiligen von den menschlich-allzumenschlichen Omnipotenzphantasien. Diesen Paradigmenwechsel epochalen Ausmaßes haben jedoch nur wenige Religionen substantiell wirklich geschafft. Neben dem Buddhismus, der freilich von vornherein eine ganz andere Grundstruktur hat, nur Judentum und Christentum. Beide haben den blutigen Opferkult ihrer Ur- und Vorgeschichte, der sich einst in der Institution des Tempels ausdrückte, abgeschafft. Und man ging den schwierigen, immer spannungsgeladenen Weg vom Mythos zur Mystik, vom Kult zur Liturgie, von der Geschichtslosigkeit zur Geschichtlichkeit des Glaubens und – besonders im Christentum – von der Allmacht zur gottgewollten Ohnmacht des Heiligen. So sehr in der christlichen Volksfrömmigkeit magische Opfervorstellungen weitergetragen wurden – theologisch ist von der Jesus-Geschichte der Weg zu einer kritischen historischen Entmythologisierung vorgezeichnet. Jesus Christus hat durch sein Opfer den ewigen Kreislauf des Opferns, der Gewalt, des „Ich gebe, damit Gott mir gibt" ein für allemal durchbrochen. Die Auferstehung als Akt der Befreiung, Rettung, Erlösung, Versöhnung ist Gottes Geschenk, nicht Menschenwerk. Paulus deutet den Paradigmenwechsel so: Für die Freiheit hat uns Christus frei gemacht. Mehr noch – gewaltfrei.

Mut zur Entmythologisierung

Gewiß brauchte das Christentum selbst noch lange, um diesen Wandel der Perspektiven an sich selbst einzuholen. Es handelt sich tatsächlich um einen Quantensprung in der Evolution des religiösen Bewußtsein, der durch das Christentum in die Welt kam und immer noch als Herausforderung auch vor uns selber liegt. Das bewegende Schuldbekenntnis von Papst Johannes Paul II. zum Versagen von Christen in der Welt-Gewaltgeschichte kann angesichts dieser Tatsachen nicht hoch genug bewertet werden. Es ist ein Meilenstein kulturgeschichtlicher Entwicklung und Reinigung, zur Rettung des wahren Heiligen, heraus aus den Versuchungen menschlicher Gewaltprojektion.

Und es zeigt sich, daß andere Religionen – allen voran der Islam – diese Wende hin zur redlichen historischen Kritik und Entmythologisierung bisher kaum in Ansätzen vollzogen haben. Immer noch meinen viele, der Islam werde durch die Abirrungen des eifernden Islamismus gestärkt. Die Bilanz der Attentate läßt jedoch eher das Gegenteil vermuten. In den Augen der dynamischsten Teile der Welt haben die gewalttätigen Formierungen des Islams – nicht nur im Kontext der jüngsten Ereignisse – diesen entblößt, ja dem Islam insgesamt geistes- und kulturgeschichtlich schweren Schaden zugefügt. Exzesse von Gewalt, um ‚Heiliges' zu schützen, waren zu allen Zeiten und in allen Religionen, Ideologien, Weltanschauungen Ausdruck ihrer tiefen Krisen, Begleiterscheinungen von Schwäche. Ein Islam, der nicht bereit ist, sich der Geschichtlichkeit und der Entmythologisierung aufrichtig zu stellen, wird sich selbst in immer größere Verlegenheiten stürzen. Das ist die paradoxe Lehre aus den Geschehnissen in Amerika – unabhängig davon, wer sie verübt hat. Das wahre Heilige verabscheut Gewalt. Diese Einsicht ist menschlich, diese Einsicht ist göttlich. Und sie wird sich durchsetzen gegen alle Anfechtungen des Bösen mitten in unserer Psyche.

Einsam vor Gott – im Wettbewerb von Kultur und Religion

Wo ist Gott? Wer ist Gott? Gibt es Gott? Selbst die säkularsten Massenmedien haben diesem stummen Schrei nach den islamistischen Attentaten Raum verschafft. Wer die Zeichen der Zeit sehen will, kann sie sehen. Auch wenn die Geschäfte zur Tagesordnung übergehen und die Kirchen sich wieder leeren.

Für Augenblicke blitzte jenes echte, authentische transzendente Erschaudern auf, das aus dem Urgrund der menschlichen Seele kommt und in ihn wieder eintaucht. Fast mehr noch als die entsetzlichen Anschläge erschrecken uns nun jedoch jene frommen Worte des mutmaßlichen Attentäters Mohammed Atta, die – und hier stockt schon der Atem – als „geistliches Testament" veröffentlicht wurden: „Diejenigen, die Totenwache halten, sollen Gottes gedenken und beten, daß ich bei den Engeln bin." „Diejenigen, die ich zurücklasse, sollen gottesfürchtig sein und sich nicht von den Dingen, die das Leben bietet, etwas vorgaukeln lassen – stattdessen sollten sie zu Gott beten und gute Gläubige sein." „Dreimal soll Erde auf meinen Körper geworfen werden, mit dem Spruch: ‚Du kommst aus Staub, bist Staub, und zum Staub kehrst du zurück. Und aus dem Staub wird ein neuer Mensch entstehen.‘ Danach sollte jeder Gottes Namen rufen und bezeugen, daß ich als Muslim starb, im Glauben an Gottes Religion. Alle, die an meiner Beerdigung teilnehmen, sollen für mich um Vergebung bitten.“

Solche Äußerungen sind religiös zweifelsohne gefühlsecht. Wenn sich ein Massenmörder im Namen des Islams zu seinen Untaten berufen fühlt, ist dies ernstzunehmen. Christen jedenfalls steht es nicht zu, diese Dinge zu beschwichtigen, sie wegzuinterpretieren. Die islamische Gemeinschaft selbst hat die Pflicht, da Stellung zu beziehen. Allerdings sehen sich Christen sehr wohl auch in ihren eigenen Tiefenschichten getroffen. Denn es ist doch der eine Gott und Vater, Schöpfer des Himmels und der Erde, der auch einen Mann wie Atta einst bei seinem Namen gerufen hat. Was heißt das für unsere Religiosität, für unsere Gottesvorstellungen? Da beginnen die eigentlichen Glaubenserschütterungen bei uns. Und sie sind nicht dadurch zu besänftigen, daß man auf religiöse Wahnvorstellungen eines Geblendeten verweist. Wie kann ein Mensch in ein und derselben Sprache zum höchsten Gotteslob ebenso fähig sein wie zur Gottesperversion? Gewiß: Wir kennen die religiösen Antworten, die theologischen Versuche, das Problem der Allmacht/Ohnmacht Gottes mit dem freien Willen des Menschen zu lösen. Jedes Individuum habe die Möglichkeit, das Gute zu wählen oder das Böse. Nur: jene Verbrecher wollten ja gerade nicht das Böse tun, sondern das Gute – und dies im Angesicht des Allerheiligsten. Sie meinten, als heilige Krieger Gottes Willen pflichtgemäß zu vollziehen. Wie aber kann das Gewissen, die ‚Stimme Gottes‘, sich derart tragisch irren? Wie kann Gott den Menschen solchermaßen ins Verderben laufen lassen?

Die Würde Gottes hängt auch an der Würde seiner Geschöpfe, die Freiheit Gottes an der Freiheit seiner Kreatur. Wie frei aber ist der freie Mensch wirklich? Und wie frei ist Gott? Da fängt das religiöse Spiel der Fragen ganz neu an, als Erschütterung von Grund auf. Denn wir können die Augen ja nicht vor den vielen brennenden Realitäten der Unfreiheit verschließen. Wie frei ist denn der Wille eines schwer behinderten Kindes, das nichts dafür kann, so geboren zu sein? Und wie frei sind die Eltern, die nicht wußten, gar nicht wissen konnten, welches Leiden aus ihrem freien Liebesakt entsteht? Von den tödlichen Viren, Bakterien, die unabhängig von menschlicher Schuld in die Evolution treten und die menschliche Freiheit einengen, ganz zu schweigen. Und der Tod, die Angst vor dem Tod als starke Triebfeder eines manchmal freiheitszerstörenden, tragisch verwickelten Existenzkampfes? Nein, Mythologien helfen uns da nicht mehr weiter, seit wir wissen, daß es den Tod gibt auch ohne Sünde – und lange vor dem Menschen.

Die anthropomorphen Bilder von der Allmacht Gottes und der Willensfreiheit der Menschen treiben uns an die Grenzen der Logik. Und die neuesten sensationellen Ergebnisse der Hirnforschung, die den grenzenlosen Optimismus menschlicher Willensfreiheit erheblich dämpfen, sind ebenfalls nicht in den Wind zu schlagen.

Unverstanden in der eigenen Pfarrei

Der Bonner Philosoph Heinz Robert Schlette hat in einem Aufsatz der Zeitschrift *Orientierung* – noch vor den schrecklichen Geschehnissen in Amerika – die Einsamkeit thematisiert, die jeden Menschen umfängt, der es nicht aufgibt, sich an die Abgründe des göttlichen Geheimnisses zu wagen. Immer und immer wieder stolpert der Glaube über das Theodizeeproblem, wie Gott angesichts einer leidenden und gewollt unvollkommenen Welt zu rechtfertigen, überhaupt zu denken ist. Diese Erfahrung, „extrem radikalisiert durch den schier unglaublichen Terror ..., kann, wie man weiß, in eine finstere, trostlose Einsamkeit hineinführen, in der etwas, das das Ganze... zusammenhält, nicht mehr erfahren wird". Schlette zitiert Romano Guardini: „Die Einsamkeit im Glauben wird furchtbar sein." Alles noch so schöne religiöse Gemeinschaftserleben kann die radikale Ungeborgenheit, das Ausgesetztsein des einsamen Menschen vor dem einsamen Gott nicht beruhigen. Schlette: „Jeder hat seinen eigenen Namen, und deshalb darf man trotz Israel als Volk und trotz der Kirche diese Dimension der Unmittelbarkeit (gegenüber Gott) nicht außer Betracht lassen. Sie ist eine Art Einsamkeit, in der es um das ‚Herz' des Menschen geht, seine sogenannte Mitte, das heißt um Verantwortung, Gewissen, Schuld, Liebe, wirkliche Erfahrung." Die existentielle Einsamkeit wird nach Schlette begleitet von einer zweiten Einsamkeit: in der Gemeinschaft der Glaubenden selbst, etwa in der Pfarrgemeinde. Schlette ist skeptisch gegenüber einer allzu betonten Gemeindetheologie. Wer sich der Gottesfrage unter dem Druck wissenschaftlicher Welterfahrung aussetzt, wird im Innersten einsam bleiben, nicht selten unverstanden von den Mit-Glaubenden. „Obwohl wir als Christen daran festhalten, daß wir als der Leib Christi oder als das durch die Zeiten wandernde Gottesvolk zusammengehören, gibt es doch so etwas wie die Einsamkeit des Einzelnen und der Einzelnen gegenüber dem, was man landläufig ‚die Kirche' nennt..."

Schlette identifiziert aber noch eine dritte Einsamkeitserfahrung – die der Kirche als ganzer. „Trotz der Milliarden, die die Religionsstatistik uns nennt, drängt sich immer unabweisbarer das Bewußtsein auf, daß das Christentum... in der Weltgeschichte eine Minderheit war, ist und aller Voraussicht nach bleiben wird. Das ist nicht bloß eine kulturelle und soziologische Feststellung, sondern ergibt sich aus dem Glauben an eine besondere, mit Israel beginnende Offenbarung Gottes." Für Christen ist sie verbunden mit der Einzigkeit und Universalität Jesu Christi. Das Christentum ist eben in der Tat kein Allerweltsglaube, sondern Einmaliges, Besonderes, ganz und gar nicht Selbstverständliches.

Muslime brauchen kein „anonymes Moslemsein"

Alle Heilswege sind gleich? Die islamistischen Attentate haben uns abrupt die Augen geöffnet für kulturelle und historische Differenzen, die wir im aufgeklärt-liberalen Blickwinkel nicht mehr wahrhaben wollten.

Zu diesen Realitäten gehört, daß Muslime Muslime sein – und nicht anonyme Christen werden wollen. Der Theologe Hans Kessler versuchte (in der *Theologischen Quartalschrift*) neulich zwar noch eine Art gegenseitigen Inklusivismus, also eine Art wechselseitige Vorstellung universalen Heils zu retten mit dem Vorschlag: Analog zur christlichen Sicht, „die eigene zentrale Erfahrung mit Jesus Christus" auf alle Kreatur auszudehnen, „können gläubige Muslime... nicht anders, als die Relevanz ihrer Offenbarung im Koran... zu universalisieren, also auch Andersgläubige und andere Religionen auf sie hin angelegt zu sehen." Aber: Wir erleben gegenwärtig genau das Gegenteil. Die meisten Muslime haben weder die Sehnsucht nach einem „anonymen Moslemsein" der Christen, Hindus, Buddhisten... Andersgläubige sind einfach Ungläubige.

Noch sieht sich die Mehrheit der Muslime religiös-theologisch beunruhigt dadurch, daß ihr eigener Ein-Gott-Glaube, der Glaube an Allah, Schaden nehmen könnte, wenn er andere nicht in die universale Barmherzigkeit dieses Gottes einbezogen sieht. Der Volksislam jedenfalls hat keine Probleme damit, die Ungläubigen aus der Gerechtigkeit Gottes auszuschließen und dem Gericht zu überantworten.

Warum keine islamische Exkommunikation durch die Al-Azhar-Gelehrten?

Täuschen wir uns also nicht. Die christlich-islamischen Ungleichzeitigkeiten werden mehr und mehr zum Faktor von Weltkultur und Weltpolitik. Natürlich sind die extremistischen muslimischen Minderheiten klar von den friedliebenden Muslimen, der Mehrheit, zu unterscheiden. Auf keinen Fall dürfen die Muslime unter einen Gewalt-Generalverdacht gestellt werden. Doch sind die Grundprobleme nun einmal durch die Fanatiker ans Licht der Allgemeinheit gebracht worden. Es ist jetzt nicht Sache der Christen, darüber zu entscheiden, welches der wahre Islam sei und welches nicht. Die obersten islamischen Glaubenswächter – etwa der Al Azhar-Universität – haben da Farbe zu bekennen. Ist es wirklich unmöglich, undenkbar, daß die bedeutendsten sunnitischen Lehrautoritäten die Massenmörder von New York und Washington in einem höchstverbindlichen geistlichen Richterspruch – etwa durch eine Fatwa – aus der islamischen Weltgemeinschaft öffentlich exkommunizieren? Und wann wird die Religionsfreiheit der Christen oder jener Muslime, die sich zum Christentum bekehren wollen, in islamischen Ländern endlich anerkannt?

Da handelt es sich nicht um Kleinigkeiten. An den harten Fakten sind die Fortschritte in den Dialogen zu messen. Am Islam selbst liegt es, ob er seinen eigenen „Bartolome de las Casas“ und seine eigenen „spanischen Scholastiker“ hervorbringt, die Wege zu einem modernen Bürger- und Völkerrecht nun innerhalb der islamischen Gemeinschaft freilegen. Nicht die Theorie, die Praxis entscheidet. So erklärte neulich der Wiener Rechtsphilosoph Gerhard Luf aufgrund langjähriger Erfahrung im Dialog mit Muslimen: „Auf pragmatischer Ebene kann man sich oft gut mit ihnen verständigen. Es gibt hier auch viele Ansprechpartner für den Aufbau von Vertrauen. Aber jenseits der pragmatischen Ebene stößt man beim Thema Scharia an eine Grenze." Sämtliche Gesprächs-Ergebnisse werden unter den Vorbehalt gestellt, „daß sie nicht im Widerspruch zur Scharia stehen".

Auch eine andere unliebsame Wahrheit muß endlich freimütig diskutiert werden: die kulturelle Erblast, daß Mohammed im Gegensatz zur klar gewaltfreien Haltung anderer Religionsstifter ein Feldherr und Krieger war. Der ‚heilige Krieg' war nie nur ein stilistisch-literarisches, gar poetisches Stilmittel des Koran, sondern handfeste Realität.

Alle Umdeutungen können daran nichts ändern. Und so bleiben die sanften Interpretationen selbst immer höchst zweifelhaft. Aus der Religionswissenschaft wissen wir, daß der Kern einer Religion nicht ohne weiteres von seiner Schale abzulösen ist. Kontexte bestimmen Texte, Formen machen Inhalte, Ursprungsgeschichte prägt Wirkungsgeschichte. Wer dem Kampf der Kulturen vorbeugen will, muß den Wettbewerb der Kulturen aufnehmen. Die Bevölkerung der einst christlichen Zivilisationen hat momentan die große historische Chance, wieder das eigene Christliche schätzen und achten zu lernen. Christen selbst sollten dies in Bescheidenheit und Demut tun, kritisch und selbstkritisch, sensibel für die Einsamkeit vor Gott, die wir mit vielen Suchenden teilen, auch mit den hunderten Millionen Moslems guten Willens.

Wie wird man mit Terroristen fertig?*

Gerd Ernst

Das heutige Evangelium von Jesu Begegnung mit Zachäus wirft die Frage auf, wie man mit Menschen fertig wird, die andere Menschen sprichwörtlich aussaugen. Zachäus war einer von diesen Übeltätern; er hatte sich die Zollstelle von den Römern ‚gekauft' und peinigte die kleinen Leute, die von ihren Gehöften zum Markt kamen, bis aufs Blut. Und je nach Lust und Liebe konnte er ‚draufschlagen' und sich selbst noch an ihrer Armut bereichern. Wie wird man mit solchen Menschen fertig, die für ihre Mitmenschen ein Schrecken sind, die – im ursprünglichen Wortsinne – Terroristen sind? Ist die Anwendung von Gewalt die rechte Art, um mit dem Schlimmen fertig zu werden? Kann man damit etwas anderes erreichen, als andere ‚fertig zu machen'? Provokativ gefragt: Wenn Jesus auf den berühmt-berüchtigten Zachäus tatsächlich eingeschlagen hätte, wäre der dann vom Baum herunter- oder den Baum noch höher hinaufgeklettert? Kinder antworten da intuitiv richtig: „Er wäre höhergeklettert!" Genau so passiert es immer, wenn wir versuchen, die Übeltäter ‚fertigzumachen': Die klettern höher.

Die Frage nach dem Umgang mit Terroristen, mit Menschen, die Tod bringen und damit die ganze Welt in Angst und Schrecken versetzen, ist seit den Anschlägen auf New York und den amerikanischen Angriffen auf Afghanistan brandaktuell. Allzumal stellt sie sich uns, weil wir Christen in der Spur Jesu sind; und der ist mit den Terroristen seiner Tage auf eine versöhnliche Art und Weise umgegangen, die damals auch die Leute in Jericho sehr empört hat. Nicht zuletzt im Verlaufe unserer Kirchengeschichte ist dieses Vorgehen immer wieder als untauglich verworfen worden.

Und wenn wir heute trotz der hinter uns liegenden Geschichte anders eingingen auf die Übeltäter, eben mit Offenheit und Liebe? Schon in unserer Vorstellung kommt uns das angesichts des nicht zuletzt in New York angerichteten Unheils märchenhaft vor. Aber

* Predigt gehalten am 03./04.11.01 in der Pfarrkirche St. Petronilla, Handorf.

das, was Jesus getan hat, ist eigentlich nicht märchenhaft, sondern der einzig taugliche Versuch, um das Übel zu bändigen. Gewiß mögen wir entgegnen, daß Jesus seinen Kurs des radikalen Pazifismus auch nicht lange durchgehalten hat; nicht selten ist Jesu Ende in der Hand seiner Feinde auch für Christen ein Grund (gewesen), um das Risiko der Feindesliebe von vornherein auszuschlagen. – „Liebet eure Feinde! Tut denen Gutes, die euch verfolgen! Segnet sie! Flucht nicht über sie!" Das ist *der* Satz aus der Bergpredigt, der – übrigens auch in der offiziellen Kirchenlehre – am häufigsten relativiert und abgemildert wurde, weil Menschen meinten und immer noch meinen, mit ihren Feinden nicht in Frieden zusammen leben zu können.

Wir mögen gute Gründe für unsere Mißachtung der Feindesliebe anführen. Doch können alle diese Gründe nicht vergessen machen, daß Jesus seine Feinde geliebt und uns damit das Leben erwirkt hat; nicht durch ‚Draufschlagen', sondern durch Leiden hat er die Menschen erlöst. Mit Blick auf unser persönliches Leben meinen wir, dazu nicht die Kraft zu haben. Manche, die sie hatten, die sprechen wir dann heilig. Eigentlich ist die Feindesliebe der einzige Mechanismus, um die Gewalt wirklich ins Leere laufen zu lassen. Rechte Wange, linke Wange – tun wir nicht. Aber Gott hat es in Jesus für uns getan, und es ist seine Weise, das Böse auszurotten sowie über Tod und Teufel zu siegen. Er hat weder den Teufel noch das Teuflische im Menschen ausgebrannt oder herausgeschnitten, sondern er hat es ertragen.

Ich muß uns daran erinnern, daß wir Christen sind. Stellen wir uns das vor: George W. Bush hätte bin Laden auf seine Ranch eingeladen, mit ihm gegessen, getrunken und gesprochen... es ist unvorstellbar! Wenn solche Treffen bereits stattgefunden hätten oder zukünftig noch anberaumt würden, wären sie wahrscheinlich für die gesamte Menschheit förderlich. Jedenfalls kann kein Zweifel daran bestehen, daß wir durch unsere immer wieder neuen Verteidigungsmaßnahmen nichts als neuerlichen Terror und Schrecken erzeugen.

Das innerweltlich eigentlich Unmögliche vermögen wir Menschen allein dann zu risikieren, wenn wir uns nicht allein auf unsere eigene Kraft verlassen. Die Verwirklichung der Feindesliebe gelingt tatsächlich nur dann, wenn wir beständig nach dem sich doch erneuernden Geist Gottes in uns Menschen suchen, der eben auf die Dauer erreichen möchte, daß wir die Gewalt nicht mehr mit Gewalt beantworten und sie so gewissermaßen ‚auslaufen' lassen.

Die Feindesliebe macht Ernst mit der Position Jesu, demzufolge jedes Menschenleben einzigartig und gleichermaßen wertvoll ist. Wie wenig diese Option unser Leben bestimmt, spiegelt sich bis in die Reportagen der Medien, die über ein zerfetztes oder halb verhungertes Kind in Afghanistan weniger berichten als über zu Tode gekommene Kinder in einem amerikanischen Wolkenkratzer. Derartige Tatsachen sind entsetzlich, weil sie die von Jesus allen Menschen zugesprochene Menschenwürde verletzen.

Ich kann das Evangelium von der Begegnung Jesu mit Zachäus vor dem Hintergrund der Ereignisse von New York nicht vorlesen, ohne derart auf die Bedeutung der Feindesliebe hinzuweisen: Gott ist kein Liebhaber des ‚Auge um Auge, Zahn um Zahn', sonst hätte Jesus sich anders verhalten. Und vielleicht, ich wiederhole es noch einmal, ist es möglich, daß wir durch Seinen Geist so stark werden, daß wir zumindest in unserem kleinen Bereich anders mit der Bosheit des anderen umgehen und uns nicht ‚steinzeitlich' verhalten oder in einer Weise, wie man es eben so tut und auch immer getan hat. Vor 2000 Jahren hat Jesus sich gegenüber der Gewalt und seinen Feinden anders verhalten und damit eine menschheitsgeschichtliche Wende eingeläutet. Die Welt wartet darauf, daß diese Wende durch immer mehr Menschen sichtbar gemacht wird – auch durch uns.

Der Friede als Ernstfall*

Walter Mixa

Sehr verehrter Herr Bundespräsident,
sehr geehrter Herr Ratsvorsitzender, lieber Bruder Kock,
sehr geehrter Herr Professor Dürr,
meine Damen und Herren!

Zuerst möchte ich mich für die ehrenvolle Einladung zu dieser Vortrags- und Diskussionsveranstaltung bedanken. In der Tatsache, daß der katholische Militärbischof als Repräsentant seiner Kirche zu diesem Thema angesprochen wird, sehe ich eine Bestätigung der von meinen Amtsvorgängern und mir selbst vertretenen Linie. Der Militärbischof und seine Seelsorger vertreten gegenüber den Soldaten und der Öffentlichkeit zu den Grundfragen von Frieden, Sicherheit und dem Einsatz militärischer Mittel in theologischer und ethischer Hinsicht keine anderen Positionen, als die der Gesamtkirche, insbesondere die unserer Deutschen Bischofskonferenz.

Ich meine, daß das Thema unserer Veranstaltung seit dem 11. September einerseits an Gewicht gewonnen hat, andererseits aber auch einer Vertiefung bedarf.

Gustav Heinemanns Diktum aus dem Jahre 1964 wurde – zu Recht – als Titel für eine Sammlung von Texten unseres Herrn Bundespräsidenten gewählt, die einen Begriff und Zusammenhang von ‚Frieden' entwickelt, der den Aufgaben, Chancen und Gefährdungen gerecht wird, die mit dem Begriff vom ‚Frieden' zusammenhängen. Doch die vom bewußten Zivil-Bürger Gustav Heinemann in dieser Aussage pointierte Zurückweisung des Krieges und der Gewaltanwendung zur Durchsetzung irgendwelcher Ziele hat den damals gegebenen, zeitgeschichtlichen Kontext verloren. Die jüngste Gegenwart belegt: daß es ‚hinter dem Frieden' eben doch noch eine Existenz gibt. Krieg und Gewalt sind wieder möglich.

Unter drei Aspekten will ich mich dem Spektrum des vom Bundespräsidenten entwickelten Friedensbegriffs annähern: der

* Statement des katholischen Militärbischofs bei der Veranstaltung „Der Friede als Ernstfall" am 12.10. 2001 in Berlin.

Frage der Gewaltursachen-Bekämpfung, der ethischen Legitimation militärischer Einsätze und dem notwendigen Dialog der Kulturen und Religionen.

Bekämpfung der Kriegs- bzw. Gewaltursachen

Gerade in den vergangenen Wochen war der eine oder andere doch verwundert, daß der katholische Militärbischof in seinen Stellungnahmen zum 11. September und den Folgen sich nicht zuerst mit der Begründung gerechtfertigter Gegengewalt befaßt hat, sondern mit der Frage nach den Ursachen angewandter Gewalt und den zu erwartenden Folgen einer möglicherweise überzogenen Gegengewalt. Die seit Beginn des 20. Jahrhunderts in meiner katholischen Kirche systematisch entfaltete Theologie und Soziallehre vom Frieden hat schon immer nach den Bedingungen gefragt, unter denen Friede möglich sein kann. Es sind dies – nach der festen Überzeugung von uns Christen – die Gnade Gottes, der in der Menschwerdung seines Sohnes ein für alle mal den Frieden in die Weltgeschichte gestiftet hat (vgl. Eph 2,14) – und die Bereitschaft zum Aufbau einer in jeder Hinsicht gerechten Weltordnung. Das gilt für die politische Macht, die Wirtschaft, die Kultur und die Entfaltung des gesellschaftlichen Lebens. Pius XII. hat 1939 als Motto über sein Pontifikat das Jesaja-Zitat gewählt: „Opus Iustitiae Pax" – „Gerechtigkeit schafft Frieden". Genauso lauten darum auch die Botschaften von uns deutschen Bischöfen aus den Jahren 1983 und 2000.

Wenn ich gesagt habe, daß wir katholischen Christen Frieden für wirklich möglich halten, weil Menschen aller Religionen, Kulturen und Staaten durch die Gnade Gottes und den Gebrauch der Vernunft zum Aufbau der Gerechtigkeit befähigt sind, ist das mehr als ein ‚frommer Satz'. Hier sehe ich einen Widerspruch zum politischen Denken der Moderne. Thomas Hobbes' negative Anthropologie, die letztlich nur in der Anwendung staatlicher Gewaltsamkeit die allgemeine Sicherheit ermöglicht sieht, verbindet sich ja mit der Vorstellung der Spätaufklärung und des Liberalismus. Sie besagt, daß durch den freien Austausch der Individuen, insbesondere im Bereich der Wirtschaft, ein allgemeiner Ausgleich der Interessen möglich sei. Wenn man beide Auffassungen parataktisch miteinander verbindet, könnte daraus die strategische

Maxime gefolgert werden: uneingeschränkte Globalisierung ohne soziale Marktwirtschaft, Austragung entstehender Konflikte mit Mitteln staatlicher, besonders militärischer Gewalt.

Wir Katholiken hingegen sehen vorrangige Aufgaben der Förderung des Friedens in der Beseitigung der Ursachen für Krieg und Gewalt, insbesondere im Bereich der Gerechtigkeit. Ebenso sehen wir dies im praktischen, auch politisch organisierten Respekt vor dem Eigenrecht der Nationen auf ihre Kultur und Religion und die sich daraus ergebende soziale Organisation.

Wenn der Generalsekretär der Vereinten Nationen, Kofi Annan, sehr zu Recht eine „Kultur der Prävention", statt der militärischen Intervention fordert, entspricht dies durchaus dieser Grundauffassung. Wie aber, Herr Bundespräsident, sind jene zwei Voraussetzungen herstellbar, die Sie dazu in Ihrem Vortrag am Institut für Friedensforschung und Sicherheitspolitik an der Universität Hamburg am 06. Januar des vergangenen Jahres genannt haben: die Gewinnung einer gemeinsamen Wertegrundlage und das Prinzip der Multilateralität wirksamer Prävention? Derselben Frage müssen auch wir Bischöfe uns stellen, wenn wir in unserem Wort *Gerechter Friede* den Vorrang der gewaltfreien Konfliktprävention zum ethischen Prinzip erheben.

Ethische Legitimation militärischer Interventionen

Um es gleich zu sagen: Bei diesem Thema geht es keineswegs zuerst um Versuche, auf die Anfragen Einzelner, zumal von Soldaten, die militärischen Befehlen folgen müssen, eine moralisch qualifizierte Antwort nach dem ‚Warum?' zu geben. Natürlich werden solche Fragen gestellt, und meine Militärseelsorger fragen mich zu Recht, was sie ihrerseits im Namen der Kirche den Soldaten sagen sollen. Ich bin daher froh, daß die deutschen Bischöfe gemeinsam mit ihrem Wort *Gerechter Friede* vom September des vergangenen Jahres ausdrücklich ethische Kriterien formuliert haben, die erfüllt sein müssen, damit der Einzelne und die Öffentlichkeit einen Militäreinsatz als ethisch zulässig bzw. gerechtfertigt ansehen können.

Ich möchte zwei der hier angesprochenen Aspekte besonders hervorheben: Militärischer Gewalteinsatz darf nur als „äußerstes Mittel" in Betracht kommen, wenn die Abwehr des Angriffes auf andere Weise nicht möglich ist. Öffentliches Entsetzen führt eher dazu, diese Restriktion zu überspringen.

Bei der Gewaltanwendung selber ist strikt auf die „Proportionalität“, d.h. auf die Verhältnismäßigkeit, von Mitteleinsatz und vorhersehbaren Wirkungen zu achten; unbeteiligte Zivil-Personen dürfen nicht direkt angegriffen werden. Auch darf der Schutz der Nichtkombattanten nicht gegen ein Kalkül zum Schutz der eigenen militärischen Angriffskräfte in Anschlag gebracht werden. Auch demokratische Rechtsstaaten haben gerade diese Gesichtspunkte, kriegsgeschichtlich betrachtet, nicht immer beachtet. Und schließlich möchte ich auf die zumindest heute äußerste Fragwürdigkeit der „strafenden Gerechtigkeit“ in der herkömmlichen Kriegsethik hinweisen.

Der Strafgedanke ist hier kein Selbstzweck, denn er kann sehr leicht die Spirale der Gewaltanwendung eher anheizen – sondern muß eher im Hinblick auf eine klug kalkulierte Abschreckung hin verwirklicht werden.

Als verantwortlicher Seelsorger der katholischen Soldaten der Bundeswehr ergibt sich für mich damit die nicht leichte Aufgabe, dazu beizutragen, daß die genannten ethischen Kriterien nicht nur im stillen Kämmerlein dem einzelnen Soldaten auferlegt werden. Mein Auftrag erstreckt sich vielmehr auch darauf, daß diese Kriterien in einer öffentlich geführten Debatte der zuständigen politischen Institutionen und in den Medien im Blick auf Tatsachen und Absichten offen diskutiert werden. In einem Vortrag in der Führungsakademie der Bundeswehr im Mai d. J. habe ich diesen Zusammenhang im einzelnen ausgeführt.

Sie, Herr Bundespräsident, haben sich in Ihrer Antrittsrede nach Ihrer Vereidigung am 01. Juli 1999 auch dieser Fragestellung gewidmet, nämlich wie man durch „vorbeugende Politik ... falsche Alternative(n)“ vermeiden kann. Wenn unsere Soldaten politische Entscheidungen über ihren Einsatz vertrauensvoll akzeptieren können sollen, bedarf es immer wieder einer Vergewisserung über diese Zusammenhänge, notfalls auch im Nachhinein. In der Situation selber, das haben wir in den letzten Wochen deutlich gesehen, bleiben öffentliche politische Deklarationen eher unspezifisch und die Tatsachen und Zusammenhänge, die zur politischen Entscheidung führen, bleiben öffentlich oft unbekannt.

Dialog der Kulturen und Religionen

Als Mann der Kirche bin ich, sehr geehrter, lieber Herr Bundespräsident, Ihnen persönlich besonders dankbar, daß Sie diesem Dialog in Ihren öffentlichen Äußerungen ein besonderes Gewicht beimessen. Er ist, wie die jüngsten Ereignisse in äußerster Dramatik unter Beweis stellen, unverzichtbar. Papst Johannes Paul II. hat seit Beginn seines Pontifikates den Gedanken, Gewaltanwendung und das Erleiden von Ungerechtigkeit durch den innergesellschaftlichen, den internationalen und interkulturellen Dialog zu überwinden, immer besonders hervorgehoben. Der Staatspräsident des Iran, Mohammed Chatami hatte gefordert, das Jahr 2001 einem solchen „Dialog der Kulturen" zu widmen. Sie selbst, Herr Bundespräsident, haben in Ihrer Ansprache in Davos am 01. Februar des vergangenen Jahres vor der unbedachten Rede von einem „Zusammenstoß der Zivilisationen" gewarnt. Sie nannten vier Grundsätze, die in dem notwendigen Dialog beachtet werden müssen: Offenheit, Solidarität, Verantwortung und Nachbarschaft.

Ich stimme Ihnen uneingeschränkt zu, erweitere aber zugleich die Fragestellung: Kann es zu einem wahren Dialog kommen, wenn auf einer Seite grundlegende Voraussetzungen der anderen weder recht verstanden noch gar wirklich respektiert sind? So erlebt nicht nur der einzelne Muslim, auch in unserem Land, sondern die ganze Ummah den abendländischen Westen weithin als atheistisch. Ja, es entsteht in manchen Bereichen der Eindruck der Verachtung von Religion und Gott in unseren Breiten. Das führt zu einer tiefen Verunsicherung, ob jenseits aller aktuellen Konflikte grundsätzlich mit einem solchen System gemeinsam eine gerechte Ordnung entwickelt und aufgebaut werden kann.

Welchen Eindruck erweckt es etwa bei unseren muslimischen Mitbürgern, wenn unter dem Vorwand der Freiheit der Kunst Grundwerte der christlichen Religion offen verhöhnt werden dürfen? Ich erinnere beispielsweise an die Vorgänge um das Theaterstück „Corpus Christi" in Heilbronn und jetzt in Köln. Vielleicht haben – im internationalen Maßstab – zahlreiche Kommentierungen des Falles Salman Rushdie in den westlichen Medien mehr zur Förderung eines islamischen Terrorismus beigetragen als spektakuläre Ölverkäufe oder die Stationierung westlicher Truppen in muslimischen Ländern.

Es stellt sich mir also die Frage, ob die westliche Zivilisation im Hinblick auf die des Orients tatsächlich und wahrhaft dialogfähig ist.

Zu Beginn habe ich die Frage aufgeworfen, ob wir denn wirklich davon überzeugt sind, daß Frieden möglich ist. Ich hoffe sehr, daß die von Max Weber vorgelegte Interpretation der modernen Gesellschaftsentwicklung, die so wichtig für das Selbstverständnis unserer Gesellschaft geworden ist, unrecht behält. Für Weber stellt das Projekt der Moderne im Kern einen Prozeß der Rationalisierung und System-Differenzierung dar, der den Menschen einen unmittelbaren Zugang zum Lebenssinn verstellt. Zumindest die traditionelle Religion mit ihrem Sinnangebot sieht Weber faktisch als erledigt an. Der Zeitgeist dürfte ihm darin weithin folgen. Dem Menschen wirklich erfüllendes sinnstiftendes Erlebnis kann – so Weber – dem modernen Menschen letztlich nur ein charismatischer Führer vermitteln. Und nicht zuletzt das Erlebnis des Krieges. Der Krieg als sinnstiftende Instanz, dieser Gedanke ist dem 20. Jahrhundert nicht fremd geblieben. In der These vom notwendigen „Kampf der Kulturen" tritt er auch in dieses unser neues Jahrhundert ein.

Haben wir auf diese Herausforderung eine Antwort?

„Da ließ sich der Herr das Böse reuen, das er seinem Volk angedroht hatte."*

Michael Bangert

Die Bilder des Schreckens sind überall präsent. Sie sind im Fernsehen, in den Zeitungen und Zeitschriften. Die Schreckensbilder sind in unsere inneren Bildwelten eingedrungen. Sie brennen, ja ätzen sich in die Seelen. Ich weiß von vielen, daß sie voller Angst und ohne Orientierung sind. Die abscheulichen Attentate in Amerika tun ihre furchtbare Wirkung!

Viele fühlen mit den Opfern des Terrors und mit ihren Angehörigen und Freunden. Viele schließen sie in ihre Gebete ein, tragen die eigene Angst und das Leid der anderen vor Gott.

Die in sich zusammenstürzenden Zwillingstürme des World Trade Center werden als Zeichen des Terrors und des Horrors zugleich in unsere gemeinsame Erinnerung eingehen. Niemand kann sich dem Grauen entziehen, da das Fürchterliche hundertfach wiederholt wird. Zudem wird auf eine seltsam subtile Weise das Böse ästhetisiert – und damit verharmlost –, wenn ein europäischer Fernsehkanal die brennenden und zerbrechenden Hochhäuser oder herabstürzende Menschen in Zeitlupentempo zeigt und diese Todesszenen mit weich-romantischer Musik unterlegt. Wie ich von Eltern höre, sind es vor allem die Kinder, die höchst verunsichert sind, weil die Grenze zwischen Wirklichkeit und Illusion nicht mehr sicher ist. Was in Spielfilmen und Zeichentrickserien an krasser Gewalt geradezu alltäglich geworden war, steht nun als bitterer, trostloser und gräßlicher Ernst real vor uns. Und die Fiktion „Es ist ja nur im Film!" kann jetzt zur Ablenkung nicht herangezogen werden.

Vom eigenen Haß geblendete Menschen haben Flugzeuge mit Frauen, Kindern und Männern als Waffen instrumentalisiert. Sie haben Tausende von Menschenleben ausgelöscht und weite Teile der Welt mit Entsetzen geschlagen und schockiert. Das zerstörte Welthandelszentrum in New York und das brennende Verteidigungsministerium in Washington sind so zu Symbolen abgrundtie-

* Predigt am 16.09.01 in St. Johannes Baptist, Gimbte.

fer, unversöhnlicher Feindseligkeit geworden. Was an Bösartigem in Menschen schlummert, tritt uns nun in unaufhörlicher Brechung durch die Medien vor Augen. Das Leid, das unsere Welt Tag um Tag in gequälten, hungernden, ermordeten, vergewaltigten und verrohten Menschen durchzieht, scheint sich hier wie in einem Brennglas zu fokussieren. Zu welchem Maß an Zerstörungswut, Vernichtungswillen und Barbarei Menschen in der Lage sind, zeigen die allgegenwärtigen Szenen des Entsetzens. Kaum jemand kann sich vor der Terrorinszenierung abschirmen. So sind viele von uns durch diese kühl berechnete, hemmungslose Brutalität gelähmt; viele fühlen sich psychisch überflutet und atemlos. Angst macht sich breit – aber auch der Ruf nach Rache und Vergeltung.

In dieser Situation treffen wir als Gemeinde von Getauften auf die biblischen Texte, die die Leseordnung der römischen Kirche für den heutigen Sonntag vorsieht:

- Von Mose wird berichtet, wie er mit seinem Gott verhandelt, um das abtrünnige Volk zu retten (Ex 32,7-14).
- Paulus schreibt an Timotheus von der übergroßen Gnade Gottes (1 Tim 1,12-17).
- Jesus von Nazareth spricht von der Sehnsucht Gottes, den rettungslos Verlorenen, ja sogar den Verdorbenen nicht nur nachzugehen, sondern ihnen sogar entgegenzukommen (Lk 15,1-32).

Hätten wir nicht besser die Schrifttexte ausgetauscht? Wäre es nicht angemessener, von der Möglichkeit – wenigstens kontrollierter – Rache zu reden. Läge es nicht auf der Ebene menschlicher und politischer Logik, zum Gegenschlag, wenn nicht gar zu einer Art von neuem Kreuzzug – wie ja auch schon formuliert wurde – auszuholen? Wir hätten durchaus eine Schriftstelle zur Hand, die in der kirchlichen Verkündigungstradition oftmals – verengend und verfälschend – im Sinne einer mechanistischen Vergeltung ausgelegt wurde: „Auge für Auge, Zahn für Zahn, Hand für Hand, Fuß für Fuß." (Ex 21,24) Auch manche Psalmen kennen den Schrei nach unerbittlicher Rache: „Den Kinnladen meiner Feinde zerschmetterst du, hast den Frevlern die Zähne zerbrochen." (Ps 3,8) Und der Prophet Hosea schreit gleichsam den Zukunftsfluch über das abtrünnige Samaria in kruden Bildern heraus: „Seine Bewohner fallen unter das Schwert, ihre Kinder werden zerschmettert, die schwangeren Frauen werden aufgeschlitzt.“ (Hos 14,1) Auch die Botschaft Jesu weiß vom Heulen und Zähneknirschen der zurecht verurteilten Übeltäter zu sprechen (Mt 8,12; Lk 13,28) Solche Bildrede steht gegen die Angstflut der Bedrängten, sie entspringt der Todesnot der Verfolgten. Wer gekränkt, bedroht oder terrorisiert wird, entwickelt verständlicherweise Gegenaggressionen – um sich zu retten, um sich den notwendigen Raum zu sichern. Wer um sein Leben fürchten muß, wird ‚wild‘, d.h. er (oder: sie) ist eher bereit, den Urinstinkten von Gegenwehr, Haß und Feindesvernichtung Gehör zu schenken oder ihnen zu folgen.

Doch aus den Klage-, Zorn- oder Wutschriften der Bibel lassen sich keine unmittelbaren Regieanweisungen für einen Gegenschlag ermitteln, denn immer wird die Handlungsmacht in die Hände Gottes zurückverlegt!

Lassen wir die Aufmerksamkeit bei dem Bericht des Buches Exodus über Mose am Sinai. Er erhält nach eingehender Unterrichtung die Steintafeln, die von Gott selbst mit den Lebensregeln der Freiheit beschrieben wurden. Mose ist zum Vermittler der göttlichen Gesetze bestimmt. Doch während seiner Abwesenheit wendet sich das Volk von dem rettenden Gott ab, um ein Kälbchen aus Gold anzubeten. Aaron, der sprachmächtige und wendige Priester, ist dabei ohne erkennbaren Widerstand behilflich. Das Produkt ist peinlich, denn es hätte das Standbild eines potenten Stieres sein müssen, um mit den attraktiven Baals-Kulten gleichwertig zu werden. Doch für dieses Sinnbild lebensvoller Kraft reichen die Möglichkeiten der Israeliten nicht aus – so bleibt es bei dem nicht geschlechtsreifen Kalb. Das Verderben des Volkes liegt auf der Hand: Es entfernt sich von seinem Lebensquell, von Jahwe, dem Gott des Weges, und ersetzt ihn durch das metallene Abbild eines Jungtieres, das selbst nicht ohne Hilfe leben kann. Dem neuen Götzen wird geopfert, er wird angebetet. Ein Vergehen, das zum Lebensverlust führen muß. Und folgerichtig heißt es im biblischen Bericht:

> *„Weiter sprach der Herr zu Mose: Ich habe dieses Volk durchschaut. Ein störrisches Volk ist es. Jetzt laß mich, damit mein Zorn gegen sie entbrennt und sie ver-*

zehrt. Dich aber will ich zu einem großen Volk machen.

Da versuchte Mose, den Herrn, seinen Gott, zu besänftigen, und sagte: Warum, Herr, ist dein Zorn gegen dein Volk entbrannt? Du hast es doch mit großer Macht und starker Hand aus Ägypten herausgeführt.

Sollen etwa die Ägypter sagen können: In böser Absicht hat er sie herausgeführt, um sie im Gebirge umzubringen und sie vom Erdboden verschwinden zu lassen? Laß ab von deinem glühenden Zorn, und laß dich das Böse reuen, das du deinem Volk antun wolltest. Denk an deine Knechte, an Abraham, Isaak und Israel, denen du mit einem Eid bei deinem eigenen Namen zugesichert und gesagt hast: Ich will eure Nachkommen zahlreich machen wie die Sterne am Himmel, und: Dieses ganze Land, von dem ich gesprochen habe, will ich euren Nachkommen geben, und sie sollen es für immer besitzen.

Da ließ sich der Herr das Böse reuen, das er seinem Volk angedroht hatte.“

Der Zorn Gottes kommt zu Recht. Eine Vernichtung ist aus kultischer und auch aus juristischer Sicht mehr als berechtigt. Aus dieser Vergeltungsaktion Gottes könnte Mose persönlich sogar größte Vorteile ziehen, denn er selbst soll übrig bleiben. Die Verheißung an die Urväter wird auf ihn übergehen: Er soll in seinen Nachkommen ein großes Volk werden. Doch etwas Überraschendes geschieht: Mose steigert sich nicht in die machtvolle Vorgabe des Gotteszornes hinein. Er läßt sich nicht von der Ankündigung einer Gewaltorgie, die ihn als Sieger und Bevorteiligten sehen wird, mitreißen. Er widersteht der Versuchung der Gewalt; er will keine „Stahlgewitter“ (E. Jünger) stilisieren und keine mörderische Vergeltung verherrlichen. Mose bleibt der Erfahrung der Heilsgeschichte treu, indem er die Erinnerung des gemeinsamen Weges wach hält. Trotz allem will er eine Lebensperspektive für das Volk, das ihn selbst schwer kränkt und bloßstellt.

Es ist wundersam, das Engagement des Mose hat Erfolg: „Gott läßt sich das Böse reuen, das er seinem Volk angedroht hatte!“ Der Vernichtungswille wandelt sich. Das Unheimliche, das Dämonische und Bedrohliche hat letztlich kein eigenes Dasein, kein eigenes Recht. Es gibt keine ebenbürtige Gegenmacht zum Gott der

Bibel. Auch diesem dualischen Weltentwurf widerspricht Mose. So entgeht er der Versuchung, die Welt in Gut und Böse einzuteilen und sich selbst auf die Seite des Gerechten und Perfekten zu stellen.

Vielleicht ist gerade so das große Wort des Dichters Reinhold Schneider, das er während der Nazi-Barbarei formulierte, zu verstehen: „Allein den Betern kann es noch gelingen, das Schwert ob unseren Häuptern aufzuhalten!" Um nichts in der Welt – auch nicht um den Preis des eigenen Vorteils – darf menschliches Leben der vollständigen Vernichtung anheim gegeben werden. Das ist eine Haltung, die sich wohl nur in einer Haltung der Gottesgegenwart und des tiefen Betens entwickeln kann. Beten in der Gottesgegenwart führt uns an die Wahrheit heran; im Beten eröffnen sich neue, befreiende Züge der Wirklichkeit. Im Beten, in der Gottesgegenwart verlieren sich selbst die gewalttätigen, zornschnaubenden Gottesbilder. Im Prozeß des Betens weitet sich, was durch die Erfahrung eigener Minderwertigkeit und eigener Mängel als Allmachtsphantasie in die Dimension Gottes verlegt wurde. Das dialogische Gebet des Mose in der Gegenwart seines Gottes läßt eine ganz neue Perspektive zu: Den Blick auf die Umkehr zum Leben.

Die Reaktion des Mose nach der Rückkehr zu seinem Volk läßt erspüren, daß er selbst von Rachegelüsten nicht frei ist:

> *„Als Mose dem Lager näher kam und das Kalb und den Tanz sah, entbrannte sein Zorn. Er schleuderte die Tafeln fort und zerschmetterte sie am Fuß des Berges.*
>
> *Dann packte er das Kalb, das sie gemacht hatten, verbrannte es im Feuer und zerstampfte es zu Staub. Den Staub streute er in Wasser und gab es den Israeliten zu trinken."*

Doch dieser Strang des biblischen Berichtes gewinnt nicht mehr die Oberhand. Die Gefahr der vollständigen, unbarmherzigen Rache ist überwunden. Angemessene Bestrafung tritt an die Stelle von nackter Rache und kühler Abrechnung. In der Person des Mose sind also eine Vielzahl von Gefühlen und Reaktionsmöglichkeiten zusammengebunden. Er kennt den brennenden Zorn, und er spürt die Kraft liebenden Erbarmens.

Diesen Zwiespalt, dieses innere Widerstreben hat der Renaissancekünstler Michelangelo Buonarotti (1475-1564) in seiner berühmten Mose-Statue in Rom (St. Pietro in Vincoli) sichtbar gemacht. Das Kunstwerk war für das Grabmal von Papst Julius II. vorgesehen. Über vierzig Jahre (1505-1545) arbeitete Michelangelo an dem Projekt. Und wie der biblische Bericht sehr unterschiedliche Akzente des Mose zeigt, so eröffnet sich dem Betrachter der Statue je nach Position eine veränderte Gestimmtheit. Geht man in einem Halbkreis um die Figur herum, gewinnt man vom äußerst linken Standort aus einen Eindruck von Ruhe und Sicherheit. Diese Ausstrahlung wandelt sich beim Weitergehen in Staunen und Entsetzen, um bei einer Frontalsicht in den Ausdruck von Grimm überzugehen. Es folgen blanker Zorn und die Bereitschaft zum rächenden Schlag. Aus der Sicht der rechten Ecke schließlich scheint der in sich zusammengesunkene Mose von Schmerz und Enttäuschung überwältigt zu sein. In dieser Statue bindet Michelangelo ein disparates Spektrum von Gefühlen und Haltungen zusammen, aber sein Mose hält eben auch genau diese Spannung aus. Damit reflektiert der Künstler die Botschaft der Bibel, die keineswegs Apathie und Antriebsschwäche mit Frömmigkeit verwechselt, aber auch Terror nicht mit Gnadenlosigkeit beantwortet.

In der Gestalt des Mose wird offenbar, daß sich biblische Spiritualität stets durch Vielschichtigkeit auszeichnet, weil sie mit mehr als einer Dimension des Lebens rechnet. Sie reduziert den Menschen nicht auf sein Dunkel und nicht auf seinen Glanz. Vielleicht geht es in der augenblicklichen Weltsituation für Christinnen und Christen zuerst darum, diese – schmerzhafte – Spannung anzunehmen und auszuhalten.

Es kann gar nicht anders sein, als daß uns Christen und Christinnen die aktuellen Schreckensbilder unter die Haut gehen.

Uns berührt das Leid der Ermordeten.

Uns bewegt der Kummer der Trauernden.

Das Entsetzen der dem blinden Morden knapp Entkommenen geht uns zu Herzen.

Doch wer wie Mose aus der Kraft des Glaubens lebt, kann den – verständlichen – Schrei nach Rache aushalten und trotzdem einer allzu schnellen Vergeltung widerstehen.

Wie Mose und Jesus von Nazareth muß sich niemand irgendwelchen politischen oder militärischen Schnellschüssen anschließen.

Mose erinnert an die unbedingte Lebenszusage Gottes, die allen Nachkommen der Ureltern Abraham und Sarah – also Juden, Christen und Muslimen gemeinsam – gilt. Sie gilt auch denen, die auf fremden und verbrecherischen Wegen gehen.

Weil wir die Opfer in Gott geborgen wissen und weil es selbst in Gott die Möglichkeit zu Reue und Umkehr gibt, sind wir frei zu trauern, aber wir sind auch frei vom Zwang zur Vergeltung.

Unbedingte Solidarität und die Ästhetik des Schreckens*

Michael Ramminger

Die Macht der Bilder: High-tech Instrumente, die Flugzeuge, mit einfachsten Mitteln unter Kontrolle gebracht, unaufhaltsam und präzise ins Ziel, in das World Trade Center und den Pentagon gelenkt. Die Wehrlosigkeit der Opfer in Echtzeit übertragen – über 3.000 Menschen tot.

Natürlich wußte jeder sofort, hier waren nicht ziellos mehr als 3.000 Menschen ermordet worden. Es ging um mehr als um blinde Gewalt, es ging auch um die Symbole einer Weltmacht, um ihre Ideen, ihre und unsere Globalisierung. Was immer Globalisierung bisher bedeutet hat, die Anschläge auf die Menschen im World Trade Center und im Pentagon sind ein Globalisierungsschub: Der ‚Terror' macht vor den Zentren nicht mehr halt, er hält sich nicht an die halbdurchlässigen Grenzen der Globalisierung. Es handelte sich genau deshalb auch nicht um Terrorismus, sondern um fanatische, aber politisch zielgerichtete Gewalt.[1] Diese Anschläge müssen auch als die Kehrseite verweigerter christlich-abendländischer Universalität verstanden werden.

Unsere Regierenden haben dies offenkundig sofort begriffen. Sie haben die Ästhetik des Schreckens für sich genutzt und durch den Slogan der „unbedingten Solidarität" ergänzt. Sie haben die spontane Betroffenheit für sich instrumentalisiert und zu einem Denkverbot ausgebaut: Sowohl Erklärungsversuche für diesen Anschlag als auch die Diskussion über rationale, politisch verantwortbare Reaktionen darauf wurden als unstatthaft diffamiert. Ein Geständniszwang griff um sich. Wer nicht zunächst sein Entset-

* Der Text basiert auf unmittelbar nach dem 11. September 2001 geführte Diskussionen zwischen Vertretern des *Instituts für Theologie und Politik* und Solidaritätsgruppen, die mit diesem Institut kooperieren.

1 Der Begriff ‚Terrorismus' impliziert die moralische Qualifikation, daß diese Gewalt verabscheuungswürdig ist. Er neigt jedoch ebenso dazu, diesen Gewaltakten Intentionslosigkeit und Blindwütigkeit zu unterstellen. Genau das aber ist vermutlich nicht der Fall und vielleicht sollte man deshalb besser von einer Politik des Terrors sprechen.

zen, seine Sprachlosigkeit und sein tiefes Mitgefühl artikulierte, durfte über den Anschlag nicht reden. Und wer gestand, um danach differenzieren zu können, konnte immer wieder auf sein Geständnis zurückverwiesen werden, wie schrecklich doch alles gewesen sei und daß Differenzierung diesem Schrecken nicht angemessen ist. Es blieb der Krieg gegen Afghanistan als schreckliche, aber weit weniger schreckliche und darin rationale Antwort auf den Anschlag und die in den ersten Tagen abgezwungene kollektive Verpflichtung auf unbedingte Solidarität.

Unbedingte Solidarität

Solidarität bedeutet in der Definition des Wörterbuches der deutschen Sprache der Gebrüder Grimm: „Was ihn angeht, geht auch mich an, was ihn betrifft, betrifft auch mich. Ich stehe für ihn ein." Solidarität wäre hier also zunächst nichts anderes als eine Gemeinsamkeit der Interessen und unbedingte Solidarität, die kritiklose und vorbehaltlose Übernahme der Interessen. Aber natürlich verweist der Begriff immer auf mehr, Solidarität verweist immer auch auf einen ethischen Impuls, transzendiert die unmittelbaren Interessen (die darüber hinaus als gemeinsame Interessen erst noch zu bestimmen wären) und bezieht sich auf Menschenrechte, auf Leiden und Leidensgeschichte. Die Frage nach ‚Solidarität' stellt sich also als Frage nach Solidarität mit den Angehörigen der Opfer – und mehr noch als die Frage nach der Solidarität mit den Getöteten. Sie stellt sich aber definitiv nicht als unbedingte Solidarität mit der Politik der Vereinigten Staaten, wohl aber als Frage nach der Solidarität mit der Pax-Christi-Bewegung der USA[2] oder den war-resisters.

2 Kurz nach dem Anschlag, am 17.11., schreibt im Anhang an die durch das Internet verbreitete Erklärung von Pax-Christi-USA ein Mitglied: „These horrific actions place demands on our U.S. section of Pax Christi that none of us dreamed would ever be necessary. For years we have criticized and condemned our government's policies that support and encourage violence towards others around the world; now we know exactly how those people have felt when they endure unjust attacks, so our sense of solidarity will be even stronger from now on … I hope we in Pax Christi will be able to find ways to enable our fellow Americans to reflect on our own experience of injustice in order to sensitize them to the suffering caused by our government in various parts of the world, and to then join with us in demanding of the U.S. government policies that are peaceful and just."

Die für die Sekundärtugend der ‚unbedingten Solidarität‘ ausgenutzte Ästhetik des Schreckens hat im übrigen viele Menschen, vor allem in der Dritte-Welt-Bewegung nicht erreicht. Für sie waren die Anschläge kein Grund, in die westliche Neurose mitzuverfallen. Die Koinzidenz des 11. September 1973, an dem der Regierungspalast der chilenischen Regierung bombardiert wurde, und dem 11. September des Jahres 2001, an dem das World Trade Center und das Pentagon angegriffen wurden, verweisen auf den Schrecken allgegenwärtig herrschender Politik, die ihr alter ego immer mit sich trägt. Der bekannte lateinamerikanische Schriftsteller Eduardo Galeano schrieb: „Henry Kissinger war einer der ersten, der angesichts der gerade geschehenen Tragödie reagierte: ‚So schuldig wie die Terroristen sind diejenigen, die ihnen Hilfe, Finanzierung und Anregungen zukommen lassen‘ ... Wenn das so ist, müßte man beginnen, Kissinger zu bombardieren. Er ist schuldig an viel mehr Verbrechen als denen, die durch bin Laden und alle Terroristen begangen wurden ... Am 11. September 1973, genau 28 Jahre vor den heutigen Bränden, ließ er den Präsidentenpalast Chiles niederbrennen ... der Terrorismus der Verzweifelten und der Mächtigen ... Alle teilen die gleiche Geringschätzung des menschlichen Lebens ...“[3] Auch wenn die Dimensionen beider Ereignisse unterschiedlich sein mögen: All diejenigen, die diesen 11. September 1973 in ihrer Erinnerung tragen, verstehen eine solche Interpretation. Wirklich überrascht über den Anschlag waren wohl nur diejenigen, die geglaubt hatten, in einer friedlichen Welt zu leben, für die die Hungerkatastrophen in Afrika Naturgeschichte und der Nah-Ost-Konflikt ein regionaler Krieg waren – denen also die alltäglichen Katastrophen als Vergangenes und Ereignisse einer anderen (nicht-menschlichen, nicht-zivilisierten) Welt erscheinen.[4]

3 Eduardo Galeano, Das Theater des Guten und des Bösen, zuerst im September über das Internet verteilt, inzwischen in: *Presente. Bulletin der Christlichen Initiative Romero* 4/01.

4 „Wo ist das Eingeständnis, daß es sich nicht um einen ‚feigen‘ Angriff auf die Zivilisation, die ‚Freiheit‘, die ‚Menschlichkeit‘, oder die ‚freie Welt‘ gehandelt hat, sondern um einen Angriff auf die Vereinigten Staaten, die einzige selbsternannte Supermacht der Welt, um einen Angriff, der als Konsequenz der Politik, Interessen und Handlungen der Vereinigten Staaten unternommen

Solidarität mit den Opfern, und um anderes kann es nicht gehen, verlangt von uns die kritische Auseinandersetzung mit einer Globalisierung, in deren Verdrängungswettbewerb der Mächtigen untereinander den Anderen nur die Rolle von billigen Rohstofflieferanten, Menschen, die mit niedrigen Löhnen zufrieden zu sein haben und taktischem Material zugewiesen wird. Solidarität mit den Opfern verlangt von uns, daß wir uns dafür einsetzen, daß die völkerrechtswidrigen Kriege, die unter dem Deckmantel der ‚humanitären Intervention' längst schon wieder Normalität geworden sind, endlich einer Globalisierung weichen, die für alle Menschen Hoffnung sein kann. Und sie verlangt uns zuallererst ab, uns von der Diktatur der unbedingten Solidarität zu befreien und von den Interessen einer Weltordnung zu reden, in der die NATO unter der Führung der Regierung der USA Weltpolitik gestaltet und überall dort, wo Konflikte ein für die Friedhofsruhe der herrschenden Globalisierung bedrohliches Ausmaß annehmen, Bürgerkriege und Kriege ohne Rücksicht auf Völkerrecht und ohne politisch langfristige Perspektiven militärisch befriedet.

Die deutsche Frage

Der von Huntington proklamierte „clash of civilizations" wurde von den Industrieländern auf seinen rationalen Kern hin entblättert und als Warnung für die Bedrohung der herrschenden Verhältnisse interpretiert. Deshalb werden wir zur Zeit Zeugen einer beispiellos phantasielosen Politik der Abschottung der Triaden Europa, USA und Japan gegen die globalen Verwerfungen neoliberaler Politik, die dort, wo die WTO nicht weiter weiß, den Eruptionen barbarischer Weltpolitik nach außen mit neuen NATO-Konzepten und Militäroperationen und nach Innen mit Disziplinierungsmaßnahmen und Polizeistaatskonzepten begegnet.

Nach einem schwierigen ‚Normalisierungsprozeß' ist nun offenkundig auch die Bundesrepublik so weit, sich an dieser Neukonstruktion weltweiter Machtverhältnisse gleichberechtigt beteiligen zu können. Vom Historikerstreit vorbereitet, ist heute die

---

wurde?" fragt die US-Amerikanerin Susan Sonntag in ihrem Text „Feige waren die Mörder nicht. Amerika unter Schock: Die falsche Einstimmigkeit der Kommentare." Ebf. über das Internet verbreitet am 16.09.2001.

Totalitarismustheorie gängiges Interpretationsschema der Bundesrepublik. Durch Bundeskanzler Schröders hemdsärmeligen Umgang mit der Zwangsarbeiterentschädigung wurde dann folgerichtig der Faschismus und die Shoa in die Normalität entlassen und der gefährlichen Erinnerung enteignet.

Ergänzt wurde diese Neuerfindung Deutschlands im zweiten Gründungsakt der Berliner Republik durch die Einverleibung und Normalisierung der 68er (und ihres Ausgangspunktes, der Faschismuskritik), die der endgültige Beweis für die Demokratiefähigkeit der rot-grünen Bundesrepublik war. Diese Konstruktion war auch die Voraussetzung dafür, daß die Erinnerung an die eigene Geschichte im Zusammenhang mit der notwendigen Teilnahme am Krieg gegen die Taliban in Afghanistan nur noch auf eines zielte: Auf die befreiende Intervention der USA 1945, die jetzt zwangsläufig nur noch als Verpflichtung zur unbedingten Solidarität in der Teilhabe am Krieg interpretiert werden darf. Mehr bleibt nicht von der deutschen faschistischen Vergangenheit; dies ist die einzig legitime ‚Beerbung'. Der Slogan „Nie wieder Faschismus – Nie wieder Krieg", der ja in der zweiten Hälfte seiner Formulierung auch die Erfahrung des ersten Weltkrieges aufnahm[5] und das grundsätzliche Elend von Krieg, aber auch seine nationalistischen und imperialistischen Kontexte in Erinnerung rief, ist damit wohl – hoffentlich nur vorläufig – aus den Gedächtnisverpflichtungen gestrichen. Wie wenig zumindest die Grüne Partei aber dem deutschen Chauvinismus entgangen ist und wie weit sie von menschen- und völkerrechtsorientierten Politikkonzepten entfernt ist, zeigt die Tatsache, daß sie in dem Moment, als es um die Beteiligung deutscher Soldaten an den Kampfeinsätzen ging, ihren Pazifismus wiederentdeckte. Ihr spätes Erwachen kann nicht darüber hinwegtäuschen, daß sie den Weg der Militarisierung der Weltinnenpolitik seit Ende des Ost-West-Gegensatzes – borniert im Blick auf die eigene Macht – nur allzugerne mitgegangen ist. Insofern hat sich die Bundesrepublik tatsächlich normalisiert, von

5 Die Parole „Nie wieder Krieg" taucht zum ersten Mal 1919 in der *Berliner Volks-Zeitung* auf. Um sie gruppiert sich der „Nie-wieder-Krieg-Aktionsausschuß", dem u.a. C.v. Ossietzky und K. Tucholsky angehörten.

der Beteiligung am Somalia-Einsatz 1993[6] über die Unterstützung des Krieges gegen Jugoslawien bis hin zur Anbiederung der KSK-Truppen im Afghanistan-Krieg.

Krieg, Militäreinsatz und auch Terror werden mittelfristig zur Normalität unserer Welt gehören. Aber das war auch vor dem 11.09. 2001 schon so. Neu ist möglicherweise, daß der Terror und der militärische Kampf gegen ihn auch uns unmittelbar betreffen kann. Aber diese neue Weltinnenpolitik wird keines der bestehenden globalen Probleme lösen, sie wird vielmehr neue Verhärtungen und Feindschaften hervorbringen: unter den Menschen, die sie sowieso schon zum Feind hat, und unter denen, die sie sich jetzt neu zu Feinden macht.

Armut und Terror

In kritischer Absicht und häufig als Erklärungsversuch vorgebracht, hört man immer wieder, daß die Armut in dieser Welt einer der Gründe für diese Politik des Terrors sei. Allerdings reicht der einfache Hinweis auf die ‚Ungerechtigkeit' und die Armut in der Welt als Erklärung für diese neue Form der Politik, wie sie sich in den Anschlägen gezeigt hat, nicht aus. Denn Armut und Ungerechtigkeit führen in der Regel nicht zu wie auch immer geartetem Widerstand, sondern zu Autoaggression, z.B. Alkoholismus, oder zu Gewalt gegen Minderheiten oder gegen Frauen.

Die Gleichung Armut = Terror zielt zwar auf eine alternative Erklärung zum Widerspruch ‚Zivilisation versus Barbarei', ist aber letztlich weder geeignet, Gewalt und Terror zu ergründen, noch eine grundsätzlich andere Politik zu begründen. Richtig ist sicherlich, daß es einen Zusammenhang zwischen Armut, Krieg und Frieden gibt, nur kann der nicht umstandslos auf Armut als einen ‚root-cause-conflict' reduziert werden. Entwicklungspolitik wird ein solcherart aufgebautes Versprechen, Konflikte durchschaubar und damit handhabbar zu machen, nicht einlösen können. Allerdings liegen solche Überlegungen auf der Linie der ‚Entwicklungspolitik' der derzeitigen Regierung, vor allem der Grünen, die

6 Klaus Reinhard, General a.D.: „Es ist gut, daß es so scheibchenweise gelaufen ist, das hätte die Bevölkerung sonst nicht mitgemacht..." (zur Entwicklung von den Blauhelmeinsätzen zum möglichen KSK-Einsatz in Afghanistan).

schon länger Entwicklungspolitik und Armutsbekämpfung als Krisenprävention verstanden wissen will. Aber auch eine Reihe von Nichtregierungsorganisationen (in den USA sogar schon private NROs) setzen auf solche Krisen- oder Konfliktprävention, wie die diversen Strategiepapiere von NROs, aber auch BMZ, EU oder GTZ zeigen.[7] Sie alle zeichnen sich dadurch aus, daß sie sehr eindimensionale und funktionalistische Ursachenforschung (darunter in der Regel die Annahme stabiler ethnischer Identitäten, die regelmäßig ein Konfliktbeschreibungsmerkmal sind) betreiben, um schnurstracks zu voraussagbaren Eskalationsszenarien und technizistischen Problemlösungsstrategien überzugehen. Unter entwicklungssoziologischer Perspektive kann deshalb der Diskurs von der Krisenprävention nur als aktionistisch bezeichnet werden: „Im Gegenzug wurde das Konzept der entwicklungspolitischen Krisenprävention zunehmend zu einem die Reflexivität verdrängenden Hoffnungsträger."[8]

De facto tappt man damit aber in die gleiche Falle wie 1992 mit dem Begriff der ‚nachhaltigen Entwicklung': Auch damals schon versuchte man angesichts des umfassenden Desinteresses an einer grundsätzlichen Umorientierung nationaler wie internationaler Politik, die eigenen Interessen an einer menschlichen Globalisierung über den Transmissionsriemen ‚sustainable development' zu transportieren. Als dann vor einigen Jahren deutlich wurde, daß es weder ein ernsthaftes Interesse an ökologischer Umsteuerung noch an einer sozial zukunftsfähigen Globalisierung gab, wurde eben ‚Konfliktprävention' zum neuen Thema.

Nur gerät dabei aus dem Blick, daß man damit mittelfristig für eine Politik instrumentalisiert wird, die gerade die Kriegsführung als globale und normale Strategie der vorherrschenden industrialisierten Länder für das nächste Jahrhundert durchsetzen will. Genau diese Politik aber trägt einen erheblichen Anteil an dem, was sie zu bekämpfen vorgibt. Und darüber hinaus noch viel besorgniserre-

7 Diese Überlegungen verdanke ich dem Artikel „Krisenprävention und Entwicklungspolitik – Denkstil und Diskursgeschichten" von Thomas Zitelmann, inzwischen veröffentlicht in: *Peripherie. Zeitschrift für Politik und Ökonomie in der Dritten Welt* Nr. 84 /2002.

8 ebd.

gender ist die Neukonstruktion eines ‚Systemgegensatzes' zwischen Nord und Süd, der nicht mehr nur durch Armut und Reichtum, sondern durch Gewalt und Zivilisation determiniert ist.

Mit einer verkürzenden Interpretation von ‚Armut =Terror' begeben wir uns in die Gefahr, das sich abzeichnende Szenario von ‚Entwicklungspolitik' als ‚Sicherheitspolitik' ungewollt zu legitimieren. Das wäre äußerst fatal. Denn ‚Entwicklung' wird darin lediglich als Funktion unserer eigenen Sicherheit verstanden. Solche Konfliktprävention steht damit in der Gefahr, einen gesellschaftlichen ‚Abwehrkonsens' mitzubegründen und zu legitimieren und uns an „zivilmilitärische Querschnittaufgabe(n)"[9] zu gewöhnen: Angesichts der momentanen Marginalität von Entwicklungspolitik wäre das für die Dritte-Welt-Bewegung möglicherweise zwar ein attraktives Legitimationsszenario. Aber letztlich kämen dabei unsere Anliegen und unsere Überzeugung, daß es ein unbedingtes Recht auf menschenwürdiges Leben für alle gibt, das sich nicht über unsere Sicherheit begründet, unter die Räder.

Terror, Religion und Ökumene

Deshalb stellt sich auch die Frage nach der besonderen ideologischen Konstellation, die diese Anschläge hervorgerufen haben und begründen. Für uns bedeutet dies: Es stellt sich die Frage nach der Religion und nach einem ökumenischen Dialog. Dabei hilft uns allerdings jener Dialog nicht weiter, der sich darauf beschränkt, die Gemeinsamkeiten aller Religionen wie Friedenswille, Menschlichkeit usw. zu betonen. Aus unserer eigenen Geschichte wissen wir, wie unehrlich es wäre, aus den Religionen quasi einen menschlichen, friedensliebenden Kern herauszuschälen und alles andere als Verfallsgeschichte, unwahre Interpretation oder fundamentalistisches Sektierertum zu verwerfen. Wir wissen, daß es äußerst unterschiedliche und widerstreitende Religions- und Traditionsinterpretationen gibt. Aber jede Religion, auch der Islam, muß in gewissem Sinne auch Verantwortung für die schlechtesten seiner historischen Verwirklichungen übernehmen, muß wenigstens in seiner befreienden Interpretation seine Legitimation gegenüber den

[9] Thomas Gebauer, „Irrwege, Auswege", in: http://www.medico.de/rundschr/rs400-kommm.htm (21.03.2001).

herrschenden Interpretationen nachweisen.

Ein ökumenischer Dialog muß deshalb über die verschiedenen Traditionsstränge seiner eigenen Geschichte Auskunft geben, und er muß über die Differenzen zwischen den Religionen reden. Dies gilt nun allerdings zuerst für das Christentum, denn die Globalisierung, die am 11. September 2001 zu uns gekommen ist, hat ihre Vorläufer in der Globalisierung von 1492 genauso wie in der vom 11. September 1973, als CIA und Militärs den demokratisch gewählten Präsidenten Dr. Salvador Allende in Chile von der Regierung bombten. „Praying today – fighting tomorrow" war auf einem Plakat während der Trauerfeier im Yankee-Stadion eine Woche nach dem Anschlag in New York zu lesen. Diese Feier war nichts anderes als eine sorgfältige Inszenierung politischer, christlich-fundamentalistischer Theologie, an der sich auch Buddhisten, Juden, Muslime und Sikhs beteiligten.

Es gibt also viele Gründe, nachdenklich zu sein, allerdings wenig Gründe, Hoffnung auf ein Ende dieser katastrophalen christlich-abendländischen Universalisierung und Globalisierung zu haben. Wir sollten uns also dieses Recht auf das Denken nicht durch den Zwang zur ‚unbedingten Solidarität' nehmen lassen. So wie bei den bisherigen militärischen Interventionen werden wir auch dieses Mal von den Folgen des Krieges in Afghanistan erst später erfahren – und feststellen, daß er keine Probleme gelöst, sondern nur neues Leid geschaffen hat. Solidarität mit den Opfern bedeutet: keinen Krieg zu führen, sondern mit dem Philosophen Walter Benjamin zu begreifen, daß „der Ausnahmezustand, in dem wir leben, die Regel ist" – und endlich unseren Teil dazu beitragen, daß diese Regel durchbrochen wird.

Pflugscharen zu Schwertern?
Gerechter Friede für eine Welt des Terrors*

Franz Kamphaus

Im Bann der Gewalt
„Gesetzt den Fall, Sie haben noch keinen umgebracht, womit erklären Sie sich das?" Diese provozierende Frage aus dem zweiten Tagebuch von Max Frisch ist so verblüffend wie abgründig erhellend: Nichts ist verdächtiger als der, der vorgibt, immer nur das Gute zu wollen. Für ihn sind die Bösewichte und Übeltäter stets die anderen. Nein, die Gewalttätigkeit steckt als Versuchung in uns selbst – und in der alten kirchlichen Lehre von der Erbsünde ist immer schon zum Ausdruck gebracht, wie sehr jeder von uns in einen Zusammenhang universaler Verblendung hineinverwickelt ist. „Heute haben wir das Böse gesehen". Das sagten Augenzeugen der Terrorakte des 11. September. Das Böse – aufgeklärt wie wir sind, dachten wir im Grunde schon, es sei inzwischen abgeschafft.

Theologen diskutieren, ob man noch vom Teufel reden kann oder besser nicht. Viele denken, durch die Aufklärung seien die Menschen endlich vernünftig geworden und über das Böse hinaus. Das 20. Jahrhundert müßte sie eines anderen belehren, und der Anfang des neuen Jahrhunderts und Jahrtausends leider auch. „Heute haben wir das Böse gesehen." Es gibt eine Evidenz der unmittelbaren Erfahrung, die durch theoretische Erörterungen nicht zu überholen ist.

Die Bibel ist entlarvend. Sie beschönigt oder verdrängt die Gewalttätigkeit des Menschen nicht, sie nennt sie beim Namen. Kein menschliches Thema, weder Arbeit noch Liebe, weder Familie noch Natur noch Bildung erscheint im Alten Testament so häufig und ist so drastisch dargestellt. Die Verschleierung der Gewalt wird zerrissen. Hier wird nicht weggeschaut, sondern hingeschaut auf das, was ist, auch was in uns selbst los ist, nicht nur bei den anderen. Das bewahrt vor jener Schwarzweißmalerei, die die Welt in zwei Lager einteilt und sich selbst auf jeden Fall im Lager der Guten ansiedelt. So einfach ist die Sache nicht. „Heute

* Vortrag in der Katholischen Akademie Berlin am 11. Oktober 2001.

haben wir das Böse gesehen." Wie reagieren wir? Am 12. September meinte Dagmar Reim in den *Tagesthemen*, in dieser Situation solle man das Neue Testament einmal beiseite stellen und sich an die alte Devise erinnern „Auge um Auge, Zahn um Zahn". Da weiß man, wo man dran ist, da stimmt die Rechnung. Wie du mir, so ich dir. Gewalt gegen Gewalt. Das sitzt uns in den Knochen. Ist nicht das Vergeltungsprinzip ein realistisches, solides Fundament? Immerhin markiert es einen wichtigen Fortschritt in der Rechtsgeschichte. Gegenüber der archaischen Rache, die den einmal zugefügten Schaden maßlos und über Generationen hinweg nachgetragen und vergolten hat, garantiert das „Wie du mir, so ich dir" geordnete Verhältnisse. Ist es der Weisheit letzter Schluß? „Auge um Auge" macht schließlich alle blind – durch den Haß und überhaupt: Am Ende hat keiner mehr ein Auge.

Jesu Weg

Jesus ist nicht beim Vergeltungsdenken stehengeblieben. Er hat – vor allem in der Bergpredigt – einen neuen Weg eröffnet, seinen Weg. Er baut nicht auf die äußeren Machtmittel, sondern auf das innere Vermögen des Menschen, auf seine Liebesfähigkeit und seinen Glauben. Er baut nicht zuletzt auf seine Fähigkeit, in unausgeglichenen Verhältnissen zu leben. Er traut dem Menschen zu, in Verhältnissen zu leben, in denen die Waage nicht waagerecht, sondern schief hängt, und das zu seinen Ungunsten. Leicht wird eine solche Haltung mit Dummheit und Schwäche oder Blauäugigkeit gleichgesetzt. Äußerlich betrachtet kann sie diesen Eindruck erwecken. Im letzten jedoch ist sie nicht Ausdruck von Schwäche, sondern von Stärke. Die Ethik der Bergpredigt beginnt nämlich nicht damit, sich schlagen zu lassen, sondern sich lieben zu lassen. Ihr Fundament ist der Glaube an Gott den Vater, der weiß, was wir brauchen, und der hinter uns steht. Wer sich auf ihn einläßt, der muß sein Leben nicht selber sichern. Er hat den Rükken frei. Wem Gott die Realität seines Lebens ist, der muß keine Angst mehr um sich selber haben. Er kann sich angstfrei den anderen zuwenden. Er kann auch Schläge einstecken, ohne daß sein Fundament dadurch ins Wanken gerät.

So wenig wie das Einstecken von Schlägen der Beginn der Ethik Jesu ist, so wenig ist es ihrer Weisheit letzter Schluß: „Halt auch die andere Backe hin." Jesus rät hier nicht zu Passivität, zum bloßen Hinnehmen. Er ermutigt und ermuntert zu einer neuen Initiative. Er setzt auf die Phantasie und Schöpferkraft der Liebe, die das Böse an der Wurzel zu überwinden sucht. „Besiege das Böse durch das Gute." (Röm 12,21)

Jesus hat nicht zurückgeschlagen. Er ging nicht über Leichen. Er widerstand der Versuchung, mit Macht die Welt in Ordnung zu bringen, mit Macht die sogenannten ‚klaren Verhältnisse' zu schaffen. Der nichts als Frieden wollte, wurde Opfer menschlicher Gewalt. Das Kreuz bringt ans Licht, was im Menschen steckt: Das ganze Ausmaß der Gewalttätigkeit in uns und um uns. Gott hält sich die Wunden der Gewalttat nicht vom Leibe, er trägt sie selbst; und er hat die Kraft, sie zu verwandeln – so wahr Jesus von den Toten auferweckt ist.

Das Kreuz offenbart, wozu menschliche Gewalttätigkeit fähig ist. Und es offenbart zugleich Gottes Gewaltlosigkeit. Wir sind nicht mit Gewalt erlöst, nicht durch die Liebe zur Macht, sondern durch die Macht der Liebe.

Zum Einsatz militärischer Mittel

In einer von Gewalt durchdrungenen Welt wird man zwar Selbstverteidigung und Nothilfe für die von ungerechter Gewalt Betroffenen nicht – als eine Option des Handelns – einfach ausschließen können. Aber als Christen dürfen wir uns die Zwiespältigkeit, die auch mit solcher legitimen Gewaltanwendung einhergeht, nie ausreden lassen. Der Ungeduld, die immer wieder darauf drängt, den gordischen Knoten der Gewalt mit dem militärischen Schwert zu durchschlagen, dürfen wir uns ebensowenig beugen wie der Gefahr zynischer Abstumpfung, die resigniert die Gewalttätigkeit als unveränderbar gegeben hinnimmt.

In *Gerechter Friede* haben wir uns mit den Bedingungen eines legitimen militärischen Einsatzes auseinandergesetzt.

1. Das Prinzip der Erfolgsaussicht: „Es muß eine hinreichende Wahrscheinlichkeit bestehen, daß die Gewaltanwendung ihr Ziel tatsächlich erreichen kann und die Lage nicht etwa noch verschlimmert wird" (GF 155). Gibt es eine solche hinreichende Erfolgsaussicht bei den derzeitigen Militärschlägen gegen den Terrorismus? Oder wird dadurch die Lage in bestimmten Ländern und

Regionen nicht noch weiter angeheizt und destabilisiert, so daß sich die Welt am Ende einer noch größeren Zahl haßerfüllter Terroristen gegenüber sieht?

2. Wir haben in *Gerechter Friede* auch die traditionelle kirchliche Lehre in Erinnerung gerufen, daß die Zivilbevölkerung bei einem Militäreinsatz so weit wie nur möglich von einer militärischen Gewaltanwendung verschont bleiben muß. Wer eine solche Aktion unternimmt, muß deshalb auch zeigen können, daß er sie erfolgreich durchführen kann, ohne unermeßliches Leid über die Zivilbevölkerung des attackierten Staates zu bringen.

3. Von besonderer Bedeutung ist das Völkerrecht. Wie schon beim Kosovo-Krieg wird jetzt deutlich, daß das Völkerrecht keine wirklich überzeugenden Lösungen für Situationen wie diese bereithält. Die rechtliche Grundlage für die alliierten Aktionen stellt Artikel 51 der UN-Charta zum Selbstverteidigungsrecht der Staaten dar. Im Grundsatz gibt es offenbar einen Konsens darüber, daß dieser Fall gegeben ist. Der Sicherheitsrat hat sich mehrere Male mit der Sache befaßt und einschlägige Resolutionen verabschiedet. Doch die Sache ist nicht ohne Fragen.

Die UN-Charta bezieht sich auf das Verhältnis zwischen Staaten. Die Attentate sind offenbar nicht von Staaten als solchen ausgegangen, sondern von einer Verbrecherorganisation. Wenn aber Staaten – wie Afghanistan – solchen Banden Unterstützung bieten, sind sie mit verantwortlich. Weiter: Das Notwehrrecht betrifft den Fall einer militärischen Aggression. Liegt sie vor? Afghanistan hat sicher nicht angegriffen, folglich sind Militärschläge allenfalls unter präventivem Gesichtspunkt legitimiert. Präventive Maßnahmen scheinen insofern berechtigt, als bin Laden keinen Zweifel an seiner Entschlossenheit läßt, weiterhin terroristisch vorzugehen. Aber er und seine Organisation als eigentliche Adressaten von Aktionen existieren gleichsam völkerrechtlich nicht. Das Taliban-Regime ist völkerrechtlich nicht anerkannt und zudem nicht direkt verantwortlich.

Fragen sind allemal am Platz und dürfen nicht als Verstoß gegen die Bündnisverpflichtungen diffamiert werden. Wenn die Terroristen Verbrecher sind, müßten Gegenmaßnahmen streng polizeilichen Charakter haben. Ansonsten könnte man auch gegen die Mafia militärisch vorgehen. Wenn es sich um Kriegsgegner handelt, dann heißt das: Wir haben unter der Hand den Kriegsbegriff ausgeweitet, und zwar in einer Weise, die völkerrechtlich höchst fragwürdig ist.

4. Militärische Mittel dürfen in jedem Falle nicht das einzige und auch nicht das vorrangige Instrument sein, mit dem wir auf die Herausforderungen von Terror und Gewalt reagieren. Gewaltärmere Mittel sind vorzuziehen. Darum ist es gut, daß die allermeisten Staaten jetzt zusammenstehen wollen, um die Bewegungsfreiheit und die Handlungsspielräume gewalttätiger Gruppen einzuschränken und sie von ihren Finanzquellen abzuschneiden.

5. Gewaltlosigkeit im Sinne des Evangeliums ist kein Prinzip, eher ein Rat. Man kann nicht den Gewaltverzicht anderer fordern, wenn es um ihr Leben geht. Doch der Abscheu gegenüber Gewalt und Blutvergießen muß auch die noch prägen, die im Notfall zur Gewalt greifen. Er kann verhindern, der Faszination der Gewalt zu erliegen, die als Macht über Leben und Tod besonders verführerisch wird. Die Eigendynamik der Militärmaschinerie ist höchst gefährlich. Krieg als Computerspiel! Offen gesagt: Die von unseren führenden Politikern immer neu bekundete uneingeschränkte Zustimmung zu den militärischen Aktionen verschlägt mir den Atem. Der Geist der Gewaltlosigkeit, aus dem Jesus gelebt und gewirkt hat, kann in einer von Gewalt durchdrungenen Welt nicht davor bewahren, in Situationen zu geraten, die zum Schutz von Leib und Leben nach Gegengewalt rufen. Wohl aber hält er das Gespür dafür wach, daß auch solche hindernde und schützende Gewalt als das kleinere Übel ein Übel bleibt, ein schmerzlicher Makel an der Gestalt der Welt. Eben darum treibt dieser Geist auch dazu an, daß es in kluger Vorsorge möglichst nicht zu einer solchen Dilemma-Situation kommt. Mit dem Übel notwendiger Gewalt läßt sich zwar zur Not leben; mehr zu denken ist Christen aber nicht erlaubt. Es gibt für sie keine Alternative zu dem Ziel, Gewalt zu verhindern oder wenigstens zu mindern und ihre Folgen zu lindern. Die Maxime lautet daher: Vorbeugen ist besser als heilen, Prävention geht vor Reaktion und Vergeltung. Gott Dank haben in unseren Tagen Wörter wie Gewaltprävention, Gewaltverhütung, Gewaltminderung in der Sicherheitspolitik einen ganz neuen Stellenwert bekommen. Nur so werden die uralten Teufelskreise von Gewalt und Gegengewalt, von Demütigung und Rache

durchbrochen. Nur so werden nicht immer neu aus Opfern Täter und aus Tätern Opfer. Nur so ist das Ende einer gewalttätigen Auseinandersetzung nicht zugleich der Beginn neuer Gewalttaten. Wir haben doch vor zwölf Jahren – daran darf man erinnern, auch wenn die Situation heute eine ganz andere ist – Erfahrungen gemacht, die wir nicht vergessen dürfen: Gewaltfreiheit kann Geschichte machen, runde Tische dienen dem Frieden, Vertrauen kann Angst überwinden.

6. Gewaltprävention: Den brutal agierenden Gewalttätern ist nicht mit Gegengewalt allein beizukommen. „Der globale Terrorismus gleicht einem Krebs mit vielen unsichtbaren Herden. Es reicht nicht, nur ein Karzinom herauszuschneiden, denn was bleibt, streut. Vor allem darf der Patient nicht getötet werden. Der Patient? Das sind die Geschundenen und Unterdrückten von Afghanistan, das sind wir – unsere liberale Staats- und Wirtschaftsordnung" (J. Joffe). Das ganze Kriegsmaterial, die mit Hochtechnologie vollgestopften Raketen, Panzer und Bomber taugen nur sehr, sehr eingeschränkt zur Terrorbekämpfung, so wenig wie der überkommene Begriff ‚Krieg' die Situation zutreffend beschreibt. Raketen können den terroristischen Gruppen und halbstaatlichen Organisationen eben nicht den Sauerstoff der kulturellen und politischen Zustimmung abdrehen. Derzeit sind sich ziemlich alle einig, daß der Kampf gegen den Terrorismus im wesentlichen präventiv geführt werden muß. Da rennt man also offene Türen ein. Nur – wie ernsthaft und glaubwürdig sind solche Beteuerungen? Oft ist in diesen Tagen von Entschlossenheit, Unnachgiebigkeit und Opferbereitschaft die Rede. Es wäre viel gewonnen, wenn diese Tugenden nicht nur im Blick auf Militäreinsätze beschworen würden, sondern vor allem im mühsamen Ringen um eine Politik der Gewaltvorbeugung zum Tragen kämen.

Gibt es ein Konzept dafür? Viele Maßnahmen der Politik sind zu kurzatmig, stehen unter dem Druck der Öffentlichkeit, der Medien. Die Frage ist, wie wir eine gesellschaftliche Entwicklung anstoßen und unterstützen können, die nicht immer nur neue Gewalt hervorbringt, sondern die Herrschaft der Gewalt in den Köpfen und Herzen der Menschen zurückdrängt, nicht zuletzt in unseren eigenen. Die Politik muß darin investieren, Krisen vorzubeugen statt nur Konflikte zu managen.

Wer auf die mittel- bis langfristigen Konfliktperspektiven hinweist, begegnet allzu oft dem Einwand, daß seine Handlungsvorschläge Dringlicherem zu weichen hätten. Man betrachte nur die geradezu skandalöse Diskrepanz zwischen den Finanzmitteln für den Militäreinsatz im Kosovo und jenen bescheidenen Mitteln, die nach heftigem Ringen für den Stabilitätspakt und den Wiederaufbau bereitgestellt wurden (vgl. Ruanda, Sudan, Irak, Palästina). Die humanitäre Hilfe, die derzeit medienwirksam in Afghanistan geleistet wird, steht in gar keinem Verhältnis zum Aufwand der militärischen Mittel. Ich will die Carepakete nicht madig machen, ich hab' in der Nachkriegszeit über Jahre selbst davon gelebt. Aber die Frage bleibt: Einen übergroßen Teil der Intelligenz investieren wir in immer perfektere Waffensysteme, statt diese Intelligenz für die Entwicklung der armen Völker einzusetzen. Die Armen hungern nicht, weil wir zuviel essen, sondern weil wir zu wenig denken, zu kleinkariert an unsere eigene Sicherheit, zu kurzsichtig nur an unsere eigenen Interessen. In Sachen ökonomischer Globalisierung sind wir Riesen, in Sachen globaler Solidarität sind wir Zwerge. Wir investieren in Waffen, und die Krisenherde in der Welt wachsen und produzieren neue Kriege.

1. Besondere Bedeutung kommt dem Einsatz für eine durchgreifende Verbesserung der wirtschaftlichen und sozialen Lebensbedingungen der Armen zu. Auch wenn unter den Terroristen von New York und Washington gut ausgebildete Ingenieure gewesen sein mögen: Es sind vor allem die Elendsquartiere in vielen arabischen und muslimischen Ländern, die junge Leute in Entwurzelung und Perspektivlosigkeit stürzen und den Nährboden bilden für Fanatismus und Gewaltbereitschaft. Sicher kommt der Nachwuchs der Terroristen nicht unmittelbar von dort. Aber das Elend der Slums, Lager und Hungerzonen nährt das Verständnis und die Zustimmung für Angriffe gegen die westlichen Metropolen. Keine Frage: Aktuell geht es darum, den Terroristen in den Arm zu fallen und sie an weiteren Verbrechen zu hindern. Aber auf Dauer werden wir den Terrorismus nur in den Griff bekommen, wenn wir uns den Ursachen des abgrundtiefen Hasses stellen, der die Täter und ihre wohl nicht ganz kleine Zahl von Sympathisanten treibt. Das kostet Geld und Respekt vor dem anderen. Reiche Industrieländer unterstützen arme Länder, indem sie diese fair am Welthan-

del beteiligen und auf Protektionismus verzichten. Oder indem sie diesen Ländern ihre Schulden erlassen und ihnen Hilfe zur Selbsthilfe geben, eine Hilfe, die mehr ist als Transfer von Geld und westlichem Know-how. Derzeit verringern die Industrieländer seit Jahren ihre Hilfe, schreiben ganze Kontinente ab. Wir investieren weit mehr in Waffen als in Entwicklung.

2. Es ist Zeit, die westliche Selbstgewißheit zu hinterfragen. Wir müssen uns eingestehen, daß wir mindestens ebenso Teil des Problems sind, wie wir Teil der Lösung werden können. Der Haß gegen alles Westliche, der im Terrorismus seinen dramatischen und mörderischen Ausdruck findet, wird schließlich nicht nur durch die wirtschaftlichen, sondern auch durch die politischen und kulturellen Ungleichgewichte der heutigen Weltsituation genährt. Gerade in den muslimisch geprägten Ländern haben viele den Eindruck, ihre Kultur und ihre Traditionen würden bei uns im Westen nicht ernstgenommen, ja sogar verachtet. Allzu viele sind überzeugt, selbst die Menschenrechte seien letztlich nur ein Vehikel, mit dessen Hilfe die Länder Europas und Nordamerikas die islamischen Gesellschaften aushöhlen und von ihren Wurzeln abschneiden wollten, um sie auf Dauer kulturell, politisch und wirtschaftlich (erneut!) kolonisieren zu können. Wir müssen solchen Vorhaltungen widersprechen, aber wir sollten doch die tiefsitzende Verwundung ernstnehmen, die uns hier entgegen tritt. Und wir müssen uns auch fragen, welche geschichtlichen und auch aktuellen Erfahrungen das Ressentiment in der islamischen Welt gegenüber dem Westen immer wieder anfachen. Vielleicht gehört es ja zur Pathologie der international dominierenden Länder und Gesellschaften, die Verletzungen und Demütigungen, die sie anderen zufügen, gar nicht mehr wahrzunehmen. Es kann nicht darum gehen, andere Völker und Kulturen in die Knie zu zwingen, wir müssen helfen, daß sie auf die Beine kommen.

3. Ein fauler Friede, der sich mit Ausbeutung und Ungerechtigkeit abfindet, darf unsere Sache nicht sein. Es ist offensichtlich: Friede kann nur werden, wo Recht herrscht. Dabei ist die konkrete Anerkennung und Respektierung der Menschenwürde, wie sie in den Menschenrechten zum Ausdruck kommt, von fundamentaler Bedeutung. Bei der Verfolgung der Straftäter sind rechtsstaatliche Kriterien zu beachten. Parolen wie „Tot oder lebendig“ haben

keinerlei Recht. Nur wenn es uns gelingt, die Menschenrechte zur Grundlage der internationalen Beziehungen werden zu lassen, nur wenn auch in der Art, wie wir Wirtschaften und Gesellschaften organisieren, Menschenwürde und Menschenrechte zum Zuge kommen, können Grundlagen für einen nachhaltigen Frieden geschaffen werden. Es geht darum, das Recht des Stärkeren durch die Stärke des Rechts zu ersetzen. Menschenrechte und Gerechtigkeit sind Grundlage einer erfolgversprechenden Friedenspolitik und als solche unteilbar. Die Koalition gegen den Terrorismus umfaßt in dieser Hinsicht höchst zweifelhafte Bündnispartner. So notwendig etwa die Einbindung Rußlands in die Antiterror-Koalition ist, sie wäre zu teuer bezahlt, wenn wir dafür die massive Mißachtung der Menschenrechte in Tschetschenien widerspruchslos in Kauf nehmen würden.

4. Die gegenwärtige Unsicherheit der Rechtslage und die Eigenart der verfügbaren Mittel (Militär) machen deutlich, wie notwendig es ist, das internationale Recht weiterzuentwickeln, die internationale Gerichtsbarkeit auszubauen und die UN auf geeignete Weise mit Zwangsmitteln auszustatten. Es fehlt der politische Wille zum Ausbau verbindlicher internationaler Rechtsstrukturen. Das erklärt zu einem großen Teil die Mängel und Regelungslücken des geltenden internationalen Rechts. Wer ernsthaft für die Stärkung der Mittel und Methoden zur Gewaltprävention eintritt, muß eine Politik zu überwinden suchen, die von nationalstaatlicher Interessenkonkurrenz bestimmt ist. Politiker müssen erkennen, wie sehr faktisch das Schicksal ihres eigenen Landes in das der Völkergemeinschaft verwoben ist. Gefragt ist eine Weltinnenpolitik, die sich den Anforderungen eines global verstandenen Gemeinwohls stellt. Das Wohl der Völkergemeinschaft wird dort verletzt, wo nationalstaatliche Interessenverfolgung überkommene Unrechtsverhältnisse festschreibt oder zu neuen Formen von Ungerechtigkeit führt. Die Idee einer internationalen Rechtsordnung ist seit langem in der katholischen Soziallehre verankert und Teil ihres Friedensdenkens.

5. Interreligiöser Dialog: Die Bibel belegt, daß zwischen Gewalt und Religion eine ebenso uralte wie tiefgründige Wechselbeziehung besteht. Da muß man sich nur an die Religions- und Konfessionskriege erinnern oder auf den schier unlösbaren Konflikt im

Nahen Osten schauen. Daher zählen der interreligiöse Dialog und die interreligiöse Begegnung zu den vorrangigen Pflichten aller Religionen. Sie sind Voraussetzungen einer Gesellschaft verschiedener Kulturen. Mag sein, daß der Einfluß der christlichen Kirchen in Europa weiter schwindet. Es wäre irrig, daraus zu schließen, die Religion als solche oder die Religionen seien künftig politisch irrelevant. Vieles spricht eher für das Gegenteil. Das Bischofswort hält sich gegenüber der populären These vom unvermeidlichen Zusammenprall der Kulturen oder Zivilisationen (Huntington) erkennbar zurück. Es läßt aber keinen Zweifel an dem hohen Rang, dem der Umgang mit religiösen Überzeugungskonflikten zuerkannt werden muß. „Bis heute hält sich bei vielen Menschen die feste Überzeugung oder zumindest der Verdacht, vor allem die monotheistischen Religionen seien ihrem Wesen nach intolerant und friedensunfähig. Dieses muß als Anfrage theologisch ernstgenommen und praktisch beantwortet werden. Über die notwendige ehrliche Selbstkritik der Religionsgemeinschaften hinaus hängen deswegen ihre Glaubwürdigkeit und Überzeugungskraft entscheidend davon, ob und wie weit sie in ihren tätigen Einsatz für den Frieden, für die Rechte und legitimen Interessen anderer Menschen und Gruppen eintreten" (192).

Im Sinne des Zweiten Vatikanischen Konzils (Nostra aetate) hat der Papst am 6. Mai dieses Jahres beim Besuch der Omaijadenmoschee in Damaskus vom „respektvollen Dialog" gesprochen. Er versteht Muslime und Christen „nicht als Gegner, wie es in der Vergangenheit allzu oft geschehen ist, sondern als Partner für das Wohl der Menschheitsfamilie, besonders in der Erfüllung unserer Pflicht, sich um die Armen und Schwachen zu kümmern." Begegnen sich Christen und Muslime in Deutschland in diesem Geist? In weiten Kreisen der Bevölkerung und nicht zuletzt auch der Christen weckt die wachsende Präsenz der Muslime eher Sorgen als Begeisterung. Bekommen wir Christen es angesichts des Islams mit der Angst zu tun? Je eindeutiger wir im eigenen Glauben zu Hause sind, desto offener können wir die gegenwärtige Herausforderung als Chance begreifen, im Glauben und „als Partner für das Wohl der Menschheitsfamilie" zu wachsen. Eine sprachlose Koexistenz führt nicht weiter. Wir müssen uns ehrlich und in gegenseitigem Respekt sagen, wie wir zueinander stehen. Auch kritische

Fragen dürfen nicht ausgeklammert werden. Der Dialog von Christen und Muslimen wird sich in der Spannung von Respekt und Auseinandersetzung vollziehen müssen, ohne Berührungsangst und ohne Unterscheidungsangst. Christliche Maßstäbe zurückzustellen, um Konflikten aus dem Wege zu gehen, ist ebenso unverantwortlich, wie die Bundesgenossenschaft im Dienst am Menschen zu unterlassen.

Pflugscharen zu Schwertern? Die Religionen sind den Pflugscharen verpflichtet. Es ist schrecklich, wenn sie zu heiligen Kriegen oder Kreuzzügen rüsten oder mißbraucht werden, von wem auch immer. Ihre Aufgabe ist es, der Friedensvision der Propheten in unserer Welt den Weg zu bereiten: „Er spricht Recht im Streit vieler Völker, er weist mächtige Nationen zurecht bis in die Ferne. Dann schmieden sie Pflugscharen aus ihren Schwertern und Winzermesser aus ihren Lanzen. Man zieht nicht mehr das Schwert, Volk gegen Volk, und übt nicht mehr für den Krieg“ (Mi 4,3f.; vgl. Jes 2,2-4). Gebe Gott!

Türme und Herren*

Ina Praetorius

Als in New York zwei Flugzeuge zwei Türme zum Einsturz brachten, war ich gerade dabei, noch einmal das Protokoll der Zürcher evangelisch-reformierten Synode vom 27. März zu studieren. Am 27. März hatte die Synode beschlossen, GOTT auch in der Neuübersetzung der Zürcher Bibel einen HERRN sein zu lassen; und das Protokoll dieser Sitzung hatte man mir geschickt, weil die Herausgeberinnen der zweiten Auflage des *Wörterbuchs der Feministischen Theologie*, zu denen ich gehöre, am 18. April gegen diese Entscheidung öffentlich protestiert hatten.

Natürlich rannte auch ich zum Fernseher und stand Stunden und Tage im Bann des großen Ereignisses, demgegenüber all meine Alltagsgeschäfte, zu denen seit längerer Zeit die Auseinandersetzung mit den Herren der ‚neuen' Zürcher Bibel gehört, nichtig zu werden schienen. Als ich dann aber bald nach der Katastrophe den Präsidenten der USA, der ein bekennender Christ ist, sagen und mehrfach bekräftigen hörte, die einzige Möglichkeit, auf den Anschlag zu reagieren, sei Vergeltung, begab ich mich zurück an meinen Schreibtisch, auf dem noch immer das Protokoll der Zürcher Synode vom 27. März 2001 lag. Ich beschloß, darüber nachzudenken, welcher Zusammenhang zwischen diesem meinem Alltagsgeschäft und der vermutlich folgenreichen Aussage des Präsidenten besteht:

Der mächtigste christliche Staatsmann bezeichnet also ohne Zögern und in der Tradition seiner Vorgänger Rache als einzige Handlungsmöglichkeit des Präsidenten einer angegriffenen Nation. Wie die Lenker der Flugzeuge, von denen ich annehme, daß auch sie im Sinne einer patriarchal vereinnahmten Friedenstradition religiös waren, nimmt der (vermeintlich) stärkste Mann der Welt für sich in Anspruch, damit den Willen des HERRN, den er im Himmel wähnt, zu vollstrecken. Zumindest nimmt er als Rächer nicht erkennbar Abstand von seiner Zugehörigkeit zur Christenheit.

* Zuerst erschienen in: *Aufbruch. Zeitung für Religion und Gesellschaft* (Okt. 2001), 4.

Selbstverständlich raten daraufhin etliche religiöse Führer zur Mäßigung. Was aber bis heute ausgeblieben ist, sind Stimmen, die nicht nur den Attentätern, sondern auch dem Präsidenten der USA das Recht absprechen, als religiöse Menschen in dieser selbstherrlichen Weise zu sprechen und zu handeln. Längst scheint die Christenheit resigniert zu haben vor der Tatsache, daß die christlichen Herren der Welt im Namen des HERRN im Himmel tun, was sie für richtig halten und was sie von ihren Vätern gelernt haben.

Das theologisch richtige Argument, der HERR im Himmel sei gerade nicht als Legitimation, sondern als begrenzendes Gegenüber für die irdischen Herren zu verstehen, versagt vor der Dynamik der Identifikation. Wer von seinen christlichen Vätern gelernt hat, daß ein starker Mann im Himmel wohnt, wird, wenn er selbst stark geworden ist, seine Stärke nur so unter Beweis stellen können, wie es die Väter vom starken Mann im Himmel berichtet haben: Er wird zuschlagen. Er wird nicht mehr daran denken, daß das UNNENNBARE FUER UNS DA die Rache für sich allein beansprucht und daß GOTT vor 2000 Jahren uns Menschen noch einmal gezeigt hat, wie wir unser irdisches Dasein vestehen sollen.

Solange DAS UNNENNBARE FUER UNS DA ein HERR bleibt, und genau dies hat die Zürcher Synode am 27. März 2001 beschlossen, wird die Hybris der Herren, die ihresgleichen im Himmel vermuten, die Wahrheit dieser Tradition mit Mißachtung strafen. Und deshalb ist es ein großes Ereignis, wenn Christenmenschen heute nicht länger ja zum HERRN im Himmel sagen. So demokratisch der Beschluß der Zürcher Synode gewesen sein mag: Daß er gedankenlos und falsch war, zeigt sich gerade heute, da so viele ChristInnen sich auf vermeintlich Wichtigeres konzentrieren.

Terror des Hungers*

Martin Maier

Die Terroranschläge vom 11. September 2001 wurden in mehrfacher Hinsicht als Menetekel für die Brüchigkeit der bestehenden Weltordnung gedeutet. Bundespräsident Johannes Rau nannte drei Tage später in seiner Rede am Brandenburger Tor „Armut und Ausbeutung, Elend und Rechtlosigkeit" als strukturellen Hintergrund des Terrorismus. Wer die Situation in Ländern der sogenannten Dritten Welt kennt, der weiß, daß extreme soziale Ungerechtigkeit der Nährboden für Gewalt sein kann. Dies läßt sich auf die globale Ebene übertragen. Die jährlichen Berichte des Entwicklungsprogramms der Vereinten Nationen lassen wenig Zweifel daran, daß die Globalisierung die Kluft zwischen den armen und den reichen Ländern vertieft hat. Lag der Einkommensunterschied zwischen dem reichsten und dem ärmsten Fünftel der Weltbevölkerung 1960 noch in einem Verhältnis von 30 zu eins, so beträgt er heute 74 zu eins. Der Reichtum von 358 Milliardären übersteigt das Gesamteinkommen der armen Länder, in denen fast 45 Prozent der Weltbevölkerung leben.

Der größte Skandal unserer Zeit bleibt der Hunger. Im 20. Jahrhundert sind weit mehr Menschen Opfer von Hunger als von Kriegen geworden. Experten weisen seit langem darauf hin, daß eine Überwindung des Hungers technisch möglich wäre, daß es aber dafür am politischen Willen fehlt. Auch heute noch leiden 828 Millionen Menschen an schwerer, permanenter Unterernährung, jeden Tag verhungern über 30.000 Menschen, davon rund 20.000 Kinder. In Afrika hungern 35 Prozent der Bevölkerung. Günter Grass hat in diesem Zusammenhang die Art und Weise, wie wir Tote zählen, als ständige Beleidigung der Toten in den Staaten der Dritten Welt bezeichnet: „Wenn wir nicht lernen, diese Toten als gleichwertige Tote zu sehen, werden wir den Kampf für unsere eigenen demokratischen Grundrechte verlieren."

Dabei hat es in den vergangenen Jahrzehnten nicht an Anstrengungen gefehlt, den Hunger zu überwinden. Im Weltpakt für wirt-

* Erschienen in: *Stimmen der Zeit* (1/2002), 1-2.

schaftliche, soziale und kulturelle Rechte der Vereinten Nationen vom 16. Dezember 1966 erkennen die Vertragsstaaten das Recht auf ausreichende Ernährung als ein grundlegendes Menschenrecht an. Sie verpflichten sich, auf dem Weg internationaler Zusammenarbeit Schritte zu einer ausreichenden Produktion und einer gerechten Verteilung der Nahrungsmittel zu unternehmen. Das wichtigste internationale Organ dafür ist die 1945 gegründete Ernährungs- und Landwirtschaftsorganisation der Vereinten Nationen (FAO) mit ihren Unterorganisationen (WFP und IFAD), der heute 183 Länder und die Europäische Gemeinschaft als Mitglieder angehören. Auf der Welternährungskonferenz von 1974 war von den teilnehmenden Regierungen bekräftigt worden, „daß jeder Mann, jede Frau und jedes Kind das unantastbare Recht haben, frei von Hunger und Unterernährung zu sein, um ihre physischen und geistigen Fähigkeiten zu entfalten“. Die Konferenz hatte damals das Ziel formuliert, innerhalb von zehn Jahren das Problem von Hunger und Unterernährung aus der Welt zu schaffen. Diese Absicht blieb ein frommer Wunsch. So wiederholten die folgenden Weltversammlungen lediglich diese Ziele.

1996 versprach der Welternährungsgipfel in Rom in einem Aktionsplan, die Zahl der Hungernden bis zum Jahr 2015 zu halbieren. Auf dem UN-Milleniumsgipfel vom September 2000 war nur noch die Rede davon, den an Hunger leidenden *Anteil* der Weltbevölkerung bis zu diesem Zeitpunkt zu halbieren. Wenn der gegenwärtige Trend fortdauert, wird dieses Ziel frühestens in 60 Jahren erreicht werden. Der für Anfang November 2001 in Rom geplante Welternährungsgipfel wurde auf Wunsch der italienischen Regierung aufgrund von Sicherheitsbedenken kurzfristig auf Juni 2002 verschoben.

Auch wenn die vergangene Bischofssynode vom Oktober 2001 allem Anschein nach kaum Fortschritte in drängenden innerkirchlichen Problemen wie etwa dem überzogenen römischen Zentralismus oder der Not der priesterlosen Gemeinden gebracht hat, so fanden die Bischöfe in ihrer *Botschaft an die Welt* doch klare Worte über den Zusammenhang zwischen Terrorismus und weltweiter Ungerechtigkeit. In der Botschaft wird angeprangert, daß 1,2 Milliarden Menschen mit weniger als einem Dollar pro Tag überleben müssen. Mit Papst Johannes Paul II. sprechen die Bischöfe hier von „Strukturen der Sünde“: „Wie können wir dazu schweigen, daß nach wie vor unzählige Menschen in einer Zeit verhungern oder in äußerster Armut leben müssen, in der Möglichkeiten zu einer besseren Verteilung der Ressourcen wie nie zuvor zur Verfügung stehen?“

Wie schon während des Golfkriegs 1991 war es nach den Anschlägen vom 11. September 2001 möglich, in kurzer Zeit eine breite internationale Militärallianz gegen den Terrorismus zu schmieden. Auch die Finanzierung solcher Kriege scheint kein Problem zu sein. Warum gelingt es dann nicht, eine weltweite humanitäre Allianz gegen den Terror des Hungers und die extreme Armut zu bilden? Wenn schon von Politikern die Verteidigung der ‚westlichen Zivilisation‘ beschworen wird, so müßte dies doch in erster Linie Verteidigung der Menschenrechte und vor allem des Grundrechts auf ein menschenwürdiges Leben für alle bedeuten.

Die Mechanismen der Weltwirtschaft müssen dem kategorischen Imperativ untergeordnet werden, den Hunger zu besiegen. Neben Entwicklungshilfe geht es dabei auch um eine Öffnung der landwirtschaftlichen Märkte und einen Abbau der Agrarsubventionen, die in den Industrieländern jährlich über 300 Milliarden Dollar betragen. Die wirksamste Antwort auf den Terrorismus ist nicht Krieg, sondern eine gerechte Weltordnung.

Weltordnung

Die Sehnsucht nach dem Ende der Welt*

Jürgen Moltmann

Das Szenario der Verbrechen vom 11. September 2001 im World Trade Center in New York und im Pentagon in Washington hat viele Menschen so fassungslos gemacht, weil es keinem vernünftigen, sondern einem apokalyptischen Drehbuch folgte. Sehen wir noch einmal hin: dort das World Trade Center, Symbol des globalisierten Fortschritts der modernen Welt, dort das Pentagon, Symbol der Supermacht Amerika – hier in den gekaperten Flugzeugen die anonymen Massenmörder, Vollstrecker, wie sie glauben, des Gerichts einer überirdischen Macht.

Rationale Ziele und Zwecke der Attentate sind nicht erkennbar, Stimmen von bin Laden und Mullah Omar sprechen von Vergeltung für erlittene Kränkungen des Islams, von der Rache Gottes an Ungläubigen und der Zerstörung Amerikas. Sind hier religiöse Energien zu kriminellen geworden? Haben wir die religiösen Energien wieder unterschätzt wie schon einmal, als der Fundamentalist Khomeini gegen den Modernisierer Schah Reza Pahlewi im Iran antrat? Das Drehbuch für das Schreckensdrama vom 11. September geht über die Vorstellungen moderner Vernunft hinaus und ist doch in sich logisch und folgerichtig. Die Attentäter waren nicht Kalaschnikows schwingende Analphabeten, sondern gebildete, gut trainierte junge Männer. Sie kamen aus angesehenen Familien, nicht aus den Slums der Dritten Welt. Die Dramaturgie ihrer Handlungen war zweifellos religiös, aber diese Charakterisierung genügt nicht, innerhalb des Religiösen war sie offensichtlich eschatologisch vom Pathos des Endes beherrscht. Wir nennen das heute „apokalyptisch", obgleich es wenig mit den alten apokalyptischen Traditionen zu tun hat.

Aber auch das World Trade Center und das Pentagon sind nicht nur zweckdienliche Stätten modernen Handels und militärischer Planung. Sie haben auch Symbolwert. Sehen wir genauer hin, dann finden wir hier ein anderes religiöses Muster, nicht das apokalypti-

* Erschienen in: *Die Zeit* (27.12.01).

sche vom „Ende der Welt", sondern das millennaristische von der „Vollendung der Weltgeschichte" durch Globalisierung wirtschaftlicher und militärischer Macht. Auch dieses Denkmuster ist vom Pathos des Endes beherrscht und läßt keine Alternativen zu. Was am 11. September 2001 in New York und Washington geschah, war der Zusammenstoß einander widersprechender Weltendvorstellungen: einer triumphalen Weltvollendungsidee hier – und einer apokalyptischen Weltbeendigungsidee dort. Es war der Anschlag der terroristischen Beendigung der Welt auf die globale Vollendung der Weltgeschichte.

Vorstellungen von einem „Ende der Geschichte" richten sich entweder auf das Ziel oder das Ende der Geschichte. Hat die Weltgeschichte ein vorbestimmtes Ziel, dann ist dieses ihre Vollendung, und die Geschichte schreitet stufenweise voran. Nach biblischen Traditionen ist es das Reich des Menschensohns und das „Tausendjährige Reich" Christi; nach antiker Vorstellung ist es das „Goldene Zeitalter", das nach Vergil das „eiserne Zeitalter" der Gegenwart ablösen soll; nach modernen Hoffnungen ist es das „Reich des ewigen Friedens" (Kant) und das „Reich der Freiheit" (Hegel). Für Francis Fukuyama, seinerzeit im State Department in Washington, begann 1989 nach dem Zerfall des Sozialismus und dem Sieg des „Kapitalismus und der liberalen Demokratie" das „Ende der Geschichte". Wir nennen diese Vollendungsvorstellungen chiliastisch oder millennaristisch und, sofern sie die Gegenwart bestimmen, messianisch.

Findet dagegen die Weltgeschichte ihre Beendigung im Ende der Welt, dann wird sie durch Katastrophen abgebrochen. Nach biblischen Traditionen ist das der „Weltuntergang", nach antiken Vorstellungen der „Weltenbrand"; nach modernen Befürchtungen sind es atomare, ökologische oder neuerdings terroristische Katastrophen. Endvorstellungen dieser Art nennen wir „apokalyptisch". Sie gliedern nicht den Fortschritt, sondern entziehen jeder Epoche der Geschichte ihren Sinn. Weltgeschichte ist sinnlose Gewalt- und Leidensgeschichte: Ihr Ende ist das Beste an ihr.

Wer die Macht hat, ist immer am Fortschritt seiner Geschichte und ihrer globalen Ausweitung interessiert. Er versteht Zukunft als Fortsetzung seiner Gegenwart. Wer unterdrückt und gekränkt ist, ist nicht am Fortschritt seiner Leidensgeschichte interessiert, sondern nur an ihrer baldigen Beendigung. Wem also nützen die einen und die anderen Endvorstellungen?

Das Große Weltgericht

Zwei messianische Ideen bestimmen den Geist der modernen Welt: Die „Neuzeit" prägt das epochale Bewußtsein Europas. Nach „Altertum" und „Mittelalter" soll die „Neuzeit" das dritte und damit das Vollendungszeitalter der Menschheit bringen. Nach der messianisch aufgeladenen „Neuzeit" kann nur noch das „Ende der Zeit" kommen. „Amerika" war und ist für Einwanderer „die Neue Welt", in der es Freiheit für jeden geben soll. Die messianischen Elemente im „Amerikanischen Traum" und folglich auch in der amerikanischen Zivilreligion und der amerikanischen Politik sind leicht erkennbar: Das Siegel der USA und jede Eindollarnote trägt die Verheißung ‚novus ordo saeculorum': die Neue Weltordnung. Damit wird nicht eine, sondern *die* Neue Weltordnung, und zwar nicht nur für eine Zeit, sondern für alle Zeiten proklamiert. Wie Neuzeit das neue Zeitalter der ganzen Welt meint, so die Neue Weltordnung eine Ordnung für die ganze Menschheit.

Messianische Ideen haben das Selbstbewußtsein der USA von Anfang an beeinflußt: Als „the innocent nation" hat Amerika die Bestimmung, the manifest destiny, als „Stadt auf dem Berge" und „Leuchtfeuer der Freiheit", „die Welt zu erlösen" und das „Reich Gottes" auf Erden zu bauen. Das schafft das heilige Gefühl, zu einer „redeemer nation" zu gehören.[1] Diese Ideen könnten bloße Versatzstücke aus der Rhetorik amerikanischer Präsidenten sein, wenn da nicht zwei Tatsachen wären, die ihnen entsprechen:

1. Während das Sowjetexperiment, aus vielen Nationen den „neuen Sowjetmenschen" zu schaffen, 1989 endgültig gescheitert ist, geht das „amerikanische Experiment" weiter. Amerika ist das Land der Einwanderer: ‚e pluribus unum'. Ob es ein Schmelztiegel, „melting pot", für die verschiedenen Rassen und Religionen ist oder nicht, es kommen immer neue Wellen von Immigranten, neuerdings immer mehr Vietnamesen. Das „amerikanische Experiment" ist ein Experiment der Menschheit, nicht nur der Ameri-

[1] E. L. Tuveson, Redeemer Nation. The Idea of America's Millennial Role, Chicago 1968, 1980.

kaner. Die Völker warten auf die Erfüllung der amerikanischen Verheißung der Neuen Weltordnung. Amerikanischer Imperialismus erfüllt sie nicht, sondern nur die universale Durchsetzung der Menschenrechte. „All men are created equal", sagt die amerikanische Unabhängigkeitserklärung – nicht nur amerikanische Menschen! Die messianischen Hoffnungen der USA können also nur in einer Weltfriedensordnung verwirklicht werden, die auf den Menschenrechten und den Rechten der Natur gründet.

2. Der vorerst letzte Prophet der Neuen Weltordnung war Francis Fukuyama 1989. Er deutete das „Ende der Geschichte" mit Hilfe der eigenwilligen Hegel-Auslegung von Alexandre Kojève, Paris, als „die Welt ohne Alternative". Nach 1989 triumphierte der Westen, denn es gab keine real existierende Alternative mehr zu „Kapitalismus und liberaler Demokratie", also hat die Menschheit in der pluralistischen Demokratie endlich gefunden, was sie in allen ihren politischen Experimenten seit Jahrtausenden gesucht hat: das Ende der Geschichte in einer Welt ohne Alternative. Was einst Geschichte war, ist nur noch im „Haus der Geschichte" zu besichtigen. Auf das Ende des Ost-West-Konflikts folgte ab 1989 die Globalisierung dessen, was der Westen war und wollte. Jetzt sprachen viele gern von der „Einen Welt", der „Weltgemeinschaft", dem „global village" oder der nach unseren Maßstäben „zivilisierten Welt". Die Globalisierung der Produktionen und Märkte, Finanzen und Konzerne, Kommunikationssysteme und Kulturindustrien brachte jedoch keinen Frieden in die Welt, sondern neue Konflikte. Der aggressive Kapitalismus produziert neue Ungleichheiten, während demokratische Gemeinwesen auf die Gleichheit der BürgerInnen angewiesen sind. Fukuyama und Kojève hatten Hegel auch mißverstanden: Nicht die Alternativlosigkeit, sondern die Konfliktfreiheit beendet die Geschichte. Solange aber immer neue Konflikte zwischen Völkern und mit der Natur der Erde entstehen, ist kein „Ende der Geschichte" und auch keine messianische Neue Weltordnung in Sicht.

Wir kennen die apokalyptischen Bilder vom Großen Weltgericht, von den vier apokalyptischen Reitern, vom Endkampf zwischen Christus und dem Antichristen und vom Kampf Gottes mit den Teufeln im Tal von Harmagedon. Es ist die „Religion der Unterdrückten", die sich in solchen Rachevisionen ausdrückt. Es sind die Verfolgten, die in ihrer Ohnmacht Allmachtsträume bekommen. Es sind die Gedemütigten, deren Größenwahn in Verfolgungswahn umschlägt. Apokalyptisch war zu allen Zeiten die Theologie der Märtyrer, die unter Schmerzen den Fall der gottlosen Mächte vor sich sehen: Da stürzt sie, die „große Hure Babylon". Weil sie nicht universal sind und alles beherrschen, haben alle monotheistischen Religionen einen dualistischen Untergrund, der in ihrer Apokalyptik gut zu erkennen ist.

Es gibt einen passiven apokalyptischen Terrorismus: Der Weltuntergang ist nahe und unabwendbar; wenn er kommt, werden die wahren Gläubigen „entrückt", während die Gottlosen vernichtet werden. Früher dachte man an Feuer vom Himmel, nach 1945 an ein „nukleares Harmagedon" (Ronald Reagan). Nur weniges wirkt so verhängnisvoll wie dieser apokalyptische Fatalismus. Während die jüdischen und christlichen Apokalypsen Hoffnung in den drohenden Gefahren erwecken wollen, ist die moderne, säkularisierte Apokalyptik nackter apokalyptischer Terror und nichts als Exterminismus.

Es ist kein Wunder, daß heute aus dieser apokalyptischen Deutung drohender Menschheitsverbrechen ein aktiver Terrorismus entstanden ist. Von der passiven Enderwartung einer unerträglich gewordenen Welt zur aktiven Beendigung dieser Welt ist der Weg nicht weit: „Besser ein Ende mit Schrecken als dieser Schrecken ohne Ende".

Wir haben in den letzten Jahrzehnten eine Reihe apokalyptischer Massenselbstmorde gesehen: 1978 in Jonestown, Guayana, 912 Mitglieder einer Volkstempelsekte; 1993 in Waco, Texas, 78 Anhänger der Davidianer-Sekte; 1995 53 Mitglieder einer Sonnentemplersekte in Kanada und der Schweiz; 1997 39 Gläubige einer Ufo-death-Sekte in San Diego und vor zwei Jahren etwa 1000 Mitglieder einer katholischen Maria-Sekte in Uganda. Die erlösende „Entrückung" aus dieser untergehenden Welt war ihr Motiv.

Apokalyptischer Terrorismus kann auch zum aktiven Massenmord führen. Dschingis Khan fühlte sich zum Massenmord berufen. „Ich bin der Rächer Gottes", soll er den Bewohnern Sarmakands zugeschrien haben, bevor die Massaker begannen. „Die Lust an der Zerstörung ist auch eine schaffende Lust", verkündete der Anarchist Michail Bakunin im 19. Jahrhundert. „Ohne Zerstörung kann es keinen Aufbau geben", war Mao Tse-tungs Befehl an die Roten Garden in China. Der Massenmörder Pol Pot nahm Maos Devise in Kambodscha ernst. Seine Roten Khmer ermordeten zwei Millionen in den killing fields und hinterließen ein zerstörtes Land.

Seit dem 11. September 2001 sind wir mit einer neuen Qualität dieses aktiven apokalyptischen Terrorismus konfrontiert. Man wird Attentäter für Geld oder aus Überzeugung, Selbstmordattentäter aber nur aus Überzeugung. Die islamistischen Terroristen fühlen sich offenbar als Märtyrer ihres Glaubens und werden von ihresgleichen hoch verehrt. Für welche Überzeugung morden sie? Seit Jahrzehnten werden die USA von fanatisierten Massen auf den Straßen des Nahen Ostens als „der große Satan" angeklagt und die westliche Welt als die verdorbene „Welt der Gottlosen" verdammt: Materialismus, Pornographie, Auflösung der Familie, Frauenbefreiung sind nur einige der Anklagen.

Man hat das im Westen nicht ernstgenommen, sondern als primitiv belächelt. „Der große Satan" ist aber kein anderer als der apokalyptische „Feind Gottes". Wer ihn schwächt und erniedrigt, ist auf Gottes Seite und verdient das Paradies. Die fixe Idee, mit Gott im Endkampf gegen die Gottlosen zu kämpfen, hebt offenbar jede normale menschliche Tötungshemmung auf, erhöht die Ekstase der Macht und verwandelt Selbstmord in einen Gottesdienst. Die Selbstmordmassenmörder von New York und Washington werden sich wie Gott gefühlt haben, der am Ende die Gottlosen vernichtet. Fühlen sie sich wie göttliche Henker, brauchen sie auch keine verständliche Rechtfertigung für den Massenmord. Der Sinn von Terrorismus ist – Terror. Danach soll nichts kommen. Wir haben es mit einer wenig bekannten Form islamistischer Apokalyptik zu tun[2] und mit der islamischen Assassin-Tradition, die aus dem 10. Jahrhundert stammt. Aus welcher Vorstellungswelt auch immer die Motive stammen, die Frage bleibt: Ist es ein Zeichen von Glaubensstärke, zum Massenmörder zu werden?

Der Islam und die Moderne

Ein Dialog zwischen den Weltreligionen ist notwendig, aber nicht das Problem des Tages. Ein „clash of civilizations" (S. Hunting-

2 Vergleiche jedoch *ZEIT* Nr. 39/01.

ton) ist nicht die Herausforderung, vor der wir stehen. Was seit dem 11. September 2001 ansteht, ist die terroristische Reaktion eines radikalen Flügels des islamischen Fundamentalismus gegen die Grundlagen der modernen Welt, die für sie die westliche Welt ist. Der Aufstieg der westlichen Welt ging mit einem Niedergang der einst großen islamischen Welt einher. Der Zerfall des Osmanischen Reiches im Ersten Weltkrieg, die Kolonialherrschaft christlicher Staaten im Nahen Osten, die Gründung des Staates Israel nach dem Zweiten Weltkrieg und nach 1989 die Globalisierung der westlichen zur universalen modernen Welt muß das „Haus des Islams" verletzt und die islamische Umma tief gedemütigt haben.

Die aktuelle Bedrohung betrifft heute gar nicht die westliche Welt, sondern die islamische Gesellschaft mit ihren traditionellen Einheiten von Religion und Staat, Religion und Kultur, Religion und Wirtschaft. Kann der Islam eine Alternative zur westlichen Welt aufbauen? Es sieht nicht danach aus, jedenfalls nicht in so unterentwickelten Ländern wie Afghanistan oder afrikanischen Ländern.

Die aus dem Westen hervorgegangene moderne Welt hat drei Grundbedingungen für das friedliche Zusammenleben verschiedener Religionsgemeinschaften in einer gemeinsamen Zivilgesellschaft entwickelt:

1. die Trennung von Religionsgemeinschaft und Bürgergesellschaft, die aus der Trennung von Kirche und Staat hervorgegangen ist,
2. die Anerkennung der individuellen Religionsfreiheit,
3. die Anerkennung der Menschenrechte der Frau.

Genau gegen diese drei Bedingungen protestiert der islamische Fundamentalismus, indem er die mittelalterliche Scharia einführt und zum Heiligen Krieg gegen verwestlichte islamische Staaten und die westliche Welt aufruft. Islamische Gemeinschaften, die in der westlichen Welt leben, akzeptieren diese Bedingungen, die durch die demokratischen Verfassungen garantiert sind. Moderne islamische Staaten wie die Türkei und Ägypten haben sie mehr oder weniger übernommen. Haben sie sich damit vom Koran entfernt? Das müssen sie selbst beurteilen. Es gibt einige Fragen, die ein Licht auf mögliche Konfliktlinien der Muslime werfen. Wem gilt ihre Loyalität: dem deutschen Staat, dessen Bürger sie sind, oder der Umma, der Bruderschaft aller Muslime? Bedeutet individuelle Religionsfreiheit, daß Personen in den Islam eintreten und ohne Schaden auch wieder austreten können? Und zuletzt: Soll ein muslimischer Junge seiner deutschen Lehrerin gehorchen? Was sagt ihm sein Mullah in der Koranschule?

Die christliche Hoffnung

Die moderne Welt ist eine offene Gesellschaft, offen für postmoderne Kultur und ökologische Reformen. Sie kann aber den Frieden zwischen verschiedenen Religionsgemeinschaften nur unter den drei genannten Bedingungen garantieren, denn diese waren es, mit denen Europa und Amerika im 17. und 18. Jahrhundert die Konfessionskriege überwanden und den religionsneutralen Staat, die säkulare Gesellschaft und damit die moderne Welt aufbauten. Sie sind darum auch die wesentlichen Grundlagen für die Modernisierung der Welt in anderen Kulturen. Während die asiatischen Kulturen damit wenig Probleme haben und die Globalisierung dort erfolgreich war, hat die islamische Tradition in arabischen Ländern an dieser Stelle Probleme, so daß deshalb neben anderen Gründen die Globalisierung der modernen Welt bei ihnen mißlungen ist.

Auch das Christentum kennt entsprechende Reaktionen auf die moderne Welt im orthodoxen Traditionalismus, katholischen Autoritarismus und protestantischen Fundamentalismus, hat aber im ganzen die moderne Welt als Befreiung begriffen: 1. als Befreiung von den Aufgaben einer politischen Religion durch die Trennung von Kirche und Staat, 2. als politische Verwirklichung der erfahrenen Glaubensfreiheit in der demokratischen Religionsfreiheit, 3. als öffentliche Anerkennung der Gottebenbildlichkeit von Mann und Frau in gleicher Würde und gleichen Rechten. Nach dem 11. September 2001 wird sich die Christenheit, gleich welcher Konfession, dazu entschließen müssen, die drei Grundbedingungen gegen jede Form von Fundamentalismus zu verteidigen und als Lebensbedingungen der Freiheit für alle Religionsgemeinschaften zu fördern.

Für den christlichen Glauben selbst gibt es weder den Zwang zur Vollendung der Weltgeschichte noch den apokalyptischen Befehl zur Vernichtung dieser Welt, sondern nur die Kraft zum neuen Anfang. Ziel christlicher Hoffnung ist nicht das Ende der

Welt, sondern der Anfang des Lebens. Der Grund dieser Hoffnung sind die Auferstehung Christi und die damit gegebene Fähigkeit, in der Geschichte Neues anzufangen.

Anhang

Feindbild Islam?*

Franz-Josef Ortkemper

Die Bilder der nach den Anschlägen auf die USA jubelnden Palästinenser haben mir eine Gänsehaut über den Rücken gejagt. Doch dann fiel mir auf: Es waren in allen Programmen, die ich gesehen habe, immer dieselben Bilder mit denselben Leuten, mit denselben Kindern, mit derselben Frau mit der großen Brille. Manipulation durch die Medien? „Verurteilen Sie nicht jeden Moslem! Trotz der abscheulichen Freudenbekundungen in Gaza und Ramallah – während in New York noch immer Menschen lebendig verbrannten – darf kein vernünftiger Mensch vergessen, daß die überwältigende Mehrheit der Araber und anderer Moslems weder Komplizen des Verbrechens waren noch Freude daran empfinden“ – so schrieb der israelische Schriftsteller Amos Oz.

Auch viele islamische Organisationen und Würdenträger haben sich voller Abscheu von dem Verbrechen distanziert. Im folgenden seien einige Stimmen aus der islamischen Welt zitiert. Die Zitate stammen alle aus der Katholischen Nachrichtenagentur. Vielleicht eignen sie sich als Gesprächsgrundlage im Unterricht und in der Erwachsenenbildung. Es muß uns allen daran gelegen sein, eine sinnlose Konfrontation zwischen Islam und christlicher Welt zu verhindern. „Nicht der Islam ist der Gegner des Westens, sondern islamische Fundamentalisten sind es, die ihre Religion rücksichtslos mißbrauchen“ – so schrieb Uwe Vorkötter, Chefredakteur der *Stuttgarter Zeitung*.

Islamische Stimmen

Der Imam der Kairoer Al-Azhar-Hochschule, der höchsten religiösen Autorität des sunnitischen Islam, Scheich Mohammed Sayyed Tantawie, sagte beim Freitagsgebet in Kairo: „Wer Verbrechen begeht und Unschuldige angreift, wird von Gott bestraft.“ Es zeuge nicht von Mut, unschuldige Kinder, Frauen und Zivilisten zu töten. „Mut bedeutet, die Freiheit zu schützen, Mut, das heißt, sich zu verteidigen und nicht anzugreifen.“

* Erschienen in: *Bibel und Kirche* (4/2001), 252-253.

Inzwischen gibt es eine gemeinsame Erklärung des Vatikans und der Al-Azhar-Hochschule in Kairo, der angesehensten theologischen Institution der islamischen Welt. Darin heißt es, solche Terrorakte führten nicht zum Frieden und müßten verurteilt werden. Die religiösen Führer seien aufgerufen, auch weiterhin zu lehren, daß Gerechtigkeit und gegenseitiger Respekt die wahre Grundlage für Frieden seien.

Der Generalsekretär der Islamischen Konferenz, Abdel Wahad Belkaziz, erklärte, die Terroranschläge in den USA stünden im Widerspruch zu den Lehren Mohammeds. „Wir verurteilen diese bestialischen kriminellen Akte, die von allen Konventionen und menschlichen Werten und von den monotheistischen Religionen, zuvörderst dem Islam, abgelehnt werden." Der Islam schätze das menschliche Leben hoch und verurteile jeden, der zu Unrecht auch nur einen anderen Menschen töte, als einen „Verbrecher gegen die Menschlichkeit". Die islamische Konferenz ist ein Zusammenschluß von 57 islamischen Ländern.

Auch der jordanische Rat für Religionsangelegenheiten hat die Terroranschläge als unvereinbar mit dem Islam verurteilt. In einem in Amman veröffentlichten Richtspruch (Fatwa) wird die westliche Welt gleichzeitig aufgefordert, die Muslime nicht pauschal zu verurteilen. Der Islam verbiete die Ermordung von Unschuldigen sowie Angriffe auf privates und öffentliches Eigentum, heißt es in dem Richtspruch. Er schütze die Würde des Menschen und seiner Güter. Die Terroranschläge werden als verabscheuungswürdige Verbrechen bezeichnet.

Auch in Deutschland meldeten Muslime Protest an. Der Vorsitzende des Zentralrats der Muslime in Deutschland erklärte, beim Islam könnten die Terroristen keine Rechtfertigung für ihre Tat finden. Er äußerte sein tiefes Mitgefühl mit den Opfern und Angehörigen und verurteilte Terrorismus, Gewalt und die Ermordung unschuldiger Zivilisten.

Kirchliche Stimmen gegen Rache und Vergeltung

Papst Johannes Paul II. äußerte seine Trauer über die vielen Toten und Verletzten. Er appellierte an die Verantwortlichen, sie sollten sich jetzt nicht „vom Geist der Rache und der Vergeltung" leiten lassen und nicht abermals Haß und Tod säen.

Auch die katholischen US-Bischöfe warnen vor Reaktionen des Hasses: „Wenn diese Tragödie allem Anschein nach das Ergebnis von Terroranschlägen ist, beten wir auch für diejenigen, deren Haß so groß ist, daß sie sich in Verbrechen gegen unsere gemeinsame Menschlichkeit verstricken... Wie appellieren an unsere Mitbürger, ihr Vertrauen auf Gott zu erneuern und sich von jenen bitteren Früchten des Hasses abzuwenden, die am Anfang dieser Tragödie standen. Vor allem wollen wir uns nicht in ethnischen, religiösen oder nationalen Vorurteilen ergehen bei der Beurteilung der Untaten einiger irrationaler Terroristen."

Die Bischöfliche Kommission „Pax Christi" gab in Washington eine Erklärung ab: „Wir hoffen, daß die Führung unserer Nation im zivilen wie im militärischen Bereich auch angesichts dieser verabscheuungswürdigen Gewaltakte Zurückhaltung üben und nicht ebenfalls verabscheuungswürdige Gewaltakte begehen wird." Sie warnt davor, „eine bestimmte ethnische Gruppe als Feind zu dämonisieren oder zu entmenschlichen".

Washingtons Kardinal Theodore McCarrick erklärte wenige Stunden nach den schrecklichen Angriffen in der Kathedrale der Hauptstadt: „Wir müssen der Versuchung widerstehen, in unserem Streben nach Frieden und Gerechtigkeit zu Rache- oder Vergeltungsschlägen zu greifen oder die Schuld einer ethnischen Gruppe zuzuweisen."

Der New Yorker Kardinal Edward M. Egan hat sein Land vor voreiligen Kriegsplänen gewarnt. Er beschwor die Amerikaner, ohne eine sehr sorgfältige Abwägung „vor dem, der unser aller Gott ist", keine Kriegsgedanken zu hegen. Die Amerikaner seien Bürger eines Staates, in dem Haß und Rachegelüste niemals einen Platz haben dürften. Amerika werde nicht zulassen, daß irgendeine Gruppe aufgrund der Taten Einzelner angeklagt oder verfolgt werde. In Anwesenheit von UN-Generalsekretär Kofi Annan verlas Egan zudem eine Botschaft von Papst Johannes Paul II. an die Bevölkerung der Stadt. Der Papst rief die New Yorker auf, sich nicht vom Bösen davontragen zu lassen, sondern selbst das Böse durch das Gute zu besiegen. Der Kardinal klagte die Attentäter als „gesichtslose Verbrecher" an. Die Heilung der Wunden werde noch lange Zeit in Anspruch nehmen.

Man kann nur hoffen, daß diese Stimmen der Vernunft und Besonnenheit, die leider in der Nachrichtenflut der ersten Tage ziemlich untergegangen sind, nunmehr eindringlich Gehör finden.

Bischof Gebhard Fürst schreibt in einem Brief an die Gemeinden der Diözese Rottenburg-Stuttgart:

„Es ist mir heute besonders wichtig, uns alle aufzufordern, nicht vorschnell über Schuldige zu mutmaßen und keine pauschalen Vorurteile über religiöse, ethnische oder nationale Gruppen zu fällen. Besonders der Islam ist in seinen Grundwerten eine gottesfürchtige und friedensstiftende Religion.

Ich bitte Sie alle, die höchst frevelhaften Untaten einiger extremistischer Terroristen nicht mit ‚den Muslimen' gleichzusetzen. Nicht der Islam gefährdet den Frieden in unserer Welt, sondern islamistische Fundamentalisten sind es, die ihre Religion für den Terror rücksichtslos mißbrauchen. (...) Politische, technische und militärische Maßnahmen sind vielleicht kurzfristig notwendig, reichen aber dauerhaft nicht aus. Letztlich wird es darauf ankommen, dem Terror den Boden zu entziehen. Ohne das vertrauensvoll-offene Gespräch der Weltreligionen miteinander wird es keinen dauerhaften Frieden geben."

Kampf gegen den islamischen Extremismus

Zentralrat der Muslime in Deutschland e.V.

Der Zentralrat der Muslime in Deutschland (ZMD) begrüßt die Absicht des Bundesinnenministers, gegen den islamischen Extremismus und Radikalismus vorzugehen.

Der ZMD plädierte im April 2001 vor der Zuwanderungskommission angesichts der Pauschalverurteilung der islamischen Institutionen dafür, daß die Akte des sogenannten ‚islamischen Fundamentalismus' in aller Offenheit und Sachlichkeit offengelegt und konsequent gegen islamische Gruppierungen, die in Konflikt mit dem Grundgesetz und den Gesetzen geraten sind, juristisch vorgegangen wird, damit die Muslime in Deutschland und ihre islamischen Institutionen den Pauschalverdacht des ‚islamischen Fundamentalismus' los werden. Nur so können Behörden und Gesellschaft ein normales gesundes Verhältnis zu der breiten Masse der muslimischen Bevölkerung entwickeln und sie als gesellschaftliche und religiöse Partner gewinnen.

Die Würde der Religion gebietet ein behutsames Vorgehen mit allen islamischen Institutionen. Prinzipien der Verhältnismäßigkeit und der Rechtsstaatlichkeit müssen beachtet werden. Bei jeder Maßnahme muß die Unantastbarkeit der Moscheen als Gotteshäuser und die Freiheit der Religionsausübung geschützt bleiben.

Der Schutz, den die Religionsgemeinschaften im Grundgesetz genießen und der laut Artikel 137.2 Weimarer Verfassung die Vereinigungen, „die sich die gemeinschaftliche Pflege einer Weltanschauung zur Aufgabe machen" einschließt, darf in Bezug auf die Moscheevereine und die islamischen Organisationen nicht eingeschränkt werden.

Dr. Nadeem Elyas
ZMD-Vorsitzender
16. September 2001

Stellungnahme zum Terror in den USA

Islamrat für die Bundesrepublik Deutschland

Mit Trauer und Entsetzen hat der Islamrat für die Bundesrepublik Deutschland auf die gestrige Serie der Terroranschläge in den USA reagiert. Die Mitgliedsverbände des Islamrates und mit ihm alle in Deutschland lebenden Muslime verurteilen aufs schärfste diesen barbarischen Akt der Unmenschlichkeit, der durch nichts zu rechtfertigen ist. Dieser Angriff ist nicht nur gegen Amerika gerichtet, sondern insbesondere auch gegen die Muslime und die gesamte zivilisierte Welt.

Wir trauern mit den Opfern und ihren Familienangehörigen der Anschläge auf das World Trade Center in New York und auf das Pentagon bei Washington und erklären uns solidarisch mit dem amerikanischen Volk. Wir sprechen unser tief empfundenes Mitgefühl und unsere große Anteilnahme mit den Hinterbliebenen der Anschläge aus. Wir sind uns sicher, daß als Zeichen der Solidarität unter den Muslimen Beileidsbekundungen in Form von Gebeten stattfinden.

Wer immer die Drahtzieher der Anschläge sein mögen, ihr mörderisches Handeln kann niemals mit den Grundsätzen jeglicher Religionen vereinbart werden. Terror hat keine Religion und die Ermordung unschuldiger Zivilisten kann niemals mit religiösen Motiven begründet werden. Vor allem der Islam, der im Wortsinne Frieden bedeutet, bietet Terroristen keine Heimat.

In dieser für uns alle so schweren Stunde erwarten wir von der Berichterstattung in den Medien keine pauschalen Vorverurteilungen und Schuldzuweisungen, sondern das Bemühen um eine objektive und differenzierte Darstellung der Geschehnisse.

Der Islamrat für die Bundesrepublik Deutschland tritt für ein friedliches Miteinander der Religionen und den Respekt vor den Glaubensüberzeugungen anderer ein. Er distanziert sich von jeder Form der Gewalt und lehnt Gewalt als Mittel zur Erlangung politischer Ziele vollständig ab.

Hasan Özdogan
Ratsvorsitzender
Bonn, 12.09.2001

Dem Terror den politischen Boden entziehen

Islamrat für die Bundesrepublik Deutschland

Der Islamrat für die Bundesrepublik Deutschland zeigt sich besorgt angesichts der seit gestern gestarteten amerikanisch-britischen Vergeltungsschläge gegen Afghanistan. Es ist angesichts der Topographie des Terrors zweifelhaft, ob Militärschläge in der von Präsident George Bush konzipierten Form dem leidgeprüften afghanischen Volk seine Unabhängigkeit und Souveränität wiedergeben können.

Letztlich wird es darauf ankommen, dem Terror den politischen Boden zu entziehen. Der Dialog mit der arabischen Welt, vertrauensbildende Maßnahmen im Nahen Osten und eine gerechtere Weltwirtschaftsordnung sind nach der festen Überzeugung des Islamrates Lösungsansätze, die dazu beitragen, daß sich christliches Abendland und Islam nicht dauerhaft unversöhnlich gegenüberstehen.

Nicht der Islam ist der Gegner des Westens, sondern skrupellose verblendete Agitatoren, die mit ihrem Aufruf zum ‚Heiligen Krieg' eine friedliebende Weltreligion in den Dienst ihrer politischen Ideologie stellen, um dadurch ihr zutiefst empfundenes Inferioritätsgefühl gegenüber dem Westen zu artikulieren. Angesichts der katastrophalen humanitären Lage der afghanischen Zivilbevölkerung spricht wenig dafür, daß sich das Taliban-Regime durch westliche Militärinterventionen einschüchtern läßt oder einlenken wird, um die Gefahr für die Zivilbevölkerung abzuwenden.

Die aus den menschenverachtenden Terroranschlägen von New York und Washington gezogenen Lehren müssen daher lauten: Keine Konfrontation des Westens gegenüber dem Islam, will man der Solidarisierung mit den Tätern glaubhaft entgegenwirken. Denn: Solidarität macht die Täter erst recht stark. Dies mit aller Kraft zu verhindern ist das Anliegen aller friedliebenden Muslime in der gesamten Welt.

Hasan Özdogan
Ratsvorsitzender
Bonn, 08.10.2001

Stellungnahme

Islamische Gemeinschaft in Deutschland

Obwohl über die Hintergründe der Terroranschläge in den Vereinigten Staaten bislang keinerlei Klarheit besteht, wurden doch zahlreiche diesbezügliche Anfragen an uns gerichtet. Die Islamische Gemeinschaft in Deutschland gibt deshalb die folgende Stellungnahme ab:

Mit großem Entsetzen hat die Islamische Gemeinschaft in Deutschland die Nachricht von den Terroranschlägen in New York und Washington aufgenommen. Diese verstoßen gegen alle humanitären Werte. Terror und Gegenterror kosten immer unschuldiges Blut.

Der ISLAM verbietet solche Mittel der Auseinandersetzung und vergleicht schon das absichtliche Ermorden eines einzigen unschuldigen Menschen mit dem Mord an der ganzen Menschheit (Koran 5,32), da dies ein Angriff auf das menschliche Leben ist, das uns vom Schöpfer gegeben wurde.

Die Islamische Gemeinschaft in Deutschland verurteilt diesen terroristischen Akt aufs schärfste, gleich, aus welchem Lager die Täter stammen.

Angesichts dieses furchtbaren Verbrechens steht die Islamische Gemeinschaft in Deutschland an der Seite der Opfer und ihrer Angehörigen und spricht hiermit ihre Anteilnahme, ihr Mitleid und ihre Solidarität aus.

Alle Muslime und Mitbürger in der Bundesrepublik Deutschland sind in diesen Stunden aufgefordert, ihren Zusammenhalt und ihre Verbundenheit mit ihrer neuen Heimat Deutschland zu zeigen. Auch soll im Falle von falschen Reaktionen oder Anschuldigungen seitens der Presse oder der Öffentlichkeit unsere Bereitschaft zur Bewahrung von Frieden und Sicherheit durch Verständnis, Geduld und Aufklärung zum Ausdruck gebracht werden.

Islamische Gemeinschaft in Deutschland
Ahmad AI-Khalifa
Generalsekretär

Gemeinsame Erklärung des evangelischen und des katholischen Militärbischofs für die Deutsche Bundeswehr zum Einsatz deutscher Soldaten in der Bekämpfung des Terrorismus vom 16. November 2001

Deutsche Soldaten werden Verbände der USA und anderer verbündeter Länder bei der militärischen Bekämpfung des internationalen Terrorismus unterstützen. Regierung und Parlament haben nach angemessenen Debatten entsprechende Beschlüsse gefaßt. Das ist eine schwierige Situation für unser Land. Für die Soldaten kann es ein gefährlicher Einsatz werden.

Jeder militärische Einsatz wirft schwierige ethische Fragen auf. Nach den Beschlüssen des Sicherheitsrates der Vereinten Nationen stehen die militärischen Maßnahmen auf einer sicheren völkerrechtlichen Grundlage. Das ist für unsere Soldaten eine entscheidende Hilfe. Die derzeitigen militärischen Aktionen richten sich nicht gegen das Volk von Afghanistan, sondern gegen ein Unrechtsregime, das Terroristen ausbildet und unterstützt, dazu die Bevölkerung drangsaliert. Wichtige Machtzentren der Taliban sind bereits gefallen. Jetzt kann die humanitäre Hilfe beginnen. Worten müssen Taten folgen.

Die politischen und militärischen Führungen der eingesetzten Streitkräfte brauchen weiterhin Augenmaß und Besonnenheit. Sie müssen Sorge tragen dafür, daß die Zivilbevölkerung, so weit es irgend geht, verschont wird. Die Anwendung militärischer Gewalt muß auf ein unvermeidbares Maß begrenzt bleiben. Sie ist ohnehin allein nicht in der Lage, die Menschen von der Geißel des Terrorismus zu befreien. Politische Lösungen müssen im Mittelpunkt stehen.

Alle – Politik, Militär, Medien, Öffentlichkeit – werden darauf achten, daß die militärischen Maßnahmen ausschließlich der Wiederherstellung eines gerechten Friedens dienen. Es darf von keiner beteiligten Seite um Vergeltung und Machtgewinn gehen, sondern um den Ausbau einer friedlichen internationalen Ordnung, den Schutz der Menschenrechte und einen von wechselseitigem Respekt getragenen Dialog der Kulturen und Religionen.

Unsere Soldaten der Bundeswehr können sich darauf verlassen, daß Militärgeistliche beider Kirchen sie auch bei künftig notwendig werdenden Einsätzen begleiten werden. Auch der Familienangehörigen dieser Soldatinnen und Soldaten wird sich die Militärseelsorge in besonderer Weise annehmen.

Wir laden alle Soldatinnen und Soldaten der Bundeswehr ein, sich zu Gottesdiensten und Andachten zu versammeln, den Herrn der Welt im Gebet anzurufen, für Versöhnung, Gerechtigkeit und Frieden einzutreten. Der Apostel Paulus sagt auch uns: „Laß dich nicht vom Bösen besiegen, sondern besiege das Böse durch das Gute!“ (Röm 12,21)

Bonn / Berlin, den 16. November 2001
Bischof Dr. Hartmut Löwe, Evangelischer Militärbischof
Bischof Dr. Walter Mixa, Katholischer Militärbischof und Bischof von Eichstätt

Gemeinsames Wort zu den Terroranschlägen in den Vereinigten Staaten von Amerika

Die Welt steht unter Schock. Der Mensch hat eine Fähigkeit zum Bösen, die uns erschauern läßt.

Unser Mitgefühl gilt allen, die zum Opfer dieser bisher unvorstellbaren, menschenverachtenden Gewalt geworden sind. Wir teilen die Trauer und den Schmerz des amerikanischen Volkes.

Die Bedrohung durch den Terrorismus ist seit langem zu einer der größten Gefährdungen des Friedens geworden. Das verlangt von den Staaten der Welt entschlossenes, aber auch nüchternes Handeln. Gefühle der Vergeltung und Rache sind keine guten Ratgeber. Für uns Christen sind die schrecklichen Geschehnisse nicht nur ein Grund zum Handeln. Sie machen für uns das Gebet umso nötiger. Vor Gott sprechen wir miteinander unseren Schmerz, unsere Verzweiflung und unsere Angst aus. Von Gott erbitten wir Weisheit und Beistand in dieser Zeit der Ratlosigkeit.

Überall fanden bereits gestern ökumenische Gebete und Gottesdienste statt. Wir bitten alle Mitchristen in unserem Land, persönlich und im Gottesdienst für den Frieden in der Welt zu beten.

Die Feierlichkeiten aus Anlaß des 65. Geburtstages des Vorsitzenden des Rates der Evangelischen Kirche in Deutschland am kommenden Freitag werden abgesagt. Statt dessen werden wir uns zu einem Ökumenischen Friedens- und Gedenkgottesdienst am Freitag, 14. September 2001, 12.00 Uhr in der Johanneskirche Martin-Luther-Platz 39, 40212 Düsseldorf versammeln.

Wir laden die Gemeinden ein, unser Beten durch das Geläut der Glocken und durch eigene Gottesdienste zu begleiten.

Der Vorsitzende
Der Deutschen
Bischofkonferenz
Der Vorsitzende des Rates
Der Evangelischen Kirche
in Deutschland
Karl Kardinal Lehmann
Präses Manfred Kock

Schutz vor Terrorismus statt „Kampf der Kulturen"

Stellungnahme der Internationalen Vereinigung für Moraltheologie und Sozialethik

Wir, Theologinnen und Theologen der Internationalen Vereinigung für Moraltheologie und Sozialethik, sind entsetzt über den terroristischen Anschlag auf das World Trade Center und das Pentagon am 11. September 2001. Unser Mitgefühl gilt den Opfern und ihren Angehörigen. Wir wissen uns in besonderer Weise verbunden mit den Vereinigten Staaten von Amerika, die für die Entwicklung von Freiheit und Demokratie in Europa eine entscheidende Rolle gespielt haben. Mit aller Entschiedenheit verurteilen wir den terroristischen Akt, dem Tausende von Menschen zum Opfer gefallen sind.

Alles jetzt nötige Handeln muß dazu beitragen, daß die Welt zu mehr Frieden und Gerechtigkeit findet. Deshalb muß in der gegenwärtigen Situation zu allererst und nachhaltig mit politischen Mitteln verhindert werden, daß eine allenthalben wachsende Gewaltbereitschaft zu einer unkontrollierbaren Eskalation führt. Die Sprache, die in der politischen Auseinandersetzung dieser Tage gesprochen wird, und die Weise der Berichterstattung in den Medien müssen unter diesem Gesichtspunkt überprüft und korrigiert werden. Eine entschlossene internationale Zusammenarbeit zur Bekämpfung terroristischer Gewalt ist dringend erforderlich. Dabei ist mit soviel Bedacht vorzugehen, daß der befürchtete Kampf der Kulturen nie Wirklichkeit werden kann. Anstelle derartiger Polarisierungen der Welt muß deutlich werden, daß der Schutz vor Terror eine allen Kulturen und Gesellschaften gemeinsame Aufgabe darstellt. Dies fordert nicht zuletzt die Mitarbeit der Religionen und Religionsgemeinschaften unbeschadet ihrer Glaubensdifferenzen ein. Unabdingbar nötig ist zudem, den Konflikt im Nahen Osten mit friedlichen Mitteln zu lösen. Gleichzeitig ist in allen Teilen der Welt darauf zu achten, daß nicht im Zuge der Entrüstung über die Terroranschläge Ausländerfeindlichkeit und rassistische Ressentiments neue Nahrung erhalten. Als Theologinnen und Theologen bestehen wir darauf, daß die religiösen Überzeugungen von Menschen als mögliche Beiträge zu Frieden und Gerechtigkeit geachtet werden. Sie müssen von politisch-fundamentalistischen Instrumentalisierungen sorgfältig unterschieden werden.

Eine weltweite Bekämpfung des Terrorismus muß auch auf langfristige Strategien zur Bekämpfung von Armut, sozialer, politischer und wirtschaftlicher Ungerechtigkeit setzen. Politische, juridische und zivilgesellschaftliche Handlungsmöglichkeiten verdienen den Vorzug vor militärischem Eingreifen. Falls eine militärische Aktion sich als unvermeidbar erweist, ist sie auf die unmittelbar und erwiesenermaßen Schuldigen zu begrenzen. Die Verhältnismäßigkeit der Mittel ist in jedem Fall zu wahren und Eskalationen müssen ausgeschlossen werden können. Es muß insbesondere verhindert werden, daß Menschen geschädigt oder getötet werden, die mit den Terroristen und ihrem Handeln nichts zu tun haben. Wir appellieren daher an die Regierungen der USA, ihre europäischen Verbündeten und die Verantwortlichen der NATO, ihre Optionen in diesem Sinn im Licht von Frieden und Gerechtigkeit abzuwägen.

FrauenKirchenManifest zur aktuellen Lage der Welt

Der Mailingliste „frauenkirche" gehören zur Zeit ca. 230 Frauen an. In einem vierwöchigen Prozeß wurde in dieser Liste das folgende Dokument erarbeitet und im November 2001 publiziert. Hervorgegangen ist es aus den Feststellungen, daß nach dem 11. September 2001 nahezu nur Männer über die Weltsituation geredet haben. Die Frauen der Liste wollten sich selbst und ihre Einschätzungen zu Gehör bringen. Sie luden auch zum Unterzeichnen ein.

1. Überall auf der Welt bringen Frauen Kinder zur Welt und sorgen durch alltägliche fürsorgliche und weltvermittelnde Tätigkeiten dafür, daß sie zu gesellschaftsfähigen Erwachsenen heranwachsen. Überall auf der Welt bebauen Menschen den Boden und sorgen dafür, daß das Zusammenleben gelingt.

Überall auf der Welt stellen Menschen nützliche Dinge her und leben vom Austausch ihrer Kenntnisse, Fähigkeiten und Ressourcen. Zivilisation in diesem elementaren Sinne ist ein weltweites Phänomen. Deshalb wenden wir uns gegen die derzeit verbreitete Auffassung, die Welt zerfalle in klar abgrenzbare zivilisierte und unzivilisierte Sphären bzw. gar in ein Reich des Guten und ein Reich des Bösen.

In allen Kulturen gibt es lebensfördernde und lebenshindernde Traditionen und Verhaltensweisen. In der aktuellen politischen Weltsituation erweisen sich als lebenshindernd insbesondere die Praktiken eines sozial kalten Kapitalismus, terroristische Akte, technologische Hochrüstung, der rücksichtslose Umgang mit natürlichen Ressourcen, die Unfähigkeit, Fremdheit zu ertragen und die Dynamik von Rache und Vergeltung.

2. Das zivilisatorische Werk der Frauen ist traditionell auf das Wohlergehen einzelner Menschen und Menschengruppen in häufig familiären Zusammenhängen konzentriert.

In den meisten Kulturen bestehen zudem mehr oder weniger rigide Verbote für Frauen, sich öffentlich und politisch zu artikulieren. Ihre Interessen, ihre Maßstäbe und ihr Beitrag zum gelingenden Zusammenleben werden häufig systematisch abgewertet und negiert.

Dennoch gilt, daß keine menschliche Kultur ohne die alltäglich sinnstiftenden und lebenserhaltenden Tätigkeiten der Frauen überleben könnte. So liegt es durchaus im Kalkül kriegerischer Aktivitäten, daß sie im allgemeinen mit dem stillschweigenden Tun insbesondere der Frauen im Hintergrund rechnen.

Deshalb treten wir dafür ein, daß Frauen und andere, die sich primär an der Pflege des konkreten Zusammenlebens orientieren, weltweit aus ihrer Hintergrundexistenz heraustreten und ihre alternativen Maßstäbe für gutes Zusammenleben öffentlich zu Gehör bringen.

Wir sehen darin eine weltweite friedenspolitische Perspektive, die bereits praktiziert wird und verstärkt wahrgenommen und gelebt werden muß.

3. Als Frauen westlicher Gesellschaften anerkennen wir die Freiheiten, die unsere Vorfahrinnen für uns erkämpft haben. Diese Freiheiten werden uns heute in Form gleichberechtigter Teilhaberechte von Frauen und Männern am privaten und öffentlichen Leben zugestanden.

Wir erkennen aber heute, daß das Ziel der Frauenbewegungen noch nicht erreicht ist. Frauen haben sich zwar formale Gleichberechtigung innerhalb einer Kultur erkämpft. Gleichwohl werden die nach wie vor traditionell Männern zugeschriebenen Tugenden und Konfliktlösungsmodelle als letztlich allein wirksame Lösung weltweiter Konflikte dargestellt: Konkurrenzkampf, dualistisches Denken, Krieg und andere Dominanzmechanismen. Wir setzen uns dafür ein, daß die Werte, die sich im Rahmen des zivilisatorischen Werkes der Frauen herausgebildet haben, im öffentlichen Leben zur Geltung kommen. Sie können von Männern wie Frauen gleichermaßen praktiziert werden: Respekt vor den Anderen, Vorrang konkreter Fürsorge vor der Durchsetzung allgemeiner Prinzipien, Bewußtsein der Verletzlichkeit und Bedürftigkeit aller Menschen, Zuhörbereitschaft, Geduld.

4. Religion ist ein Teil jeder menschlichen Zivilisation. Religiös zu sein bedeutet, Wirklichkeiten anzuerkennen, die jenseits der Verfügungsmacht Einzelner liegen. Diese eröffnen Sinn, ihnen gebührt Respekt. In der Konsequenz dieser elementar religiösen, nicht konfessionsgebundenen Einstellung liegt es, anderen Menschen, Kulturen und Lebensformen Raum zur Entfaltung zu lassen. Niemand kann über das Gute als solches verfügen. Vielmehr bedeutet Religiosität in diesem Sinne eine grundsätzliche Offenheit

für Überraschungen, neue Einsichten, Konflikte und Offenbarungen, die vom unverfügbaren Anderen ausgehen. Es liegt im Wesen dieses unverfügbaren Anderen (der Gottheit, dem Göttlichen), daß es für keine Zwecke verfügbar gemacht werden kann.

Ein solches Verständnis von Religion schließt deshalb aus, daß Einzelne sich anmaßen, andere Menschen abzuwerten, zu gefährden oder zu töten. Auch das Christentum ist in seiner Geschichte immer wieder dieser Gefahr erlegen.

Wo das unverfügbare Andere im Sinne dogmatischer Lehrsysteme eindeutig festgelegt wird, wird es tendenziell vereinnahmt und mißbraucht, z.B. auch in der jahrhundertelangen Vereinnahmung des Christentums durch das Patriarchat.

5. Überall auf der Welt ist das Begehren von Frauen, sich selbst und miteinander die Welt zu bewegen, spürbar. Nirgendwo ist der Einsatz unterschiedlicher Kräfte für ein gutes Leben aller Menschen gänzlich zum Stillstand zu bringen. Im Schatten der scheinbar allmächtigen patriarchalen Ordnung sind die Zeichen einer anbrechenden neuen Ordnung nicht zu übersehen.

US-Amerikanerinnen sprechen sich – auf der Straße, in Kirchen, in Zeitungsartikeln und auch im Kongreß – gegen den Rachefeldzug ihrer Politiker aus.

Frauen in Afghanistan hören nicht auf, die Welt über die Vorkommnisse in ihrem Land, die Entrechtung von Frauen, aber auch über deren Stärke zu informieren. Unermüdlich und unter widrigsten Umständen arbeiten sie an der Aufrechterhaltung von zumindest einem Minimum an Bildung, Gesundheitsvorsorge, Kleidung, Nahrung und würdiger Unterkunft und für eine demokratische Zukunft ihres Landes, die auch Frauen öffentliche und politische Partizipation ermöglicht.

In Israel und Palästina, wie auch im ehemaligen Jugoslawien, haben Frauen über Jahre hinweg bewiesen, daß der gemeinsame Einsatz für ein friedliches Zusammenleben auch über tiefe Gräben und Grenzen hinweg möglich ist.

Wir, religiöse und feministische Frauen aus Deutschland, Österreich, der Schweiz und vielen anderen Ländern, unterstreichen mit diesem Manifest unsere Verbundenheit mit all jenen, die überall auf der Welt neuem Denken und Handeln zum Durchbruch verhelfen.

Unser gemeinsamer Reichtum liegt in unserem Glauben an das scheinbar Unmögliche und in der Kraft unseres Begehrens eines guten Lebens für alle Menschen.

Er liegt in der Fähigkeit, den eigenen Wahrnehmungen, unserem Verstand und unseren Gefühlen zu trauen und die Grenzen der menschlichen Machbarkeit anzuerkennen.

Er liegt in unserer Bereitschaft, miteinander und voneinander zu lernen, radikal ehrlich und dabei äußerst achtsam miteinander umzugehen, im Vertrauen auf jene Macht, die in und aus Beziehungen erwächst. Wir werden auch weiterhin verschwenderisch damit umgehen!

ZdK-Präsident Meyer befürwortet entschlossenes Handeln gegen Terrorismus

Für entschlossenes Handeln gegen Terrorismus, verbundem mit einem nachhaltigen Einsatz gegen Armut und Unrecht in der Welt, hat sich der Präsident des Zentralkomitees der deutschen Katholiken (ZdK), Prof. Dr. Hans Joachim Meyer, vor dem Hauptausschuß des ZdK ausgesprochen. Wörtlich führte Meyer aus:

„Die terroristischen Anschläge vom 11. September waren ein Angriff auf die Würde und das Leben jedes Menschen. Wer für sich das Recht in Anspruch nimmt, unschuldige und unbeteiligte Menschen anzugreifen und zu ermorden, um damit politisch oder religiös motivierte Ziele zu erreichen, greift die ganze Menschheit an. Darum ist entschlossenes Handeln mit allen dafür erforderlichen Mitteln einschließlich militärischer Gewalt nicht nur gerechtfertigt, sondern notwendig, um die Täter und die Verantwortlichen zu bestrafen und die Wiederholung solcher Verbrechen zu verhindern. Mit folgenlosen Gesten, die vor allem Ausdruck eigener Angst sind und im Grunde oft nur dazu dienen, uns selbst ein gutes Gewissen vorzutäuschen, werden wir der Herausforderung nicht gerecht.

Nach unserer christlichen Überzeugung muß jedoch alles Handeln dem Ziel untergeordnet sein, dem gerechten Frieden zu dienen. Es gibt keinen gerechten Frieden, so lange Menschen hungern und ihrer Rechte beraubt werden. Elend und Unrecht sind der Nährboden für Haß und Verblendung, die zu Terror und Krieg führen. Dies zu sagen, heißt nicht, Verbrechen zu rechtfertigen, sondern erinnert an unsere Verantwortung für den Zustand der Welt und das Existenzrecht aller Menschen. Es ist leider nur zu wahr, daß wir oft erst dann massenhaftes Elend und Unrecht zur Kenntnis nehmen, wenn es unser eigenes Wohlsein bedroht.

Wer dem gerechten Frieden dienen will, muß die Menschen und die Völker einen wollen. Diese Einheit erwächst nur aus der Gemeinsamkeit in der Vielfalt. Daher müssen wir die anderen Kulturen und Religionen achten. Wer jetzt den Islam für die Verbrechen der Terroristen verantwortlich macht und muslimische

Mitbürger beleidigt oder angreift, trägt zu der Kluft bei, die jetzt die Welt zu spalten droht, und vergißt, daß auch das Christentum für Kriege und terroristische Akte mißbraucht worden ist.

Der 11. September hat den Wandel der Welt und die Bedrohung der freiheitlichen Gesellschaft offenbart. Die technologische Entwicklung hat es möglich gemacht, daß ein Netzwerk von zu allem entschlossenen Tätern die moderne Welt massiv bedrohen kann. Dagegen sind unsere hochgerüsteten Militärsysteme ohne Wirkung. Wir müssen wieder lernen, daß Freiheit nicht die Summe persönlicher Bequemlichkeiten ist, sondern eine Ordnung gemeinsamer Verantwortung, die nur von unserem persönlichen Einsatz lebt und nur durch unseren persönlichen Einsatz geschätzt werden kann. Nicht die massenhafte Verwendung militärischer Technologien wird die Freiheit bewahren, sondern nur die Bereitschaft, dafür notfalls auch sein Leben einzusetzen."

Bonn, 12.10.01

Aufhören – Jetzt!

Erklärung des Geschäftsführenden Vorstands von pax christi zum sofortigen Stopp der Bombardierung Afghanistans

Die Militärschläge zur Ergreifung des Terroristen bin Laden und seiner Helfershelfer gegen Ziele in Afghanistan haben sich mittlerweile zu einem Krieg gegen dieses Land mit dem erklärten Ziel der Beseitigung der Regierung der Taliban entwickelt. Die eingesetzten Waffen bedrohen und treffen immer mehr die Zivilbevölkerung und führen zum Anschwellen der Flüchtlingsströme. Die politischen Begründungen für den Beginn und die Fortsetzung des Krieges werden immer unglaubwürdiger; die politischen Perspektiven für die Zeit danach nicht klarer, eine friedliche Zukunft nicht leichter erreichbar.

Deshalb fordert pax christi die deutsche Bundesregierung auf, für ein sofortiges Ende der Kriegshandlungen einzutreten, um eine Rückkehr zu diplomatischen und politischen, polizeilichen und juristischen Mitteln der Bekämpfung des weltweiten Terrorismus zu ermöglichen, und zwar unter sofortiger eindeutiger Führung der UNO. Eine Nation, die immer wieder Menschenrechte und Freiheit als ihre Werte reklamiert, muß jetzt ihre Glaubwürdigkeit unter Beweis stellen!

- Wer nach den schockierenden Terrorangriffen des 11. September eine „uneingeschränkte Solidarität" mit den Vereinigten Staaten von Amerika als das Gebot der Stunde empfunden hat, muß spätestens jetzt eine Grenze dieser Solidarität ins Auge fassen: Deutschland muß den befreundeten Regierungen der USA und Großbritanniens widersprechen, wenn diese trotz der verheerenden Folgen und der zunehmenden Eskalationsrisiken die militärischen Schläge in Afghanistan nicht beenden.
- Wer Anfang Oktober die Militäraktionen noch für „maßvoll" und „verantwortbar" gehalten hat, erfährt jetzt aus immer mehr Medienberichten, welche furchtbaren Schäden angerichtet werden: Deutschland muß gegen die weitere Bombardierung protestieren, die Wohngebiete, Versorgungseinrichtungen, Lager von Hilfsorganisationen getroffen hat, gegen

Streubomben, die viele zivile Opfer fordern und vermintes Land zurücklassen, gegen die ungeheure Verschärfung des Flüchtlingselends.

- Wer zu Beginn noch die Hoffnung hatte, der „Gegenschlag“ sei „zielgenau“ und könne dazu führen, die Terroristen sowie ihre Hintermänner und Helfershelfer unschädlich zu machen, muß jetzt erkennen: Während die Nationen der Antiterrorkoalition sich immer mehr in die Gewaltspirale im Mittleren Osten und in gefährliche Bündnisse verstricken, ist Gerechtigkeit für die Opfer des 11. September nicht hergestellt, ist das Leben der Menschen in den westlichen Ländern nicht sicherer geworden.
- Wer im Rahmen des ausgerufenen „Bündnisfalls“ auch einen militärischen Beitrag Deutschlands für notwendig angesehen hat, muß jetzt davon Abstand nehmen. In der gegenwärtigen Lage sind einzig und allein massive Hilfsmaßnahmen für die Betroffenen in Afghanistan und die Einrichtung von Schutzzonen notwendig im Sinne des Wortes, damit nicht immer mehr Menschen zwischen den Fronten der Taliban und der Nordallianz sowie den Bombenangriffen zerrieben werden.
- Wer in der ersten Zeit des Entsetzens und der Trauer nach den Terroranschlägen noch eine klare Linie zwischen ‚Gut‘ und ‚Böse‘ ziehen mochte, muß spätestens jetzt erkennen: So eindeutig sind Recht und Unrecht nicht verteilt. Die Ursachen des Terrorismus und die Wege zu seiner Überwindung sind sehr komplex und die Militärschläge dazu untauglich.

In der Überzeugung, daß jedes Menschenleben kostbar ist, fordern wir von der Bundesregierung in der gegenwärtigen Situation:

- Initiativen für ein Ende der militärischen Aktionen
- Hilfsmaßnahmen für die Flüchtlinge
- Die Unterstützung der Bestrebungen für ein UNO-Strafrecht (einen International Criminal Court)
- Die Einberufung einer internationalen Anti-Terror-Konferenz.

Bad Vilbel, 30. Oktober 2001

Autoren/Autorinnen

M. Salim Abdullah, Leiter des Zentralinstituts Islam-Archiv (Soest)

Prof. (em.) Dr. Arnold Angenendt, Kirchenhistoriker an der Katholisch-Theologischen Fakultät der Universität Münster

Dr. Egbert Ballhorn, Habilitand (Altes Testament) an der Katholisch-Theologischen Fakultät der Universität Bonn

Dr. Michael Bangert, Leiter der Abteilung Frauenseelsorge am Bischöflichen Generalvikariat Münster und Pfarrer an St. Johannes, Gimbte

Prof. Dr. Klaus Berger, Neutestamentler an der Evangelisch-Theologischen Fakultät der Universität Heidelberg

Dr. Edna Brocke, Leiterin der Alten Synagoge/ Essen

Prof. Dr. Wilhelm Damberg, Kirchenhistoriker an der Katholisch-Theologischen Fakultät der Universität Bochum

Gerd Ernst, Pfarrer an St. Petronilla, Handorf

Prof. Dr. Ottmar Fuchs, Pastoraltheologe an der Katholisch-Theologischen Fakultät der Universität Tübingen

Prof. Dr. Wolfgang Huber, Bischof der Evangelischen Kirche in Berlin-Brandenburg

Dr. Hans-Jochen Jaschke, Weihbischof des Erzbistums Hamburg

Prof. Dr. Franz Kamphaus, Bischof des Bistums Limburg

Dr. Navid Kermani, Islamwissenschaftler am Wissenschaftskolleg in Berlin

Prof. (em.) Dr. Adel Th. Khoury, Religionswissenschaftler an der Katholisch-Theologischen Fakultät der Universität Münster

Prof. Dr. Gottfried Küenzlen, Systematischer Theologe an der Universität der Bundeswehr München

Prof. (em.) Dr. Hans Küng, Direktor des Instituts für Ökumenische Forschung an der Universität Tübingen

Prof. Dr. Karl Kardinal Lehmann, Vorsitzender der Deutschen Bischofskonferenz und Bischof des Bistums Mainz

Prof. Dr. Hubertus Lutterbach, Kirchenhistoriker im Fach Katholische Theologie an der Universität Essen

Dr. Martin Maier SJ, Chefredakteur der katholischen Monatszeitschrift *Stimmen der Zeit*

Priv. Doz. Dr. Jürgen Manemann, Fundamentaltheologe an der Katholisch-Theologischen Fakultät der Universität Münster

Prof. (em.) Dr. Johann Baptist Metz, Fundamentaltheologe an der Katholisch-Theologischen Fakultät der Universität Münster und Religionsphilosoph an der Universität Wien

Dr. Walter Mixa, Bischof des Bistums Eichstätt und katholischer Militärbischof

Prof. (em.) Dr. Jürgen Moltmann, Systematischer Theologe an der Evangelisch-Theologischen Fakultät der Universität Tübingen

Prof. Dr. Jozef Niewiadomski, Dogmatiker an der Katholisch-Theologischen Fakultät der Universität Innsbruck

Hasan Özdogan, Ratsvorsitzender des Islamrates, Bonn

Dr. Ina Praetorius, Feminische Theologin und freie Schriftstellerin, lebt in der Schweiz

Dr. Michael Ramminger, Referent des Instituts für Theologie und Politik in Münster

Johannes Röser, Chefredakteur der katholischen Wochenzeitschrift *Christ in der Gegenwart*

Dr. Antje Schrupp, Evangelische Theologin, Politikwissenschaftlerin, Redakteurin der Zeitung *Evangelisches Frankfurt*